【社科普及读物】

中国古代重刑主义的形成及其影响

The Foundation and Impact of Severe Punishment in Ancient China

黄瑞敏 著

SPM
南方出版传媒
广东人民出版社
·广州·

图书在版编目（CIP）数据

中国古代重刑主义的形成及其影响/ 黄瑞敏著. —广州：广东人民出版社，2017.3（2023.1重印）

ISBN 978 -7 -218 -11316 -6

Ⅰ. ①中… Ⅱ. ①黄… Ⅲ. ①刑罚—司法制度—研究—中国—古代 Ⅳ. ①D924. 02

中国版本图书馆 CIP 数据核字（2016）第 257979 号

ZHONGGUO GUDAI ZHONGXING ZHUYI DE XINGCHENG JIQI YINGXIANG

中国古代重刑主义的形成及其影响

黄瑞敏 著

出 版 人：肖风华

责任编辑：卢雪华

封面设计：李桢涛

责任技编：吴彦斌 周星奎

制作统筹：广州六宇文化传播有限公司 Guangzhou Liuyu Culture Communication Co., Ltd.

出版发行：广东人民出版社

地 址：广州市大沙头四马路 10 号（邮政编码：510199）

电 话：（020）85716809(总编室)

传 真：（020）83289585

网 址：http://www.gdpph.com

印 刷：北京一鑫印务有限责任公司

开 本：787mm×1092mm 1/16

印 张：14 插 页：1 字 数：220 千

版 次：2017年3月第1版

印 次：2023年1月第2次印刷

定 价：48.00 元

摘　要

中华法系曾作为一个独特的法系存在于世界，直至清末瓦解，共经历了五千余年。自清末修律以来，中国传统法律便开始了从传统跨越至现代，但清末至今百年期间，刑法的现代化转型仍未能尽如人意，尤其突出表现在重刑主义方面。传统绝不意味着腐朽、保守、落后，它是历史和文化的积淀。但是，法律的现代化则必然要对法律传统进行深刻的反思。本书以系统化整理为出发点，结合法律思想及法律制度两方面的材料，力图对重刑主义的发生和发展进行一个全面的梳理并给予合乎逻辑的统一性解释，对其发生发展过程中所表现的路径依赖现象予以合理说明，从而更好地分析其对中国传统法律思想的影响，并力求从中探寻一个刑法现代化的改革思路。

古代中国由于独特的地缘关系，形成了原始尚力和兵刑合一的传统，法（刑）作为一种暴力手段，是追求一统秩序而进行部落征服的重要武器，是以军事武力为核心的部落权力的鲜明象征，是以治水与农耕为重要主题的社会治理的保障工具。本书通过确立重刑主义的概念，追本溯源地探寻中国古代先民法律观念的生成途径。

重刑主义的逻辑体系有哲学、制度、目的、方法和价值五大起点。为维护皇权制度不遗余力的“十恶”、基于家国一体中产生的“族诛连坐”、为达“刑期于无刑”而创设的种种酷刑以及实用性极强的“比、例”，都是“外儒内法”下重刑主义的深刻写照。

以《唐律疏议》作为分析样本，本书将慎刑、罚中的思想对重刑主义共生状态进行了系统描述并重构了儒法合流的秩序制度。“儒”和“法”这两种思想都是基于维护专制皇权统治的共同使命，“内法”是以重刑为君主专制保驾护航，“外儒”是为重刑主义暴力体制寻找合法性外衣。

以清末大变局为背景，中国社会对重刑主义展开了深刻反思，不过揭示重刑主义在制度上摒除容易，但在观念上摒弃却长路漫漫。为了维护清王朝的专制统治而进行的清末修律使得法律不过沦为统治阶级的一个“用”具而已，这种工具论的看法使得西方法律所带有的公平、正义、民主、人权的思想内核并没有受到重视。

目　录

导　论 ………………………………………………………… 1
第一节　研究问题及其意义 ……………………………………… 1
一、问题的界定 ………………………………………………… 1
二、问题的缘起 ………………………………………………… 6
三、研究的意义 ………………………………………………… 10
第二节　文献综述及本书理论思路 ……………………………… 11
一、文献综述 …………………………………………………… 11
二、研究方法 …………………………………………………… 17
三、理论脉络 …………………………………………………… 19

第一章　重刑主义的历史文化渊源 ………………………………… 21
第一节　中国独特的农耕文明催生服从权威的文化底色 ………… 22
一、封闭的自然生态环境 ……………………………………… 22
二、早熟的农耕社会重视集体的力量 ………………………… 23
三、庞大治水工程使个人成为附庸 …………………………… 25
第二节　战争造就法律暴力观 …………………………………… 25
一、原始尚力与群居聚力 ……………………………………… 25
二、资源争夺引发部落战争 …………………………………… 27

三、治乱稳边，刑以威四夷 …… 29
四、刑起于兵，乱政作刑 …… 32
第三节 社会祭祀助推等级秩序价值 …… 36
一、自然神秘与图腾崇拜 …… 36
二、社会祭祀与权力秩序 …… 39
三、秩序价值的核心在于维护权力等级差序 …… 41

第二章 法家理论奠定重刑主义的理论基石 …… 44

第一节 礼崩乐坏：社会制度失衡与重构 …… 44
一、宗法分封制的内在失衡 …… 44
二、战国时期富国强兵的制度重构 …… 46
三、李悝《法经》与刑制传统 …… 49
第二节 法刑互通，治国之器 …… 51
一、法家之法坐实于“刑” …… 51
二、商鞅：重刑思想的系统实施者 …… 55
三、韩非子：重刑思想的集大成者 …… 62
第三节 重刑主义的逻辑起点 …… 67
一、哲学起点：民性恶且愚昧 …… 67
二、制度起点：权力一元与君主政体 …… 72
三、目的起点：重刑爱民与以刑去刑 …… 74
四、方法起点：以“力”代“德”的实用主义 …… 79
五、价值起点：家国同构的社会形态 …… 81

第三章 重刑思想在儒法合流中成熟完备 …… 85

第一节 先秦儒家的尊君观与礼法论 …… 86
一、孔子：为实现大一统与君主制的法律观 …… 86

二、荀子：礼法并举，隆礼重法 …… 89
三、儒法接榫：君权秩序与专制皇权 …… 96
第二节 内法外儒，重刑思想胜利 …… 99
一、儒法论争与宗法分封的路径反复 …… 99
二、儒法整合，以儒术缘饰吏事 …… 102
三、“内法外儒”促使中国古代社会形成超稳定结构 …… 108
第三节 重刑与慎刑、罚中——以《唐律疏议》为分析样本 …… 116
一、慎刑观念 …… 116
二、刑罚得中 …… 121
三、重刑思想潜行于《唐律疏议》之中 …… 126

第四章 重刑制度的路径依赖及其历史影响 …… 134

第一节 王朝更迭中的路径依赖问题 …… 134
一、重刑有利于巩固专制政权，成为王朝更迭中的依赖路径 …… 134
二、中华法系的特征概述 …… 136
第二节 酷刑繁多，以刑期于无刑 …… 138
一、肉刑渊源 …… 138
二、肉刑存废之争 …… 139
三、肉刑成为法外重刑 …… 142
四、死刑残酷 …… 144
第三节 族诛连坐，家国一体 …… 147
一、族诛与连坐的产生渊源 …… 147
二、族诛与“亲亲相隐” …… 149
三、族诛连坐的制度体现 …… 151
第四节 十恶重罪，确保君权至上 …… 153
一、皇权始终贯穿于十恶制度发展过程之中 …… 153

二、“十恶”结构：核心是维护皇权 …… 157
第五节 为求实效，比、例滥用 …… 162
一、比、例的起源及形式 …… 162
二、滥用比、例的原因及其危害 …… 165

第五章 清末社会对重刑主义的反思 …… 168

第一节 清末修律的背景与动因 …… 168
一、清末的经济格局的变化情况 …… 168
二、治外法权丧失 …… 171
三、清末各阶层人士为收回治外法权宣扬变法改图 …… 173
第二节 清末修订刑律的法律思想 …… 176
一、批判传统：清末变革的思想酝酿 …… 176
二、废除重刑——清末修律的重点内容 …… 179
三、礼法之争——清末修律的理论争论 …… 187
第三节 清末重刑改革的历程 …… 193
一、清末刑法修订的概况 …… 193
二、清末刑罚趋轻缓 …… 195
三、修正重刑，其路漫漫 …… 197

余 论 …… 200

一、重刑主义的历史局限性 …… 201
二、现代刑法观与重刑主义的审思 …… 203

参考文献 …… 207

后 记 …… 214

导论

全书围绕“中国古代重刑主义的形成及其影响”进行研究，研究的缘由及研究的意义自不待言，而“重刑主义”作为研究聚焦的重点与核心，其本质含义或者说界定概念须进一步阐明。通过对已阅读的与此题目直接相关的论文进行综述分析，继而找寻本书的创新之处以及所应运用的研究方法。在史学等各类研究方法的指导下，梳理本书的理论框架，形成清晰的论证思路，以求对主题有一个全面、直观、简要的展示。

第一节 研究问题及其意义

一、问题的界定

中华法系曾是世界五大法系之一[①]，一直以其独一无二的个性特征区别于世界其他法系。“综观世界历史，可以说欧洲的法文化本身是极具独特性的。而与此相对，持有完全不同且最有对极性的法文化的历史社会似乎就是中国了。这一点大概已为大多数人所肯定。在欧洲，主要是以私法作为法的基底和根干；在中国，虽然拥有从古代就相当发达的文明的漫长历史，却始终没有从自己的传统中生长出私法的体系来。中国所谓的法，一方面就是刑法，另一方面则是官僚制统治机构的组织法”[②]。就目前国内

① 其余四个法系为：大陆法系、英美法系、伊斯兰法系（阿拉伯法系）、印度法系。

② ［日］滋贺秀三：《中国法文化的考察》，《比较法研究》，1988 年，第 3 期。

的法律史研究而言，中国古代法律文化属于“刑法”文化是学者们公认的理论结果[①]，其论证思路大致作如下归纳：自《法经》始中国历朝历代颁布的法典均以刑法典为主，中国古代刑法之发达首先表现在法律内容上，内容庞杂，甚至连民事法律关系都极度刑法化；其次是制裁方法单一，以刑罚作为唯一手段。因此可以说，中国刑法史是中国法制史的重心，中国刑法思想则是中国法律思想的重心，“除了刑法史的法制史，便觉空洞无物”[②]，而在中国古代刑法思想中重刑主义是贯穿始终的线索，并最终成为中华法系的一个特色传统而流传至今，受此影响，人们心理上极度依赖和偏爱刑法和刑罚，尤其是重刑。人们总是感性地认为，一般的刑罚在社会治安形势比较严峻的时候是无济于事的，只有通过动用重刑、实施“严打”，在非常时期使用非常手段，才能有效地打击犯罪，有效地治理社会，可见，对重刑效用的迷信在现代社会仍极具市场。

社会科学研究的第一步就是清晰地界定我们所要研究的事物。正如迪尔凯姆所言：“社会科学家的第一步工作应该是界说他所研究的事物，以使自己和他人知道他在研究什么。这是一切论证和检验所最不可缺少的首要条件。实际上，一种理论只有在人们确认了它所应解释的事实时才能对它进行检验。”[③] 本书主要关注中国古代重刑主义这一问题，因此文章的第一步便是界定“重刑主义”。

纵观历代刑法典，遍读华夏史册，多少严刑峻法在历史上制造了多少惨案。“对于中国古人之学说，应具了解之同情，方可下笔。……所为真了解者，必神游冥想，与立说之古人，处于同一境界，而对于其持论所以不得不如是之苦心孤诣，表一种同情，始能批评其学说之是非得失，而无隔阂肤廓之论。否则数千年前之陈言旧说，与今日之情势迥殊，何一不可以可

---

① 张中秋：《中西法律文化比较研究》，南京大学出版社，1991 年，第 79－89 页。

② 蔡枢衡：《中国刑法史》，广西人民出版社，1983 年，第 4 页。

③ ［法］E. 迪尔凯姆（Emile Durkheim），狄玉明译：《社会学方法的准则》，商务印书馆，1995 年，第 54 页。

笑可怪目之乎?”[①] 因而在面对重刑时，我们不能不假思索地说“不”，简单野蛮地予以否定，但更不可能去肯定它，存在不能证明其合理，反而是其与生俱来的残酷性使得中国历史长河中流淌着太多的血腥味道，而为后人所诟病。

何谓“重刑主义”?

翻查各方资料，猛然发现，“重刑主义”此词虽被多次提及，但我国法学界从未提出过关于“重刑”“重刑思想”或“重刑主义”的明确概念，而倾向于指明重刑的理论逻辑、重要特征或具体表现。有学者认为：重刑专指中国奴隶制刑法和封建制刑法中的严刑峻法的制度和思想。它至少包括四个方面的内容[②]：（1）刑种苛繁；（2）罚不当罪；（3）肉刑发达；（4）死刑残酷。也有学者在论述重刑时指出，它至少应该包括四个方面[③]：（1）厚赏重罚、刑多赏少；（2）轻罪重罚，以刑去刑；（3）不赦不宥，刑人必得；（4）族刑连坐。

《最新常用法律大辞典》中对“重刑主义”的解释是这样的：“重刑主义，为我国封建刑律的基本政策与特征。主要包括：（1）以刑去刑，刑期于无刑，把刑作为预防和遏制犯罪的重要手段，企图严刑治罪，重罪治罪。（2）轻罪重罚，从而对一切犯罪普遍地实行重刑，达到恐怖社会，威吓犯罪的目的。（3）刑罚残酷，对犯罪人广泛适用死刑和身体刑。（4）法外用刑，皇帝拥有生杀予夺的大权，实行封建专制统治。”

《法律辞海》中对“重刑”的解释：“重刑，是指严厉的、刑期长的刑罚。重刑相对于轻刑而言，它既指法定刑，也包括宣告刑。重刑既可以表现为较严厉的刑种，也可以表现为较长的刑期。我国《刑法》对什么是重刑没有做出明确规定，在刑事立法中，一般认为法定刑为三年有期徒刑以上的刑罚为重刑。重刑与重刑主义（重刑化）的区别在于：重刑是指刑

---

① 陈寅恪:《冯友兰中国哲学史上册审查报告》,《金明馆丛稿二编》, 上海古籍出版社, 1980 年。

② 高绍先:《重刑考》,《现代法学》, 2003 年第 4 期。

③ 庞凌、缪岚:《法家重刑思想浅析》,《江南社会学院学报》, 2001 年第 2 期。

罚本身的严厉程度，而重刑主义是指通过刑事立法提高一些犯罪的量刑幅度，使整个刑事制裁体系趋于严厉化。”

另外，我们还可以从先人的论著中找寻到“重刑”的思想源泉。最早可以追溯到西周的典籍中，如：

“刑罚世轻世重，惟齐非齐，有论有要。”（《尚书·吕刑》）

“掌建邦之三典，以佐王刑邦图，诘四方。一曰刑新国用轻典，二曰刑平国用中典；三曰刑乱国用重典。”（《周礼·秋官司寇》）

“苗民弗用灵，制以刑，惟作五虐之刑曰法。杀戮无辜，爰始淫为劓、刵、椓、黥。越兹丽刑，并制，罔差有辞”，其注云“蚩尤作乱，当是作重刑以乱民，以峻法酷刑民”。（《尚书·吕刑》）

“王曰，若古有训，蚩尤惟始作乱，延及于平民，……苗民弗用灵，制以刑……遏绝苗民，无世在下”。（《周书·吕刑》）

“昔者圣王制为五刑，以制天下。则此其刑不善？用刑则不喜也。是以先王之书。《吕刑》之道曰：苗民否用练折则刑，惟作五杀之刑，曰法。则此言善用刑者以治民，不善用刑者以为王杀。”（《墨子·尚同》）

以主张严刑峻法著称的重刑主义泰斗商鞅在其遗著《商君书》中关于重刑的言论比比皆是。如：

“重罚轻赏，上爱民，民死上；重赏轻罚，上不爱民，民不死上。”（《去强》）

“以刑去刑，国治；以刑致刑，国乱。故曰：行刑重轻，刑去事成，国强；重重而轻轻，刑至事生，国削。”（《去强》）

“禁奸止过，莫若重刑。刑重而必得，则民不敢试，故国无刑民。”（《赏刑》）

“故行刑重其轻者，轻者不生，则重者无从至矣，此谓治之于其治也。”（《说民》）

上述论断可谓淋漓尽致地表述了对重刑主义的欣赏之情。

有鉴于此，本书首先对重刑主义在外延及内涵上做出一个界定。从理论上讲，重刑主义源于法家以刑去刑的重刑理论。“主义”一词倒是比较好定义的，它是指“某种特定的思想、宗旨、学说体系或理论；对客观世界、社会生活以及学术问题等所持有的系统的理论和主张；指人的思想最终所确立的对某类事物发展的认知状态，通常表达所持的一种目标、观点或立场，以及与其相适应的某种行为的总括”①。

反观重刑二字却实在较难划定。定位最为简单而有效的方法便是回归字的本意。“重”的原始词义有二。其一是会意字，字从千，从里。“千”与“里”联合起来表示“人走千里”。走千里路，人的双腿如同灌铅一般的沉。其二是会意兼形声字，金文字形，从东，从壬，东亦声。壬，挺立。东，囊袋。人站着背囊袋，是指分量大或者说程度深，与“轻”相对。“刑”的原始词义有三。其一指的是刑法，禹刑、汤刑、九刑、吕刑等；其二指的是刑罚；其三是指行刑的方式、方法。

结合本意从字面上讲，重刑有三方面的意思，第一，“重”取“倚重”的意思，“刑”取“刑法”的意思，那么重刑主义指的就是治理国家倚重刑法的意思，即法典刑法化；第二，“重”取“程度深”的意思，“刑”取“刑罚”的意思，那么重刑主义指的就是刑罚较一般为重的意思，即重罪较多，刑罚较重；第三，“重”取“分量大”的意思，“刑”取“行刑方式”的意思，那么重刑主义指的就是行刑方式较一般的重，即酷刑众多，刑事连带，执行不人道。

为此，本书根据上述字义尝试对“重刑主义”进行定义。重刑主义是孕育于具有兵刑合一、尚力传统的古代中国，由先秦法家商鞅系统提出，韩非子集其大成，为历朝历代统治者所推崇并成为贯穿中华法系思想与实践的一套理论，即治理国家以刑为主、法典刑法化，重罪较多且刑罚畸重，酷刑众多且执行不人道的一种法律思想，它以刑期无刑为理论旨归，

---

① 《现代汉语词典》，商务印书馆，2006 年，第 1780 页。

以轻罪重刑为核心内容，并在从立法到司法的法律实践中以肉刑、十恶重罪、族刑连坐、法外用刑、比附论罪、刑于将过等现象体现出来。本书将围绕这一定义，充分阐述其产生、发展以及消亡的过程。

二、问题的缘起

纵观远古、古代、近现代以及当代中国治政、治民、治官之历史，不难看出，一个幽灵，或者说一个显灵，一个被统治阶级推崇同时被治理百姓乐于认同的、治国安民的灵光，一个在漫漫历史长河中饱经冲刷而不改其本来面目的灵器，一个被学者和民众在数千年社会生活中无法舍弃的灵魂，在中华大地游荡，这就是上下同欲的选择——“重刑”的实施，这就是中华法系之标签——“重刑”的理论体系和实践，这也是中国法律现代化之改革发展的基础和过程——“重刑”的扬弃、解构及其消亡。从唯物主义的观点来看，这是一个历史过程，非主观所能左右；这是社会生产力发展的结果，非社会价值所能选择；这是人民意志的体现，非社会理性所能决定。本书关注此话题，注重研究它从哪里来，它经历怎样的发展，从而认识它、把握它、适时地引领它，以适应社会文明发展的规律，最终使法律造福于人民。

重刑主义不仅在中国古代盛行不衰，而且内化于中国人的传统血液之中，时至今日依然构成人们对法律的基本认知。一旦社会秩序出现“失范”状态，人们往往想到的解决方法就是加重刑罚，加大处罚力度。

曾闹得沸沸扬扬的药家鑫案就是例证①。案件回放②：

药家鑫，西安音乐学院大三学生。2010 年 10 月 20 日 22 时 30 分许，药家鑫驾驶陕 A419N0 号红色雪弗兰小轿车从西安外国语大学长安校区返回市区途中，将前方在非机动车道上骑电动车

---

① 药家鑫故意杀人案被最高人民法院评为 2011 年度全国法院十大精品案例第一名。

② 来源于百度百科“药家鑫”词条，http://baike.baidu.com/view/4800971.htm.

同方向行驶的被害人张妙撞倒。药家鑫恐张妙记住车牌号找其麻烦，即持尖刀在张妙胸、腹、背等处捅刺数刀，将张妙杀死。此后驾车逃逸至郭杜十字路口时再次将两行人撞伤，后交警大队郭杜中队将肇事车辆暂扣待处理。同年10月23日，被告人药家鑫在其父母陪同下投案自首。2011年1月11日，西安市检察院以故意杀人罪对药家鑫提起了公诉。同年4月22日在西安市中级人民法院一审宣判，药家鑫犯故意杀人罪，被判处死刑，剥夺政治权利终身，并处赔偿被害人家属经济损失45498.5元。同年5月20日，陕西省高级人民法院对药家鑫案二审维持一审死刑判决。同年6月7日上午，药家鑫被执行死刑。

在事情发生后，网络一直将药家鑫说成是“杀人不眨眼的恶魔”，被斥为“药八刀”“药渣”，许多人被裹挟到这种愤怒里。随着越来越多戏剧性元素的出现，让更多的围观者涌入，呼喊着要将药家鑫处以极刑①，形成了不杀不足以平民愤的局面。案件的最终结果出来后，舆论是一片狂欢之声。但在此处，挥之不去的是，药家鑫是在其父母的劝说之下由父母陪同着去自首的，这个案件的结果对于这对善良的父母而言意味着什么？作为父母亲自把孩子送上刑场的滋味是何等的苦涩啊！在此提及该案并非要翻案，而是反思以群众狂欢式将同类处以极刑的行为。从药案中不难看出中国人内化在血液里的“重刑”情感。

为何我们的法官必须要做出这样的一个选择呢？如果仅仅是将之作为“舆论杀人”、民意“强奸”法官未免太过于简单，其深层次的原因在于立法者所认为的民众对犯罪的恐惧程度。“恐惧”在法律和犯罪学史上一

---

① 作为北大中文系的教授孔庆东先生的言辞应该具有一定的代表性。他在一家名为“第一视频”的网络媒体上接受采访时怒不可遏地说：“他（指药家鑫）长的是典型的杀人犯的那种面孔。你不懂。一看就知道是罪该万死的人。杀人犯长的都这样……这是典型的坏学生。你看人要看气质，你不要看什么肤色啊、五官啊，要看气质。这是一个杀人犯的气质。药家鑫的名字，就是杀人犯——三个‘金’摞在一起，三把刀，是吧？这个人他就是一个杀人犯——从心理学上来讲，从文化上来讲。”

直具有相当的影响力。福柯在《规则与惩罚》中提到："如果不是出于对罪犯的恐惧，那么是什么使得大众宽容警察的出现与控制？警察制度是晚近才出现的，而且非常具有压迫性，这种制度唯一的合法性就是人们的恐惧。"英国学者朱利安·罗伯茨和麦克·豪夫在《解读社会公众对刑事司法的态度》中有一个著名的研究发现：一方面，公众过高地估计了犯罪和重犯的比例；另一方面，人们对变得强硬的刑罚改革和在监人数的高峰却缺乏了解。被害恐惧感在风险意识的促进下不断滋生，最终导致了整个刑罚体系的加重。

无独有偶，在《中华人民共和国刑法修正案（八）》中危险驾驶罪①的制度似乎也有一种民众狂欢的背景②和丝丝重刑的色彩。

酒后驾车绝对是有社会危害性的，根据刑法原理，社会危害性是犯罪行为的属性之一，但是，社会危害性的实际内容却非常空泛，实在无法界定何种社会危害行为应纳入刑法范畴。因此，不妨用类举的方法。酒后驾车是一种马路交通行为，与此类似的行为还有闯红灯、超载、疲劳驾驶，无疑这些其他行为仍然与酒后驾驶具有同样的社会危害性，那么为什么只有酒后驾驶入了刑而其他同样具有社会危害性的行为没有呢？也许民众的强烈支持是其呼之欲出的答案。

---

① "危险驾驶罪"具体规定为："在道路上驾驶机动车追逐竞驶，情节恶劣的，或者在道路上醉酒驾驶机动车的，处拘役，并处罚金。"

② 在《中华人民共和国刑法修正案（八）》出台前曾有几起酒后驾车造成严重事故的案件发生，分别是：2008年12月成都的孙伟铭醉酒后驾车，发生严重交通事故，最终导致四人死亡、一人重伤的恶性事件的发生，成都市中院一审认定孙伟铭以危险方法危害公共安全罪，判处死刑，后经四川省高院改判为无期徒刑；而2009年5月，杭州的胡斌驾驶跑车在机动车道上以极高的速度"飙车"，结果将一行人撞飞，伤者被送至医院后死亡，杭州西湖区法院一审认定胡斌犯交通肇事罪，判处三年有期徒刑。在案件发生后，2009年9月9日，最高法院就醉酒驾车犯罪案件法律适用问题召开新闻发布会，认定醉酒驾车造成重大伤亡的按以危险方法危害公共安全罪定罪，这样的规定一方面是为了统一裁判标准，依法正确审判醉酒驾车犯罪案件，另一方面是为了警示和教育广大驾驶人员能够以这两起案件为鉴，充分认识醉酒驾车的严重危害，严格遵守交通法规，切实预防、杜绝醉酒驾车违法犯罪。网络上对这些案件的讨论不绝于耳，许多人都纷纷称支持"酒驾入刑"。

诚然，作为一种不良的生活方式，酒后驾驶应当被道德责难，也应该被人们所唾弃，但是如果为停止某种社会不当行为而对其科以刑罚则是超出了刑法应当恪守的谦抑界限，单纯地迷信刑法的威慑力，而忽视其他调节方式，终将陷入重刑主义的泥潭之中，不可自拔。实际上，刑法的威慑力倘若不是伴随着严格的执法，也不会有真正的威慑力。

通过下面一组数据也许可以更好地理解严格执法的魅力。自2009年8月15日起，公安部开始对酒后驾驶的专项治理活动，明确提出了“四个一律”①，截至10月15日，两个月间全国共查处酒后驾驶违法行为12.2万起，其中醉酒驾驶1.9万起，罚款处罚12.2万人次，暂扣驾驶证10.8万本，行政拘留1.7万人次，因酒后驾驶导致事故起数、死亡人数比去年同期分别下降34.5%、38%。② 可见，在行政执法部门加大了打击力度后，酒后驾驶行为导致交通事故的发生率明显降低。这些下降的数据有力地证明了：第一，有效的行政处罚措施完全可以有减少因醉驾导致的交通事故；第二，对于打击犯罪而言，最强有力的约束力是刑罚的及时性与必定性，而不是刑罚的严酷性。

刑法是规定犯罪、刑事责任和刑罚的法律，它是可以剥夺公民人身自由权利乃至生命权利的法律，一般被称为最后一道阀门。如果在没有仔细思考的前提下，将一种不利的生活方式上升成为严重的社会危害性行为而放入刑法之中，动辄给予刑事处罚，似乎是小惩大诫，但实际上会造成人人自危，社会反而会变得更加不安全。刑事立法可以稳定社会，但不是维护社会稳定的唯一办法。立法是一门艺术，刑法既是善良人的大宪章，也是犯罪人的大宪章，因此从全面计量生活的幸福和灾难方面看来，刑法保障人们享有的权利，引导人们去享受最大限度的幸福，同时也是在最大限

---

① “四个一律”是指：对饮酒后驾驶机动车的，一律暂扣驾驶证3个月；对醉酒驾驶机动车的，一律拘留15日，暂扣驾驶证6个月；对一年内两次饮酒驾驶的，一律吊销驾驶证，两年内不得重新取得驾驶证，属营运驾驶员的，5年内不得驾驶营运车辆。

② 数据来源于新华网法治频道 http：//news.xinhuanet.com/legal/2009－10/19/content_12270528.htm.

度地减少人们可能遭遇的不幸。

由此可见，中国传统法律思想中的重刑情愫一直存在于立法者、司法者甚至是普通民众心中，一直深刻地影响着我们的经济、政治等生活，因此，研究它是为了更好地驾驭它，更好地处理现实的立法、司法等法律问题。

三、研究的意义

重刑主义，既是一个非常重要的理论问题，也是一个极为紧迫的现实问题。关于本主题的研究意义，从三个方面进行阐述。

第一，深入研究重刑主义，有助于梳理先秦时代法律思想的理论线索。

春秋战国，即先秦时期，被称为“轴心时代”，“正是在那个年代，才形成今天我们与之共同生活的这个‘人’，……非凡的事件都集中发生在这个时期”①，“道术为天下裂”（《庄子·天下》）。对先秦时代思想进行研究的重要性和必要性是不言而喻的，“值得注意的是，在轴心期时代出现的思想运动都将直接或间接地深刻塑造所有这些文化随后的全部历史”②。另外，中国法律传统重视纵向的继承与研究，由此可见，先秦法律思想对我国古代法律基本原则的形成和后世基本制度的设立起着奠基性的作用，先秦时期的法律思想则在我国的法律思想史上占据着十分重要的地位。对这一时期的法律思想进行分析和论证可以更好地理解我国的传统法律制度及其背后的法律思想意义重大。国内外学者对先秦思想的研究，成果颇丰，诸多学者对先秦各学派代表性人物的个人思想进行了整体而又细致的分析。本书独辟蹊径，选取了重刑主义作为先秦时代法律思想理论的梳理线索，将许多学派人物的思想，尤其是儒家、法家两派中的典型思想融会于此。

---

① ［德］卡尔·雅斯贝斯著，柯锦华等译：《智慧之路》，中国国际广播出版社，1988 年，第 68 页。

② ［美］史华兹著，程刚译：《古代中国的思想世界》，江苏人民出版社，2008 年，导论。

第二，深入探讨重刑主义的发生、发展直至衰亡的过程，有助于从纵向角度搭建一个关于重刑主义的理论框架，并对中国传统法律思想形态做出解释。

一方面，重刑主义理论贯穿于中国法律史，具有深厚的社会土壤与丰富的思想源泉。通过梳理重刑主义思想形成的社会基础、发展的关键理论、显现的具体制度、衰亡的重要事件等问题，有助于建构一个融合思想与实践的重刑主义理论谱系，深化对重刑主义的认识。另一方面，儒家与法家的理论争论最终趋于合流，形成中国传统政治法律“外儒内法”的思想形态。通过对重刑主义的理论分析，有助于从架构一个理论切面以深刻把握儒法思想之异同，并对最终定型的“内法”思想做出诠释。

第三，深入探讨重刑主义，有助于反思如何更好地建立符合现代潮流的中国社会主义刑法体系。

清末及中国近代所进行的法制变革是以西方法律和法学体系为参照模板的，与中国法律传统近乎决裂。在这场法律知识和制度转型中，单纯移植外国的法律知识和法律制度显然是走不通的，中国传统法律文化延续性所产生的巨大张力、强大惰性在刑法现代化的过程中表现得尤为突出。在刑法的现代化方面，中国传统法律观念中的重刑主义，与现代刑法所要求的谦抑性具有着不可调和的矛盾。以重刑主义作为窥探两种力量碰撞与交汇的独特视角，通过研究其发生、发展直至衰亡的过程，并着重研究在清末的礼法之争，可以更准确地探寻中国法律的现代化进程中所需要重视与解决的问题。

第二节　文献综述及本书理论思路

一、文献综述

中国古代重刑主义是中国古代法律思想的组成部分，散见于中国古代法律思想史教材及论著中，而未见关于重刑主义的系统研究成果。

研究重刑主义多是以“法家”作为研究的主体，或者是将法家作为一个学术流派来论述其重刑思想，或者是研究法家的代表性人物（商鞅、韩非子等）的重刑思想。

第一，以法家作为一个学术流派来论述其重刑思想的：

艾永明《法家的重刑思想值得借鉴》①：作者详细论述了法家之所以提出重刑思想的原因，只要国家对于奸人所处的刑罚比奸人犯罪所获得的利大，奸人必然不敢犯罪，社会国家必定能够长治久安。文章从人的心理特点、犯罪规律和刑罚的作用等方面进行理论分析，指出法家的重刑思想有合乎刑法科学和犯罪科学的合理内核。最后作者认为，法家的重刑思想可借鉴于打击贪污腐败等社会问题之中。

庞凌、缪岚《法家重刑思想浅析》②：作者指出重刑思想作为法家法律思想之重要组成部分，其主要内容表现四个方面：其一，厚赏重罚，刑多赏少；其二，轻罪重刑，以刑去刑；其三，不赦不宥，刑人必得；其四，族刑连坐。造成法家重刑思想有三方面原因：其一，法家所处的时代背景；其二，法家的“好利恶害”的人性论主张；其三，法家法观念方面的偏差。最后作者评价法家重刑思想，认为其积极的一面在于强调刑罚适用的普遍性、严肃性等，其消极的一面在于过分夸大暴力强制作用，把法律理解为治民、防民的工具，缺乏对他人的尊重以及极端的功利主义。

史广全、李景瞳《法家“以刑去刑”理论及实践的诸分析》③：作者认为法家的思想是以“以刑去刑”为核心的，秦朝的重刑主义法制实践是法家这一思想的具体展开。“以刑去刑”的思想在理论上是错误的、在实践中是行不通的，原因有三：从犯罪原因论上，它以“人性恶”这一抽象的人性论来解说犯罪原因的单一罪因论；从刑罚功能论上，它过分夸大和

---

① 艾永明：《法家的重刑思想值得借鉴》，《法学》，1996 年第 11 期。

② 庞凌、缪岚：《法家重刑思想浅析》，《江南社会学院学报》，2001 年第 2 期。

③ 史广全、李景瞳：《法家“以刑去刑”理论及实践的诸分析》，《学术交流》，2003 年第 7 期。

追求刑罚的一般预防功能，由于对罪犯的处刑过于严酷极易激化社会矛盾；从法律经济学角度上，它扩大了刑罚圈增加了刑罚量从而提高了刑罚执行成本，使社会矛盾更加激化。

霍存福《法家重刑思想的逻辑分析》①：作者认为法家有其独特的重刑思想的逻辑。法家重刑理论是基于人性发展起的“以刑去刑”理论，以“民性”“民情”为归宿，着眼于轻罪重刑。法家总是把“富国”放在首要地位，否定了“富民”“足民”的意义，只是单纯使用重刑。法家讲求“胜民”“制民”“弱民”，使得告奸理论高度发达。法家重刑的逻辑的出发点和最后归宿，是基于“爱民”“亲民”而达到“利民”的。法家的重刑思想到秦灭亡前夕，得到了淋漓尽致的表现，致使秦二世而亡。

陈劲阳《法家重刑思想的现代省察》②：法家学派最早且比较系统地阐述了重刑思想，其核心是“轻罪重刑”。根据霍存福《法家重刑思想的逻辑分析》文中所提的三段论对重刑思想进行逻辑分析，可见其逻辑前提“民皆厌恶重刑”存在失误。因此结合现实对法家重刑思想进行现代省察，认为通过四个方面的改造可以走出重刑主义的误区：一是坚持罪刑法定原则和罪责刑相适应原则，二是坚持谦抑主义的刑事政策原理，三是采取宽严相济的刑罚政策，四是应当在刑事法领域确立公众的规范忠诚意识。

韩晓峰《论重刑化思想的生成基础》③：作者论述了重刑化思想生成的三个基础，分别为社会基础、制度基础和思想基础。在社会基础中有两种结构包括塔形结构和梯形结构，两种类型社会对国家法治的影响各有不同。我国是塔形结构，因此容易产生重刑思想。在政治制度设置方面分权型制度和集权型制度对人们法律观念的影响也各有区别。我国是集权型制度，因此容易产生重刑思想。最后，重刑化思想产生的思想基础包括两个：刑罚的预防观和人性论说。

---

① 霍存福：《法家重刑思想的逻辑分析》，《法制与社会发展》，2005 年第 6 期。

② 陈劲阳：《法家重刑思想的现代省察》，《Theory Journal》，2006 年第 9 期。

③ 韩晓峰：《论重刑化思想的生成基础》，《刑法论丛》，2007 年第 2 期。

陈杰中《论法家重刑思想及其对当代中国刑罚轻重的借鉴意义》[①]：作者论述了法家“轻罪重刑”“以刑去刑”的重刑思想及其具体表现，并剖析了作为其重刑思想之理论基础的“性恶论”。在此基础上，进而反思当代中国和谐社会建设中刑罚轻重之选择问题，认为应当借鉴历史经验，顺应世界刑法的发展趋势和中国的现实实践，改变目前刑法的重刑倾向，提倡“重重轻轻”“宽严相济”的刑事政策。

第二，以法家的代表性人物（商鞅、韩非子等）的重刑思想为论述主体的：

徐进、范进学《商鞅重刑理论述评》[②]：作者认为商鞅的法治并非只“缘法而治”，而是采用重刑的法治，或者说他的法治内容之一就是重刑；商鞅的重刑也不是不讲道理的野蛮刑杀，而是法定重刑，依法使用重刑，他的重刑是隶属手法的，不是野蛮的标志，而是“秩序”的内容。同时，商鞅的重刑又是建立法治秩序、实现立法者立法目的的重要手段。他的重刑不仅在理论上有其合理性，在实践上也发挥了积极的作用。我们在批判其剥削阶级反动本质的同时，也应对其在当时历史条件下的真实价值给予科学的总结。

韩千《论韩非子对商鞅重刑思想的发展》[③]：作者认为商鞅在性恶论的基础上，第一个提出“禁奸止过，莫若重刑”的重刑论，韩非子是中国法家思想的集大成者，他继承和发展了商鞅的重刑思想，进而强调“求过不求善”，严刑重罚。这一思想得到了秦始皇的重用，成为秦代最重要的治国手段。但到秦汉以后，随着封建正统法律思想——儒家法律思想的确立，重刑思想逐步被儒家的“德主刑辅”所取代，但其并没有完全退出历史舞台，而是和儒家思想最终形成了儒法合流，从而影响了中国封建社会历代王朝的治国思想。

---

① 陈杰中：《论法家重刑思想及其对当代中国刑罚轻重的借鉴意义》，《湖北经济学院学报（人文社会科学版）》，2009 年第 7 期。

② 徐进、范进学：《商鞅重刑理论述评》，《法学论坛》，1990 年第 3 期。

③ 韩千：《论韩非子对商鞅重刑思想的发展》，《社科纵横》，2005 年第 4 期。

王小丹《韩非子的重刑论——从法律文化学的视角分析》[①]：重刑论是韩非子法律思想的重要组成部分。这个理论是韩非子的人性论、社会论和历史论等思想的综合体现，也是他贯彻“垂法而治”的根本手段之一。文章从法律文化的视角分析韩非子的重刑论产生的渊源、内容、影响和价值。

王小丹《韩非子的重刑思想研究》[②]：作者在多篇文章中已有论及韩非子的重刑思想，最终形成其硕士学位论文。论文基于法律文化学的视角，探究了韩非子重刑思想产生的历史文化背景和思想渊源；同时，通过考证韩非子的生平，试图揭示韩非子的人格特征与重刑思想的内在联系；全面介绍了韩非子的重刑思想，包括理论基础、理论构建、主要原则及目的；分析了韩非子重刑思想对中国古代法律文化的影响，重点剖析了该思想在古代社会长期存在的原因；最后提出了消弭其不良影响的对策。

王旭艳《浅析韩非子重刑主义下的刑罚思想》[③]：作者认为韩非子所提倡的法治，实际上就是刑治。他的刑罚思想是在重刑主义的指导原则下建立起来的，其目的是预防犯罪，以刑去刑，从而稳定社会秩序，维护君主权威。其刑罚思想的内容包括轻罪重刑、赏罚并用、不赦不宥和同里连坐。

王小丹《韩非子重刑思想的渊源》[④]：重刑思想是韩非子法律思想的一个重要内容。中国古代“刑起于兵”的状况和甲骨文所折射出的刑观念均可视为重刑思想的源头。春秋战国异常动荡的社会背景进一步催化了“重刑重罚”的思想，在务实的秦晋文化沃土中终于孕育出韩非子独特的重刑思想。从学术渊源上看，韩非子的重刑思想不但承继了法家前辈的重

① 王小丹：《韩非子的重刑论——从法律文化学的视角分析》，《台声新视角》，2006年第1期。

② 王小丹：《韩非子的重刑思想研究》，中南民族大学2007年硕士学位论文。

③ 王旭艳：《浅析韩非子重刑主义下的刑罚思想》，《商丘师范学院学报》，2008年第10期。

④ 王小丹：《韩非子重刑思想的渊源》，《郑州航空工业管理学院学报（社会科学版）》，2009年第1期。

刑思维，而且还吸收了墨家、阴阳家、道家的思想养料。

罗妍静《浅论韩非子的性恶论及其重刑思想的内在逻辑》①：作者从韩非子性恶论的产生背景和内容着手，分析他的性恶论与他独特的重刑思想体系之间的内在逻辑。其在论证人性的基础上，概括韩非子的重刑思想包括轻罪重罚、以刑去刑与法不阿贵等方面，并以唯物辩证主义来分析其在当时历史环境下的进步与局限。

第三，较为系统论述重刑思想的论文有：

高绍先《重刑考》②：作者主要围绕四个方面进行论述，一是重刑的含义，他认为重刑至少应该包括四方面内容：（1）刑种苛繁；（2）罚不当罪；（3）肉刑发达；（4）死刑残酷。二是评析重刑思想，评析时仍是以“法家”作为论述的主体，分析管仲、商鞅的重刑思想及重刑在哲学理论上的支撑是性恶论。三是分析历史上有关刑罚轻重的争论，包括三方面的内容：（1）儒法两家关于刑罚的不同主张；（2）关于肉刑存废的争论；（3）清末对重刑酷刑的批判。四是论述重刑主义的现实影响特别是其与严打的关系等。在批判重刑主义的同时认为重刑有一定的存在价值。

蒋潇锋《论重刑主义》③：作者认为重刑主义在古代刑法制度上体现为刑法刑种繁多、轻罪重刑、罪及无辜、肉刑发达、死刑残酷、言论治重罪、刑讯广泛使用。法家首倡重刑，后世儒家进行了修改，但是重刑的内核仍然存在。中国古代刑法在重刑主义指导下，重视惩罚肉体所带来的恐惧，随着儒家学说成为思想主流，逐步重视伦理的价值，以及随着封建专制的发展，大量惩罚思想犯罪。中国古代处于一个农业社会、专制统治、社会控制理论落后以及迷信重刑是造成这一切的原因。而在当代中国，仍然受到重刑主义的影响，造成这种影响的原因与古代社会相比又有新的体现。无论从人权、正义哪个角度去理解，重刑主义思想都是与之相背离

① 罗妍静：《浅论韩非子的性恶论及其重刑思想的内在逻辑》，《法制与社会》，2011年第9期。

② 高绍先：《重刑考》，《现代法学》，2003年第4期。

③ 蒋潇锋：《论重刑主义》，四川大学2007年硕士学位论文。

的，是要批判和抛弃的。然而，中国面临的很多社会问题，彻底抛弃重刑主义，暂时是做不到的。因此，要在中国告别重刑主义，仍然是任重道远。要摒弃重刑主义，应当从价值观、治理方法以及刑法制度上进行变革。

最后，总结说来，上述文章关于重刑主义的论述有两方面成果：第一，从研究重心来看，多以思想研究为主，尤其是先秦时代的法家思想为主，代表人物多选取商鞅和韩非子，系统梳理了法家关于重刑主义的理论观点。第二，从价值判断上看，有的侧重于讲历史合理性，有的侧重于用现代的观点进行批判。从客观上讲，为从正反两面认识重刑主义提供了很好的视角。

二、研究方法

在传统法律思想的研究中，“重刑主义”一直只是散见于各教材或著作之中，缺乏系统化的整理，而且，对“重刑”的研究多是放在法家研究的范畴之内，缺乏在诸子百家中对“重刑”思想的梳理。

本书以系统化整理为出发点，以新制度主义理论为分析工具，结合法律思想及法律制度两方面的材料，力图对“重刑主义”的发生和发展进行一个全面的梳理和合乎逻辑的统一性解释，并对其发生发展过程中所表现的路径依赖现象予以合理说明，从而更好地分析其对中国传统法律思想的影响。

作为经济学的概念，新制度主义理论认为“制度是社会的博弈规则，或者更严格地说，是人类设计的制约人们相互行为的约束条件”①。在通常情况下，制度下的各行为人间彼此形成了博弈均衡的关系，因而制度具有稳定性，任何一方或者是没有意愿或者没有能力改变现有的制度安排。然而，制度的稳定性是相对的，当制度环境发生变动，原有的博弈均衡被打破，旧制度下的潜在利益逐渐变大，旧制度下的各行为人便会重新寻找和重新设计制度方案，以期能更为有效地实现潜在利益，直至新制度再次在

---

① 诺思：《制度、制度变迁与经济绩效》，三联书店，1994 年，第 3 页。

行动者之间形成新的博弈均衡。在新制度主义理论看来，在制度变迁过程中往往会体现出一定的路径依赖的特性。

经济学文献上常被引用来说明路径依赖的例子是打字机键盘的发展。我们现在常常使用的“QWERTY”布局的打字机键盘，其设计的初衷是要限制人们的打字速度，因为如果速度过快，原始打字机的打字键会持续不断地挤在一起，因此设计者将26个字母随意地安排在了键盘上。打字键挤塞的问题随着电子打字机与文字处理器的出现，实际上已经消失了。但是我们仍然坚持使用这个也许并不是科学布局的旧键盘，原因就在于成本问题。首先，键盘制造商之间需要就新键盘达成协议，其次，经过多次练习并且已经习惯旧键盘的键盘使用者需要再次练习以适应新工具。因此，当转变的成本相对于变化带来的收益更高时，我们就可以非常清楚地观察到路径依赖。换一种表述方式就是，即使变化会带来很大的正收益，但是如果改变现状要求很多人改变其行为的话，收益就可能被强大的成本淹没。①

由此可见，事物的形成是偶然性与必然性结合的产物，“人们做出的选择决定了他们现在可能的选择”② 便是路径依赖最好的注脚。由于经济效益、学习效应、协调效果以及适应性预期等因素的存在，当人们一旦选择了某种制度安排，便不会轻易改变，这就导致了该制度会沿着既定的方向不断自我强化。制度内各因素的相互依赖会使彼此间产生巨大的报酬递增，而递增的报酬又会使特定的制度轨迹继续保持下去。在制度变迁过程中，收益的递增会产生制度内因素的自我强化力量，促使制度变迁沿着既定方向在某条路径中不断发展。因此，社会发展演化到今天，文化传统、信仰体系等都是社会发展的根本性制约因素，而我们考察社会问题、法律问题时则必须考虑这些制约因素。③

---

① ［美］理查德·波斯纳：《法律理论的前沿》，中国政法大学出版社，2003年，第3－4页。

② 诺思：《经济史中的结构与变迁》，上海：三联书店，1994年，第6页。

③ 韩毅：《历史的制度分析——西方制度经济史学的新进展》，辽宁大学出版社，2002年，第150－158页。

三、理论脉络

本书主要由五部分内容组成。

第一部分是重刑主义的历史文化渊源。封闭的自然生态环境、早熟的农耕社会和庞大的治水工程，形成了中国独特的农耕文明，催生了服从权威的文化底色。本部分站在“国之大是，惟戎与祀”的角度分析中国先民所形成的法律观念。以“刑起于兵”“兵刑合一”为主线，通过对残酷军法的起源及形成进行分析，探讨先民形成的“法即为刑”的法律暴力观念。远古初民在生存繁衍的原始本能感召下形成“尚力”的习惯，且初民对于自然神秘力量的崇拜导致图腾的出现、祭祀仪式的生成，使得先民对于等级秩序等价值非常重视。

第二部分是法家理论奠定重刑主义的理论基石。在礼崩乐坏的春秋战国时代，原先的宗法分封制度形成的内在平衡被打破，各地诸侯为富国强兵进行变革，作为新生代的代表学说，法家思想的代表人物商鞅、韩非子不遗余力地在实践中、理论上丰富重刑的内涵，法家思想成为秦国的治国主张，而秦灭六国也证明了法家思想（尤其是重刑）在富国强兵上有着不可估量的作用。建立在“人性本恶”哲学基础上的重刑主义有着独特的逻辑体系。它的制度起点是为了维护君主专制，权力一元。重刑思想是一个功利性非常强的思想，认为加强刑罚、采用重刑是极具实用效果的治国做法。重刑思想在中国有着非常肥沃的土壤，原因还在于中国一直以来存在的、经儒家等学派粉饰的家国同构的价值观。

第三部分是重刑主义在儒法合流中成熟完备。通过分析先秦儒家（着重分析孔子、荀子）的尊君观和礼法观，可以知道先秦儒家并不排斥重刑，孔子甚至当他成为鲁国摄相时还诛杀了少正卯。秦末汉初时，推行黄老之说，黄老之说与法家思想有着许多共通之处，另外在实践之中汉初的各种分封终引发“七国之乱”，也证明了不推行中央集权、不实施重刑会导致国将不国，因此在汉武帝时期在董仲舒一手倡导下促成了儒法合流。选取中华古代极负典型意义的《唐律疏议》为分析样本，剖析外儒内法下的专制皇权通过重刑实施统治，慎刑、罚中等思想对重刑主义的限制作用及相互融合之处。

第四部分论述重刑主义的路径依赖及其历史影响。在王朝更迭的过程中，历代君主发现重刑的有效性，从而形成了对重刑主义的路径依赖。也使得重刑主义成为中华法系的一大特征，对法典制度的内容影响颇深。包括：为维护皇权制度不遗余力的“十恶”、基于家国一体中产生的“族诛连坐”、为达“刑期于无刑”而创设的种种酷刑以及实用性极强的“比、例”，都是“外儒内法”下重刑主义的深刻写照。重刑在中国古代被推向极端，甚至把重刑的作用夸大到决定一切的高度。

第五部分是清末社会对重刑主义的反思。清末时期中国的经济状况发生很大变化，尤其是外敌的入侵，内忧外患，以沈家本、伍廷芳等人为代表的先进知识分子对中国传统法律中一直以来的重刑主义提出了批判。不管清末修律的动机是为了统治者的自我救赎，还是为了收回治外法权，中国传统法律文化在外部压力和自身救赎的过程中土崩瓦解则是不争的事实。在沈家本等人的主持下，诸法合体的封建法典退出了历史的舞台，代之而起的是西方近代的部门法体系。但在修律过程中所发生的礼法之争，对于中国如何进行法律移植、如何进行现代化的发展，有着不可估量的意义。

第一章　重刑主义的历史文化渊源

结合法的理论来分析重刑主义的历史文化渊源则必然无法绕开中国古代先民法律观念的生成途径，这是我们理解中国传统法律思想文化的关键，甚至是影响当代中国法律文化建设的因素。

“井”字是“刑”字的古体字，如卜辞有“兹人井不”，就是审问要不要对某人处刑①。在《说文解字》未见“刑”字，而有“井刂”字。曰：“井刂，罚罪也。从井从刀。”“所以从井者，井之语源出于井田，说文井下云，‘八家为一井，象构韩形’盖含有秩序意。故‘井井有条’‘井然不紊’皆以井为形容词。又《易》井卦：‘改邑不改井’，王注云：‘井以不变不德者也’。从刂者，刀以解剖条理，故‘制’字‘则’字等皆从之也。”②“从井从刀”便直接地指出了中国古代先民的法律观中所蕴含的两个特质，一是秩序性，二是暴力性。一方面，封闭的自然环境与集体的农业生产，促使古代中国社会注重集体意识，服从权威，更加注重法律与刑罚作为政治秩序上的价值；同时，对神秘力量的崇拜与敬畏产生的祭祀与王权结合后形成了尊卑有序的秩序价值观。另一方面，国家政权统一的强烈驱动造成频繁的部落战争，使得在整饬军队、征服部落过程中，刑罚的暴力性与威慑性极度凸显。合言之，刑罚作为一种暴力手段，是追求一统秩序而进行部落征服中的重要武器，也是以军事武力为核心的部落权力的鲜明象征，还是以治水与农耕为重要主题的社会治理的保障工具。

---

① 武树臣：《中国传统法律文化》，北京大学出版社，1994年，第161页。

② 范忠信选编：《梁启超法学文集》，中国政法大学出版社，2000年，第78页。

第一节 中国独特的农耕文明催生服从权威的文化底色

一、封闭的自然生态环境

从地缘看来，中国位于欧亚大陆的东部，东南临大海，西北面高山、连沙漠，四周均有阻隔，形成一个比较封闭的外部地理环境，另外，从内部地理结构上看，地形复杂，山地、丘陵以及高原占国土总面积超过六成，其余又以低洼盆地为主而平原较少。由此可见，中国内部与外部之间、内部与内部之间的交通和通信极不发达。所谓地缘产生文明，如此地理原因，中国大陆极易形成一个封闭、独立的文化圈，难与外界文明发生大规模的交流与冲撞，这一文化隔离状态，直接影响到重刑思想的生成。从某种角度上讲，封闭的社会较开放的社会更易产生和持续重刑思想，开放的社会交流频繁、人员复杂、价值观相对多元，重刑的思想在这种背景下面临的挑战会更多，更容易有轻刑化的趋势。

这一点我们可以通过与欧洲的比较进行印证。了解酷刑历史的大概也知道，中世纪的欧洲也存在着大量非常重口味的可怕酷刑，如刺刑、棺材吊笼等。其血腥程度与中国古代的酷刑比可以说是不分上下、伯仲之间。但是，随着时间的推移，欧洲的酷刑逐渐黯淡消失。这与地理环境及其所带来的社会开放程度有很大的关系。中国的大陆性地理环境与古希腊的海洋性地理环境形成鲜明对照，“中国是一个大陆，不像希腊城邦那样，是商业、航海、殖民的人们的居住中心。大陆上的‘百工’和文化，势必成为一个王朝权力的依据。王朝掌握了文化和工艺，它就可以传播声教，可以对外征服。可是这样一来，工艺、文化就永远服从于政治权威，‘思想’的主体就是政治权威，‘格物’永远登不上台盘了”①。因此容易在古希腊产生的自由、民主的理念对于这一封闭性极强的地缘文明而言则显得格格

① 顾准：《顾准文集》，贵州人民出版社，1994 年，第 350 页。

不入，相反，它只能催生出服从权威的文化，为了维护和捍卫权威，极易产生重刑的思想。

二、早熟的农耕社会重视集体的力量

早熟的农耕社会是中国重刑思想生长的肥沃土壤。“依照一般规律，人类最初过着树上生活，其后发明用火，又其后发明渔猎，又其后发明农业，这与有巢氏、燧人氏、疱牺氏、神农氏的次序大体吻合”①。“农业的发达，实在是人类划时代的进步，有了农业，才能生产人类的食物，才能有土地的扩充，人口的增加，人类进而走向定居，随之，一切物质文明才有了基础，精神文化才能渐次发达，人类至此，开始出现剩余的食品、甚至是其他财产，这些剩余成为了掠夺的目标。在农业社会，劳动力是宝贵的，相互间的战争频繁发生，社会内部组织日趋复杂。世界上的文明，均起源于几个特别肥沃的地点，可见一切皆与农业有关，而中国亦是其中之一”②。

“从基层上看去，中国社会是乡土性的”③。可以说，我国古代社会个体的性命，及其赖以生存、生长、发展的社群基层构成，数千年来是乡土性、宗族性紧密结合在一起的基层社会。乡土基层的百姓，世代以土地谋生，世代定居一地。迁徙是万不得已的选择，只要还有一线生机，“生于斯，长于斯”，甚至是“死于斯”都是其个人和社会认定的唯一归宿和命运历程。古代先民对时间万物都有一个恒定的认知，“天尊地卑，乾坤定矣。有天地然后有万物，有万物然后有男女，有男女然后有夫妇，有夫妇然后有父子，有父子然后有君臣，有君臣然后有上下，有上下然后礼义有所错”（《易经》）。因此，有根脉以及被根脉所认同、不离分，成为个体性命与生俱来且一生一世所赖以安身立命的社会之本源。

① 范文澜：《中国通史简编》，人民出版社，1965 年，第 4 页。
② 吕思勉：《中国文化史》，北京大学出版社，2010 年，第 109 页。
③ 费孝通：《乡土中国》，上海世纪出版集团，2011 年，第 6 页。

原始农耕离不开两个天然条件：一是温度，二是水分。中国的大部分领土处在中纬度的北温带，四季变化明显，夏季多雨，年雨量为500—800毫米，雨热同季使得该地区温度和湿度达到良好配合，非常有利于农耕生产。正是这与生俱来的优越自然条件，使得中华先民仅需要使用较简单的生产工具就能进行农耕生产。中国古代很早便进入农耕社会，中国古人较早踏入农耕生活，因此，中国是一个早熟的农耕社会。虽然生产工具落后，但农业生产已经达到较高水平，随着剩余产品的出现，接踵而来的便是私有财产和社会分化。早在尧、舜、禹时期，以石器为主要生产工具，由于生产工具的落后，为了保障生产的顺利进行，中国先民都以集体耕种为主，由氏族公社负责劳动的集中管理，此时，氏族首领的作用非常显著。但由于社会早熟，当社会出现越来越多的剩余产品时，社会的贫富分化就会加剧，氏族首领因为占有大部分剩余产品而不断富有，如舜为部落成员时，“饭糗如草也，若得终身焉，及其为天子也，被珍衣、鼓琴二女果”（《孟子·尽心上》）。氏族首领逐渐演变成为氏族贵族，中国早期国家就是在以血缘关系为基础的氏族社会中培育脱胎而成。人们耕种的土地原属于氏族公社，后来为王所有，个人没有土地，人成为土地的附属品。

反观古希腊、古罗马社会的发展则是完全迥异。“没有铁器，人类的进步便停滞在野蛮阶段。如果他们未能跨越这道鸿沟，那么直到今天，他们还会停留在野蛮状态之下。”① 直至铁器的广泛使用，他们才从野蛮期进入文明期。铁器较石器明显先进，因此，个人的劳动能力会在工具的配合下变强，依赖集体的程度较低，因此较容易脱离氏族的管理。铁器的普遍使用，使工商业蓬勃发展，出现剩余财产，氏族成员中分化出工商业奴隶主。随着新生的工商业奴隶主力量的强大，最终战胜氏族贵族而成为统治阶级。氏族公社所依赖的血缘关系被完全冲破，个体私有制得到发展，古代民主政治由此产生。

---

① ［美］路易斯·亨利·摩尔根：《古代社会》上册（中译本），商务印书馆，1977年，第39页。

三、庞大治水工程使个人成为附庸

中国古代文明发源于黄河流域，黄河既是中华民族的母亲河，也是中华民族的挑战河。英国历史学家汤因比曾以“挑战—应战”模式把黄河的挑战作为中华文明的起源。“古者龙门未开，吕梁未发，河出孟门之上，无有丘陵高阜，尽皆灭亡，名曰鸿水”（《吕氏春秋·爱炎篇》），其威力之大可想而知。黄河善淤、善决，有史料记载，黄河决溢1500多次，重大改道6次。“当尧之时，天下犹未平，洪水横流，泛滥于天下，草木畅茂，禽兽繁殖，五谷不登，禽兽逼人，兽蹄鸟迹之道，交于中国”（《孟子·滕文公上》），可见，治水是古代中国发展的命脉所在。

在庞大的治水工程面前，个人显然是无能为力的。“当尧之时，水逆行，泛滥于中国。蛇龙居之，民无所定。上者为巢，下者为营窟。书曰：‘洚水警余。’洚水者，洪水也。使禹治之，禹掘地而注之海，驱蛇龙而放之菹。水由地中行，江、淮、河、汉是也。险阻既远，鸟兽之害人者消，然后人得平土而居之。”（《孟子·滕文公上》）由此可见，治理洪水需要强大的力量，而“一个最好坐落上游的中央集权，又有威望动员所有的资源，也能指挥有关的人众，才可以在黄河的经常威胁下给予应有的安全”①。因此，个人生存与否取决于国家治水成功与否，在国家大事面前，个人显得微不足道，此时，“个人不过是实体的附属物，或者是实体的纯粹天然组成部分”②。

第二节 战争造就法律暴力观

一、原始尚力与群居聚力

学者研究证实并已普遍被社会认同的史料是“就目前已有的证据而

① ［美］黄仁宇：《中国大历史》，生活·读书·新知三联书店，1997年，第22页。
② 马克思、恩格斯：《马克思、恩格斯全集》第46卷，人民出版社，1979年，第474页。

言，早期人类在中国大陆上开始生活的年代至少可以追溯到上百万年前”①。在上百万年前，远古初民面临的生存环境极其恶劣，自然灾害、野兽袭击、食物匮乏、疾病侵害等，无时无刻不在威胁着人类的生命，加之当时，生产力极其低下，生产工具极其简陋，文字尚未产生，知识尚待生成，文明的曙光未现，可见，初民生存本能需求是非常原始的，更是最为基本的，也可以说是第一位的。正如任继愈先生所说：“人类脱离动物界，第一步就是求生存繁衍，使自己立于不败之地。”②

在严酷的自然生存环境中，在文化未及肇发、文明蒙昧混沌的社会生存环境中，适者生存、弱肉强食、优胜劣汰成为生存的法则。因此，初民在无意识中本能地选择通过获取食物用以维持生命、通过群而居之以增强力量。这些选择均有利于初民生命的延续和群体的繁衍。将自然界中的动植物作为食物，使得初民与大自然发生了接触，初民希望可以得到食物，并进而希望可以利用甚至是控制这些自然界的生物，此时，体能的大小强弱、加工石器的轻重形状及其攻击的远近等均与果腹、自身安危、生命的维持息息相关。与自然界搏斗的残酷，或生或死的不二选择，无不直接使初民认识到，体能或者说是“力”是他们赖以立足安身的保障。人人都企望力大无穷，看到力比自身大的动物、自然界的天象地貌都会产生敬畏感和恐惧感。

对这些今天看似简单浅显的最初意识，却是野蛮人在与自然界长年累月的交往中，由本能的基本需求生发的、无自觉的意识生成与积累，因此，具有基因性的地位和作用。

群居以合众力是早期初民的本能所为，是环境所逼，是求生所至。“古之时，民人但知其母，不知其父。未有布帛，人食禽兽肉而衣其皮，知蔽前，未知蔽后，卧之怯怯，行之吁吁，饥即求食，饱即弃余，茹毛饮血，而衣皮苇”③，然而，社会在不断进化。群居之合力使得弱肉强食、适

① 任继愈：《天人之际——任继愈学术思想精粹》，人民日报出版社，2010 年，第 1 页。
② 任继愈：《天人之际——任继愈学术思想精粹》，人民日报出版社，2010 年，第 1 页。
③ 吕思勉：《中国大历史》上册，湖南文艺出版社，2011 年，第 21 页。

者生存的自然法则向有利于早期初民的生存和繁衍方向发展。

农业生产讲究经验和知识，人们听从有经验和知识的人的指示行动会有美好的生活。因此，人们推举这些有经验和知识的人作为首领，古代传说中的三皇五帝均是有某方面专长的人。“伏羲仰观象于天，俯察法于地，因夫妇，正五行，始定人道，画八卦以治下。治下伏而化之，故谓之伏羲也。谓之神农何？古之人民，皆食禽兽肉，至于神农，人民众多，禽兽不足。于是神农因天之时，分地之利，制耒耜，教民农作。神而化之，使民宜之，故谓之神农也。谓之燧人何？钻木燧取火，教民熟食，养人利性，避臭去毒，谓之燧人也。谓之祝融何？祝者，属也；融者，续也。言能属续三皇之道而行之，故谓祝融也”（《白虎通·号》），这些把传说和社会进化融为一体的记载，正如吕思勉先生所指的，“《白虎通》这一段话，无一句不合现在社会学家所说相合的，可见得真古书的可贵”①。

由此可见，在漫长的进化岁月里，群居使初民在自然界中取得了一定的优势。力量增大了，占据了更多的食物，改善了生活和居住环境，特别是到了农耕时代，相对的定居，发明了工具，人们的生产能力和水平渐渐提高，群居群作形成了超越个体的合力，以力取物，当物可胜物时，初民的本能需求得到进一步的满足。

二、资源争夺引发部落战争

在社会生产力极为低下的当时，土地、水源、劳动力人口可以说是决定性的。这些需求对群居一起的人们而言具有空前的挑战性。已经拥有的要保住，进而争取扩大；暂时没有的，千方百计要拥有，想方设法去占有。这种情况是一种态势，群居的内外组织形式都因应这种生存和发展的需求发生极大调整和变异，而最终决定结果的是自古以来就被人类所崇尚并被人类所希望拥有的“力”，尽管此时，“力”的拥有和实现形式已经发生了或者说正在发生着巨大的变化和提升。

---

① 吕思勉：《中国大历史》上册，湖南文艺出版社，2011 年，第 23 页。

从前文所论述的地理情况可以知道，在中国中部黄河流域是平原肥沃地区，农耕条件非常优越，因此住在周围的各民族都想迁徙进来。最初居住在中国中部的，应该是羌族和蛮族，东部属夷族，西部属黄帝族，经过长期的斗争，黄帝族成为中国的主人，其他族被驱逐，或被同化。可见，斗争、拼抢农业资源，占有、保住农业资源，扩大、提升农业资源成为古代社会的头等大事。

“战争的目的不是血亲报复，而是掠夺与征服，掠夺是为了当下的经济利益，征服则是为了取得自身的宗主地位。”① 更多地占有食物、水源等生存欲望与生产力低下形成矛盾，群居群体之间、民族或者部落之间不可避免地出现争斗、冲突。“轩辕之时，神农氏世衰。诸侯相侵伐，暴虐百姓，而神农氏弗能征。于是轩辕乃习用干戈，以征不享，诸侯咸来宾从。而蚩尤最为暴，莫能伐。炎帝欲侵陵诸侯，诸侯咸归轩辕。轩辕乃修德振兵，治五气，艺五种，抚万民，度四方，教熊罴貔貅貙虎，以与炎帝战于阪泉之野。三战，然后得其志。蚩尤作乱，不用帝命。于是黄帝乃征师诸侯，与蚩尤战于涿鹿之野，遂禽杀蚩尤。而诸侯咸尊轩辕为天子，代神农氏，是为黄帝。天下有不顺者，黄帝从而征之，平者去之，披山通道，未尝宁居”（《史记·五帝本纪》）。

“见于春秋时代的大小国家凡一百四十八，至春秋末年止留存周、鲁、齐、晋、楚、宋、卫、郑、燕、越十几国”②，斗争、拼抢、占有、保住、扩大、提升农业资源，特别是土地和人口的激烈程度，由此可见一斑。“武丁南征奋发荆楚，荆人多数臣服，少数逃散，没料，殷人向东南蛮夷连年用兵，却招来黄雀在后，周人起于西北，从背后给殷人一击，殷人就倒下了。周人继起，蛮夷不服，助武夷起兵，兵败，荆人遁入楚地”③。数十万年的先民进化史，就是在氏族、部落之间的争斗、拼抢中演绎着，史

① 马小红：《中国古代社会的法律观》，大象出版社，2009 年，第 17 页。

② 范文澜：《中国通史简编》，人民出版社，1965 年，第 48 页。

③ 刘刚、李冬君：《重读中国史》，《文化的江山》上册，山西人民出版社，2009 年，第 35 页。

料的寥寥数行，道出了万年万民的期冀，如《诗》云：“惠此中国，以绥四方”。无力难以占惠，无力何以绥四方、有中国？

三、治乱稳边，刑以威四夷

边疆问题一直伴随着历代王朝的盛衰荣辱：司马迁《史记》著述中之《大宛列传》《匈奴列传》《西南夷列传》等，均为古代中国开国时，国之边疆及民族间的记载。“燕北有东胡（鲜卑，古称东胡），山戎是也”（《史记·匈奴列传》）。“燕将秦开，为质于胡。胡甚信之。归而袭破东胡。东胡却千余里。燕筑长城，自造阳至襄平，置上谷、渔阳、右北平、辽西、辽东五郡以拒胡。”（《周书》）自春秋至汉末三国时，“鲜卑当和帝时，北匈奴逃亡，转徙据其地。匈奴留者十余万落，悉自号鲜卑。由是始盛。……屡为边患。灵帝发兵三万征之，皆败绩。”（《三国志》）可见，战争尤其是国之边疆和对边境相关民族的战与和、乱与治，从未真正停止和消停过。

国家疆域边界的长期不稳和动荡，给朝廷在国家治理地方时带来内属地区与边境区域的巨大差异及压力。“至于北方，因部落参杂，颇有特制。先则有护军酋长之设置，继则有镇制之兴起，而镇制尤为重要。政区曰镇，自北魏始。京畿以南汉人区域，以汉制州郡县治之，京畿以北为鲜卑及其所征服役属诸民族区，以部落酋长治之，而分置诸镇，加强统治。南北情形不同，故统制方式亦异。”① 数千年历程的古代中国，繁衍发展至清朝后，“中国疆域和行政区划的形成，是中华民族自古以来历史发展演变的结果，至清朝前期，中国的版图大体上固定下来”②。由此也带来各朝代边疆地域内外常年处于领土、人口的随时变化，民族相互间融合、脱离及迁徙，动用军队平息动乱与推行重刑强力维护日常秩序，成为国家统治边

---

① 严耕望：《中国地方行政制度史：秦汉地方行政制度》，上海古籍出版社，2007年，第8页。

② 张宪文等：《中华民国史》第一卷，南京大学出版社，2006年，第5页。

陲和边疆地方官府治边的主要常态。

如，“僖十年，齐侯、许男伐北戎。”（《春秋》）“隐九年，北戎侵郑；桓六年，北戎伐齐。”（《左传》）“北伐山戎，制冷支，斩孤竹，而九夷始听。”（《小匡》）千余年后之《宋书·质传》记载：魏太武帝攻盱眙时，写信给守将臧质说“吾今所遣斗兵，尽非我国人。城东北是丁零与胡，南是三秦、氐、羌。设使丁零死者，正可减常山、赵郡贼；胡死，正减并州贼；氐、羌死，正减关中贼。卿若杀之，无不利。”朝廷对边疆民族之间的统治与社会管治，虽有“和亲”及“羁縻”的选项，然自古始“自陇以西，有绵诸、绲戎、翟獂之戎，岐梁山、泾、漆以北，有义渠、大荔、乌氏、朐衍之戎，而晋北有林胡、楼烦之戎。燕北有东胡、山戎，各分散居溪谷，自有君长，往往而聚者，百有余戎，然莫能相一。”（《史记》）故，朝廷治边历程及过程始终仍以重典治乱为首要及主体性的施治手段。如定“连坐之法”，规定“不告奸者腰斩，告奸者与斩敌同赏，匿奸者与降敌者同罚”（《史记》）。信奉“德以柔中国，刑以威四夷”（《左传》）。推行“疆以戎索”和“蛮夷戎狄不式王命，淫湎毁常，王命伐之”。（《左传》）进而“披荒纠历，收聚离散，专杖威刑，鞭挞殊俗。又诛豪右不奉法度者数十家，于是莫不振服，威行宁土”。（《晋书·王逊传》）历史上中央朝廷多采用“护军”制，集权管治疆域民众。汉“并护车师以西北道，故号都护”（《汉书·郑吉传》）。汉设幕府于乌垒，“督察乌孙，康居诸外国动静，有变以闻，可安辑，安辑之，可击，击之”（《汉书·西域传》）晋《职官志》明确：“置南蛮校尉于襄阳，西戎校尉于长安，南夷校尉于宁州”并“置护匈奴、羌、戎、蛮、夷、越中郎将”。（《晋书》）唐“兵之戍边者，大曰军，小曰守捉，曰城、曰镇，而总之者曰道。”（《新唐书》）唐设安西、北庭两大都护府对西域的管辖。“安西都护府镇兵24000人，马2700匹。北庭镇兵20000人，马5000匹。”（《旧唐书》）明建立军事卫所、羁縻卫所，“明朝政府在北方沿边一线设立了所谓‘九边’，九边是逐步发展起来的，开始只建了四个镇，即辽东、宣府、大同、延绥。跟着又增加了三个镇：宁夏、甘肃、蓟州。以后又加上太原、固原二镇。是专门对付蒙古族的。譬如明朝后期，光在蓟州这个地方就有10多万军队”①。清政府在东北三省设置东北三将军，蒙古地区设绥远将军，新疆设伊犁将军等。并明确边疆地区的将军的职能为：“掌镇守险要，绥和军民，均齐政刑，修齐武备。”（《清史稿》）达到“控驭抚绥，以固邦瀚”的目标。（《清文献通考》）

异民族间实施的国家统治及地方治理，基本也以重刑、治乱为根本选择。《元史·地理志》记载：“自封建变为郡县，有天下者，汉、隋、唐、宋为盛，然幅员之广，咸不逮元。汉梗于北狄，隋不能服东夷，唐患在西戎，宋患常在西北。若元，则起朔漠，并西域，平西夏，灭女真，臣高丽，定南诏，随下江南，而天下为一。”元朝设立北庭都元帅府、曲先塔林都元帅府等，设立宣慰司、宣政院加强对边疆地区的统治。“世祖以其地广而险远，民犷而好斗，乃郡县土番之地，设官分职，而领之于帝师。”（《元史》）使“其军旅、选格、刑赏、金谷之司隶宣政院属，所以控制边陲，屏翰畿甸也”（《存复斋文集》）。元朝把民众分为“蒙古、色目、汉人、南人”四等，为的就是利用民族矛盾，分而治之，并在法律上予以明确。如对盗窃罪施以刺字的附加刑，“诸窃盗初犯，刺右臂，谓已得财者，再犯刺左臂，三犯刺项”。但同时规定，刺字不适用于蒙古人，“诸审囚官刚愎自用，辄将蒙古人刺字者，杖刑七十七，除名，将已刺之字去之”（《元史·刑法志》）。《晋书》也记有：“季龙性既好猎，其后体重，不能跨鞍。乃造猎车千乘。辕长一丈八尺。置高一丈七尺格兽车四十乘。立三级行楼二层于其上。克期将校猎。有犯者罪至大辟。百姓有美女，好牛马者，求之不得，便诬以犯兽，论死者百余家。夺人妇者，九千余人。”（《晋书·载记》）边疆民族之间不断的剧烈变动，使得边疆民族各类矛盾变化无常，十分尖锐复杂。既有国家内部统一或分裂的战争，促使民族的变迁，也有少数民族通过战争取得中央政权，统治国家的历史时期。局部的动乱，民族的冲突则时时伴随着整个古代社会的历史发展进程。重典治

① 吴晗：《吴晗论明史》，武汉出版社，2013年，第22页。

乱则是维护稳定的首要选项，而治乱尤其是边疆与民族间的冲突，则成为古代社会治国理政的紧迫任务和破解不了的政治死结。

四、刑起于兵，乱政作刑

战争将古国带入了一个全新的时代。

> “自黄帝有涿鹿之战以定火灾，颛顼有共工之陈以定水害。唐虞之际，至治之极，犹流共工，放讙兜，窜三苗，殛鲧，然后天下服。夏有甘扈之誓，殷、周以兵定天下矣。天下既定，戢藏干戈，教以文德，而犹立司马之官，设六军之众，因井田而制军赋。”（《汉书·刑法志》）

> “蚩尤作乱不用帝命，于是黄帝乃征师诸侯，与蚩尤战于涿鹿之野，遂禽杀蚩尤。而诸侯咸尊轩辕为天子，代神农氏，是为黄帝。天下有不顺者，黄帝从而征之，平者去之，披山通道，未尝宁居。”（《史记·五帝本纪》）

上面所提的是黄帝部落与蚩尤部落所进行的著名的“涿鹿之战”。蚩尤战败，黄帝以“蚩支”方式制裁。据考证，“蚩支”字由蚩、支二字组成，蚩指蚩尤，支是击，击是治，亦即杀蚩支，就是刺杀蚩尤。由于在古文字里，“蚩支”“殛”同音转假，词异而义同，故而“蚩支”变为殛，而殛、刺相通，殛就是刺杀，殛成为史前最重要的死刑①。

战争会产生两类人：一是征服者，二是被征服者。在中国古代，由于农业优势条件明显集中在黄河流域的中原地区，因此征服者是盘踞在中央地区，治驭异族；而被征服者则处于四周蛮夷地带，从事艰苦的耕作。在“尚力”传统的影响下，古时军战的地位很高，只有体力强壮之人才能进行战争，参军自然成为一件很荣耀的事情，因此，“前者（征服者）是服

---

① 张中秋：《中西法律文化比较研究》，南京大学出版社，1999 年，第 5 页。亦可参见蔡枢衡：《中国刑法史》，广西人民出版社，1983 年，第 9 页。

兵役的，后者（被征服者）是不服兵役的"[①]。但是这个情况随着战争发生了改变。据记载，"春秋以前，列国的兵制（有限），所以出兵总不过几万人。战国时代，却就不然了，坑降斩杀，动辄数十万"[②]。"秦昭王四十七年，秦国攻赵国上党，将赵兵坑杀于长平，据史料记载有三十万之众。"[③] 由于对兵源需求的急剧扩张，"这时候大概全国都服兵役了"[④]。被征服者亦要服兵役，这也使得原来对被征服者的残酷刑罚和手段也合乎时宜地用来对内治军、治民了。上古传说中的象刑在血与火的兵戎战事中被瓦解。

> "象以典刑，流宥五刑，鞭作官刑，扑作教刑，金作赎刑。眚灾肆赦，怙终贼刑。"（《尚书·舜典》）
>
> "唐虞象刑而民不敢犯，苗民用刑而民渐兴犯。唐虞制象刑，上刑赭衣不纯，中刑杂屦，下刑墨幪，以居州里，而民耻之。"（《尚书·大传》）
>
> "有虞氏之诛，以幪巾当墨，以草缨当劓，以菲履当刖，以艾韠当宫，布衣无领当大辟。"（《慎子·佚文》）
>
> "窃意舜时五刑、象刑盖并行。其命皋陶也，曰：'蛮夷猾夏，寇贼奸宄，汝作士。五刑有服。'是五刑者所以待蛮夷者也。《史记·五帝纪》'怙终贼刑'，《集解》：'郑玄曰，怙其奸邪，终身以为残贼，则用刑之。'则五刑者又所以待怙恶者也。若象刑，所以待平民者也。"（沈家本《历代刑法考》）

象刑"传说是形成于尧、舜时的一种象征性刑罚，若有人严重破坏了部落习俗，便强迫其穿上赤色衣，表示此人犯有杀头之罪，穿两只不同色

---

① 吕思勉：《中国大历史》上册，湖南文艺出版社，2011 年，第 123 页。
② 吕思勉：《中国大历史》上册，湖南文艺出版社，2011 年，第 123 页。
③ 范文澜：《中国通史简编》，人民出版社，1965 年，第 55 页。
④ 吕思勉：《中国大历史》上册，湖南文艺出版社，2011 年，第 123 页。

的鞋子，表示此人犯有刖足之罪，用黑色布巾包头，表示此人犯有黥鼻之罪，穿着这些有罪的服饰，在部落成员之间自然有些抬不起头来，象刑便达到了目的"①。"象刑可以理解为氏族社会适用于全体成员的习俗的统治，对于违反氏族共同生活规则的人，采取异其章服的做法，以示与其他氏族成员的区别，借以增加其愧悔之心。其意在耻辱，而非以国家为后盾的真刑"②。象刑的传说，即使是传闻也是中国古人的智慧和文明结合的一道闪光。不过，在进入阶级社会后，象刑演变成为真刑。

众所周知，赏罚是军事首长加强权力的万古不变之法宝，是激励和惩罚军士的锐器。《尚书》中有多篇以"誓"为题名的文献，"誓"是君王告诫将士的一种文体。《甘誓》是第一篇，主角是天子夏启，他因诸侯有扈氏不服自己继承帝位而出兵讨伐之，战场就在有扈氏的家门口。这篇文献记载的是夏启攻打有扈氏之际所发表的临战前的檄文。应该是有文字记载以来的迄今为止最早的军令。

> "大战于甘，乃召六卿。王曰：'嗟！六事之人，予誓告汝：有扈氏威侮五行，怠弃三正。天用剿绝其命，今予惟恭行天之罚。左不攻于左，汝不恭命；右不攻于右，汝不恭命；御非其马之正，汝不恭命。用命，赏于祖；弗用命，戮于社。予则孥戮汝。'"（《尚书·甘誓》）

启告诫全军将士，必须听命于统帅，"用命"的有赏，违抗命令者不但刑加于身，而且诛及子女。同样的军令还有许多。如《左传·哀公二年》记载：晋国赵鞅颁发军令，"克敌者，上大夫受县，下大夫受郡。"军规、军纪、军令、军队的管理和赏罚，为社会所效仿，并引以为荣。何况，军队的组织所展现之力在农耕社会中经常出现的抗灾抢险、费时费力的水利工程中都是极为有效的。军队依靠赏罚结合的军法和残酷的军令进

① 马小红：《中国古代社会的法律观》，大象出版社，2009年，第21页。

② 张晋藩：《中华法制文明的演进》，中国政法大学出版社，1999年，第19页。

行管理，这种有效性无疑会在社会起到示范的效果和作用。

“刑也者，始于兵而终于礼者也。洪荒之代，生民有兵，如蠭有螫，自卫而已。蚩尤惟始作乱，斯民鸱义，奸宄并作，刑之用岂能已乎？帝尧清问下民，乃命三后恤功于民，伯夷降典，折民惟刑。故曰刑也者，始于兵而终于礼者也。”（《辽史·刑法志》）

“故圣人因天秩而制五礼，因天讨而作五刑。大刑用甲兵，其次用斧钺；中刑用刀锯，其次用钻凿；薄刑用鞭扑。大者陈诸原野，小者致之市朝，其所繇来者上矣。”（《汉书·刑法志》）

“王曰：若古有训。蚩尤惟始作乱，延及于平民，罔不寇、贼、鸱、义、奸、宄、夺、攘、矫、虔。苗民弗用灵，制以刑。惟作五虐之刑，曰法，杀戮无辜。爰始淫为劓、刵、椓、黥。”（《尚书·吕刑》）

军法实施无阻的惩处刑罚被广泛使用于社会的方方面面，在治理乱政方面颇有成效，“夏有乱政而作禹刑，商有乱政而作汤刑，周有乱政而作九刑”（《左传·昭公六年》）。早期兵政的掌管人和社会的司法掌管者大都一身兼此二任。例如在西周时期的“司寇”原是指抵御外来侵略的军官，“司”的本意是管理，“寇”的本意是外来的敌人，后指司法官，与司马、司空、司士、司徒并称五官。另外，“司寇”亦称“秋官”①，取“秋风萧瑟、草木凋零”之义，象征执掌刑戮的严肃性。秦汉时，中央司法机关为“廷尉”，“廷，平也。治狱贵平，故以为号”（《汉书·百官公卿天》颜师古注）。“尉”，本是军官的称谓。战争中军队里的严酷刑罚通过这些掌管司法大权的人而用在统治社会的实践中，必定是充满血腥的。

所以，古代中国统治者和民众自认识的“刑”，就是和乱政、肉体惩罚、砍头致死等连在一起的。这些体验和认识与古代中国早期社会生产力极不发

① 天官冢宰、地官司徒、春官宗伯、夏官司马、秋官司寇、冬官司空，以及少师、少傅、少保，合为“九卿”。

达，文明社会还未开化，尚处在野蛮时期的情境是相适应的。这种社会治理的过程和结果，留给统治者和民众的记忆及所生成的社会意识底蕴是难以磨灭的。特别是在长期历史进程中，社会生产力变化不显著的历史时期，则更是如此。

故唐代通过《唐律疏议》对此归纳总结为："昔者，三王使用肉刑，赭衣难嗣，皇风更远，朴散淳离，伤肌犯骨。"一言以论之，古代三王之政，即用刑以去人的生活能力，直至生命为手段，达到理政治乱的目的。因而用刑必然会以刑对被行刑者造成的痛苦程度，及这一行刑过程对其他人形成的震慑及阻吓效果为目标。他们很自然地认为其痛苦程度越深越好，震慑及阻吓的效果越显著越好。所以古代刑罚无所不用其极。古代中国这种政刑的生成和传统对中国封建社会的统治及治理影响重大且深远，以至从秦汉到明清，历经两千多年风雨岁月，而行政、经济、民事法律责任都是刑罚化。

第三节　社会祭祀助推等级秩序价值

一、自然神秘与图腾崇拜

早期先民极为恶劣的生活环境与当时极为低下的社会生产力直接相关，先民深感自然界中各种力量之强大，时而风雨雷电，山崩地裂，洪水滔滔，时而风调雨顺，山清水秀，丽日蓝天，人与动物、植物之间也存在非常奇妙的关系。它们既是人类的食物，须臾不可离开，又是人类的祸害，置人于死地避之不及。先民对此感到疑惑的同时也百思不得其解。"上古人类认为世界上有'神秘力量'存在于普遍地事物与现象之中"①。对自然界神秘力量的崇拜是原始社会的共同现象。由于处于人类的婴幼儿

① 葛兆光：《中国思想史》第一卷，复旦大学出版社，2007年，第12页。

时期，先民的认知能力、手段、条件几近空白，在各种威力无边的自然力和变化万端的自然现象面前软弱无力，束手无策，深感自身的渺小、脆弱。然而生存、繁衍的生命力是伟大的，同时也不是不可抗拒的，先民在做着自己生存努力的同时，希望能得到庇佑和保护。先民把各种自然力和自然现象予以神话解释，形成神灵世界，以此解释自然力的神秘，求得心理的寄托和群体的安稳，使生活得以继续，生存和繁衍得以进行。

“神话反映了先民的风俗习尚，积演成信仰”①，先民通过对众神之力的祭拜，希望给现实生活带来稳定，崇拜自然神秘力量转化为崇拜所创造的众神力量，祈求依赖众神保佑。现实世界中自然之力被顺乎民意的秩序化安排都是虚幻的，但这种神话会继续左右着现实世界的人们，直到“随着这些自然力之实际上被支配，神话也就消失了”②。

不过不同国家、不同地域的神灵却又有着各不相同的特点。“神秘的感受当然人类很早就有，把神秘感受表述为神秘力量也是早期思想世界中不言而喻的事情。甚至把这些神秘力量想象为众神的存在也是早期世界普遍的现象。可是，当人们把众神的系谱秩序化时，这不尽相同的秩序就呈现出不同地域、不同文化关于世界的不同思路”③。可见，自然界的神秘力量带给人们的感受是什么样的，其所创造的众神力量所能带来的感受便是什么样的。在当时的环境和条件下，早期先民只能关心和思考与自身生存安危关系最密切的事物和现象，并与自身进行对比参照，力图认识身外之物和认识自身，即我国古代文献记载的“近取诸身，远取诸物”（《系辞下传》）。现实的生存环境和追求与神灵的神话世界几乎是一一对应的，现实世界的神秘与神灵世界的虚拟亦是重合对应的。

中国古代早期先民逐水而居，因血缘而组成氏族部落，采集、狩猎、耕种等的发展使得先民很早开始定居生活，观天象、顺四时，对秩序有着与生俱来的喜爱和偏好。天时有秩，地利有序，则人畜兴旺，灾害减少，

① 刘勇强：《中国神话与小说》，大象出版社，2009 年，第 23 页。
② 葛兆光：《中国思想史》第一卷，复旦大学出版社，2007 年，第 37 页。
③ 葛兆光：《中国思想史》第一卷，复旦大学出版社，2007 年，第 21 页。

百姓不用流离失所。不难想象，维持秩序是早期先民对众神顶礼膜拜的根本期冀。与此同时，先民认识世界形成知识也是从认识自然秩序开始的。因而，中国先民首先创造了与所处的自然环境相匹配的众神，“在天的中央有象征始基意味的‘帝’，还有地之中央象征大地的大邑商灶神，以‘东’‘西’命名的辅佐‘帝’的神祇，四方又各有其神”①。另外，先民们智慧地将上下四方、天地六合的认识运用到了人间，认为人间亦有一个整饬的结构。“伏羲仰观象于天，俯察法于地，因夫妇，正五行，始定人道，画八卦以治下。”（《白虎通·号》）

“祭拜仪式的隆重和不断重复，参与过程的规范性，图腾神的各种被寄予的希冀在参与者中深入并固定，从而使部落社会处于相对稳定的结构之内，强化了内部成员的团结和情感联系，以集体的行为力量完成各种各样的任务，巩固和加强了群体内部的力量，表现团体的统一。”② 不断被重复且规范化的图腾祭拜仪式还产生了一种“支配性话语”（美国人类学家保罗·康纳顿语），“它是对崇拜者的扮演，并向他人展现自己，既是为了神灵，同时也是为了他人”③。

早期先民出于对图腾神的崇拜，逐渐形成了复杂的图腾禁忌，禁忌意味着约束，同时也意味着对违反禁忌的处罚。先民由崇拜形成禁忌，是因为“他们把图腾当做群体的家属，祖先或保护神，所以在原始人看来，一旦伤害了图腾，图腾会以同样的手段报复本群体的成员，并从此不再保护群体。原始人认为图腾具有超自然的能力，相信他能降福或致祸”④。

先民的图腾禁忌主要表现为行为、食物、言语等方面，如禁捕、禁杀、禁食或者禁触摸等等，这些禁忌在现在社会仍随处可见，可见影响之深远。图腾禁忌是十分严格的，因此违反禁忌者会受到惩罚，甚至被驱逐出群体。在原始时代，人类只有依靠群体才能生存，个人一旦被群体所抛

---

① 葛兆光：《中国思想史》第一卷，复旦大学出版社，2007 年，第 23 页。
② 何星亮：《图腾与中国文化》，江苏人民出版社，2008 年，第 322 页。
③ 何星亮：《图腾与中国文化》，江苏人民出版社，2008 年，第 321 页。
④ 何星亮：《图腾与中国文化》，江苏人民出版社，2008 年，第 204 页。

弃，就意味着死亡。从这个意义上说，违反图腾禁忌意味着死亡。图腾禁忌及其处罚开启了群体、部落内部剥夺内部成员自由甚至生命的大门，而且是以集体、全体的名义，无论施行者、被施行者还是其他都一致认为是天经地义、理所当然的。“图腾禁忌是人类最古老的无形法律，它的存在通常被认为远比神的观念和任何宗教信仰的产生还要早”，“说的好听些，图腾主义便是原始人民的宪法”①。

二、社会祭祀与权力秩序

古代先民敬畏自然界神秘之力，进而祭拜图腾祈求保护，消灾降福，以求内心得到安宁。但在创造一切祭祀的过程中，产生了崇拜祖先神灵的观念，其中的原因或许复杂，但与中国社会的早熟不无干系。由于早熟的农耕社会在生产力低下时便已经产生了私有财产，因此，增加财产的动力便来源于人口之多，从而对生殖力量有着天然的崇拜，继而产生延续血脉的要求。这种生命的意义，使得子女对父母有了崇拜感，进而缅怀先祖功德，祭拜先祖表达哀思，这一系列的祭祀活动对于人们自身的心灵安康、血缘氏族亲情的维系、群体乃至国家的团结等都作用强大。祭祀活动在古代有着悠久的历史和传统。

> “上事天，下事地，尊先祖而隆君师，是礼之三本也。”（《史记·礼书》）

中国古代是传统的农耕社会，因地理条件限制和交通的不发达，处于自给自足的自然经济，社会相当封闭。农耕社会对天时、地利的依赖是绝对的、无条件的，可见，司天祭祀、旱天求雨、涝灾求神等活动是中国先民祭祀活动中的重要工作或说是其意义之所在。

中国作为一个以农立国的社会，历代朝廷政府的一个中心工作就是颁

① 王国维：《观堂集林·卷六·释礼》，转引自何星亮：《图腾与中国文化》，江苏人民出版社，2008年，第204页。

布历法，传说中国文字的诞生是由于制定天文历法的需要，用契刻的数字系统和象形指事系统，传达对天、地、人、万物规律的认识。历法需要耗费大量的时间、人力和专门的官吏才能记录并掌握日月星辰、干支节气的定时定法，指导农民从事生产。这些艰巨复杂的工作，只能由王权组织进行，其结果也只由王权垄断拥有，所以，司天祭祀成为在王权指导下进行的隆重的大事，祭祀与王权便结合到了一起。各国均制定隆重仪轨仪制，以图感动上苍和神灵，保佑风调雨顺，国泰民安，而天有不测风云，规律难寻，天灾不断，民众日益觉得天威难测，天意不可违反，日益感到自身的渺小。在生产力和科学不昌明的古代，王权统治者成为人们和天相联系和沟通的权威者，天意神明由王权君主传递。他们俨然成为神的代言人。“君权之在中国，极为发达，君主的第一个资格，是从氏族时代的族长沿袭而来的，所以古书总是说君是民之父母，其二为政治或军事首领，其三则兼为宗教之首领。所以，天子祭天地，诸侯祭社稷。（《礼记·王制》）均由代表其群下而为祭司之权”①。在此时，社会祭祀便将祖先崇拜和王权崇拜进行了匹配与结合。

另外，“值得注意的还有祭祀与占卜仪式中所表现的知识系统的秩序化”②。古籍《酒正》中将祭祀按照大小和物件分为“大祭三贰，中祭再贰，小祭一贰”，“大祭祭天地，中祭祭宗庙，小祭为五祀”，《肆师》中则把所用祭品分为三类：“用玉帛牲币的是大祀，用牲币的是次祀，仅用牲的是小祭”。自殷商时开始，祭祀程序逐渐秩序化，在秩序化的仪式过程中，祭祀及其被赋予的内在意义逐渐成为一种象征。与上天主宰者通话的本领集中在了“王”一人身上，“王掌握了通天的权力，不过王并不是自己完成祭祀仪式的，祭祀中需要有祝，有巫，……也就是说，主持祭祀的是那个时候最具有知识、技术和最具有文化意义的象征人物。”③ 他们是知识分子，但同时也是官员，因此，他们对祭祀的设计首先是根据王权君

① 吕思勉：《中国文化史》，北京大学出版社，2010 年，第 43 页。
② 葛兆光：《中国思想史》第一卷，复旦大学出版社，2007 年，第 26 页。
③ 葛兆光：《中国思想史》第一卷，复旦大学出版社，2007 年，第 28 页。

主的需要，中国知识分子的劣根性应该在此时也产生了。祭祀活动无论从内容上还是形式上，从仪式用品到举止，从说辞到意旨都被知识分子予以系统化、体系化、逻辑化，从而大大增强了天地、人神、物我、现在与过去未来之间的联系，其最终的结果是使王权得到了神化，民众心灵得到了慰藉，社会力量得到了整合。“他们应该是古代中国的第一代知识者，他们的职能是双重的，一方面他们用祭祀仪式沟通神界，用占卜的方法传达神的旨意，一方面他们将人的愿望和行为记录下来，映正神的旨意并传之后世……由于他们承担了这种职责，所以他们成了职业的思想者与教育者，他们必须了解天地宇宙的结构、变化和征兆，了解人类的生死、繁衍与健康，懂得与神交流的仪式、规则和语言”①，否则，他们无法解释自然现象，无法摄取人心。一旦失去了社会认同，他们就会丧失王权的宠信，甚至失去性命。

三、秩序价值的核心在于维护权力等级差序

殷周是我国政治文化变革剧烈的年代，“中国政治与文化之变革，莫剧于殷周之际”②。自殷商以来至周，最终建立了确立血缘与等级之间的同一秩序，社会就是按照这同一的秩序建立起来的。“上治祖祢，尊尊也；下治子孙，亲亲也；旁治昆弟，合族以食，序以昭缪，别之以礼仪，人道竭矣。”（《礼记·大传》）

在殷周时期，有两大权力，一是军事征伐的权力，还有就是祭祀通神的权力。当祭祀活动秩序化，祭品分出用途和等级，祭祀场所安排有不同的象征意味，参与者便也分出了种种的高低差别。天子可以祭祀天地、四方、五祀，诸侯则祭山川、五祀，大夫祭五祀，士只能祭祖先。“天子穆穆，诸侯皇皇，大夫济济，士跄跄，庶人僬僬”（《礼记·曲礼下》）。“把所有成员置于特定的环境中，借助神圣的力量，在连续的演示中增强秩序

---

① 葛兆光：《中国思想史》第一卷，复旦大学出版社，2007年，第29页。

② 王国维：《殷周制度论》，《观堂集林》，中华书局，1959年，第453页。

和权威的神圣性，以象征的方式限定了参与者的社会地位、身份、行为，可以使权力和权威得到进一步的强化。”① 社会的差序格局在仪式的轻重等差中找到了依据。“万物本乎天，人本乎祖”（《礼记·郊特牲》），“有天地，然后有万物，有万物，然后有男女，有男女，然后有夫妇，有夫妇，然后有父子，有父子，然后有君臣。”（《易经·泽山咸》）自然秩序投射到社会秩序之中，说明了社会秩序的合理性，但同时逐渐地当这种秩序成为权威以后，它便远离了人们的情感而独立存在，成为社会其他认知的来源。逐渐地，君臣父子的等级差别成为一种受自天道不容置疑的差别，使人们心目中有了天然的合理的等级差异观念。“若是乎社会之组织，实源于家族，而家族之本，又由于男女之牉合也。欲知文化之源者，比不可不知婚制和族制”② 远。由血缘亲疏、近，分为多系，名为正、庶，形成宗室大家族，以此形成一整套宗室理念，“宗法至周而始祥，盖亦至周而始严”③。

王权君主以此为纽带，企冀王业流传万代，“天子者，同姓诸侯之大宗，诸侯者，同姓大夫之大宗，故曰‘君之宗之’。然则宗子皆有土之君，故能恤其族人”④。王权所为乃社会示范，且有王权力量为保障，从而具有约束性和强制力。

平民小人以此为纽带（所谓小人是指，“不与政，自食其力者也”⑤），祈求祖宗保佑，百姓平安有福。“人类生计，必有渔猎进入游牧，自游牧进入耕农，渔猎之世，民居出谷洲渚之间，可以合族而处，游牧须逐水草，耕农各有分地，斯不然矣。丁斯时也，人民由合而分，而女子遂为男子之私属，私其子姓，人有恒情，有财产者，必思传之于子。又古代职业，父子相继，欲知其人为何如人者，必先知其父为何如人。财产权力之

---

① 何星亮：《图腾与中国文化》，江苏人民出版社，2008 年，第 303 页。

② 吕思勉：《中国文化史——中国政治思想史讲义》，天津古籍出版社，2007 年，第 3 页。

③ 吕思勉：《中国文化史——中国政治思想史讲义》，天津古籍出版社，2007 年，第 12 页。

④ 吕思勉：《中国文化史——中国政治思想史讲义》，天津古籍出版社，2007 年，第 13－14 页。

⑤ 吕思勉：《中国文化史——中国政治思想史讲义》，天津古籍出版社，2007 年，第 30 页。

统系，亦必有以表之”①。

社会各方以此为纽带，谋望秩序井然，各得其所。“君臣法天，取象日月屈信，归功天也。父子法地，取象五行转相生也。夫妇法人，取象六合阴阳，有施化端也。”（《白虎通·三纲六纪》）当时社会分工简单，关系比较明了清晰，共同希望有秩序化的社会给大家带来平安幸福，减少灾害痛苦。中国古代社会结构是一种家族本位的社会结构，在这种社会结构中，家是国的基础，国是家的扩大，个人与社会，个人与国家的种种联系，往往通过家族的媒介功能来实现。

尊天敬祖，亲亲尊尊，得到上至君王下至小人的社会各方的广泛认可和参与，成为当时王权和社会的重要支柱。承载着这些重要内容的祭祀仪式以及由此生成的祭祀之礼发挥了不可替代的重大作用。

---

① 吕思勉：《中国文化史——中国政治思想史讲义》，天津古籍出版社，2007 年，第 11 页。

第二章　法家理论奠定重刑主义的理论基石

在礼崩乐坏的春秋战国时代，原先的宗法分封制度的内在平衡被打破，各地诸侯为富国强兵进行变法以构建新的制度。古代法家就是这么一批代表着新兴地主阶级利益的学者，他们自下而上地提出了重刑治国的理论，推动诱导性的制度变迁。所谓诱导性制度变迁是指“一群人在相应制度不均衡引起的获利机会时所进行的自发式变迁。在其自下而上的制度变迁博弈中，既包括新制度的潜在受益者与旧制度的受益者之间展开的博弈，也包括了它们分别与立法者之间进行的博弈。其中前者居于主导地位”①。法家思想的代表人物商鞅、韩非子不遗余力地在实践中、理论上丰富重刑的内涵，法家思想成为秦国的治国主张，而秦灭六国也证明了法家思想（尤其是重刑）在富国强兵上有着不可估量的作用②。

第一节　礼崩乐坏：社会制度失衡与重构

一、宗法分封制的内在失衡

周公大规模分封亲戚以藩屏王室，自始实行以授土授民为特点的宗法

---

① 林毅夫：《关于制度变迁的经济学理论：诱导性变迁与强制性变迁》，收录于科斯：《财产权利与制度变迁》，上海人民出版社，1994 年，第 371 页。

② “自春秋逮于战国，法家之说独为世重，而法家所亟论者，抑贵族而尊君权，于是春秋以来之贵族废，布衣卿相，盛于一世，而君权极矣。夫由世族政治以入于君权扩张，此历史之一大进步，惟法家能认识之，此法家所以能独盛者也。”（蒙文通：《法家流变考》，载刘梦溪主编（中国现代学术经典）《廖平 · 蒙文通卷》，河北教育出版社，1996 年，第 615 – 616 页）

分封制度，中央与地方之间在宗法血缘纽带基础之上建立起新的关系。“天子建国，诸侯立家，卿置侧室，大夫有贰宗，士有隶子弟”（《左传·桓公二年》）。居于分封制政权体系顶端的是周王，是天下之“大宗”，各国诸侯则以“小宗”的身份世代占有封国，代表天子治理周王朝的各个政区。在宗法分封制下，周王、诸侯、卿大夫和士，共分四个阶层分别掌握各自的土地。

直至春秋战国，劳动生产力的提高，使原来“千耦其耘”（《诗·周颂·载芟》）的集体耕作受到了挑战，私田数量逐步增多，整个社会都在经历着剧烈的变革。平王东迁以后，周王室日益衰微，周天子逐渐失去了昔日“天下共主”的地位，这一变化使得各诸侯、卿大夫产生了政治上的独立意识，甚至是侵吞其他诸侯取周室以代之的野心。如，“鼎本属于国家权力的象征，只有周天子才能享用，但后来，各诸侯国国君纷纷铸鼎，竟然用周王室的规格，有的士大夫、士乃至庶人也用起了鼎，以显示自己的高贵”①。

各个诸侯国之间争霸、兼并的战争日益频繁，规模也日益扩大，这是导致各国地方行政机构的性质和职能发生变化的根本原因，最终引起了中国古代国家结构形式的变化。“礼乐征伐自天子出”的局面宣告结束，天子的地位无异于诸侯。“礼乐征伐自诸侯出”的局面开始出现，各个诸侯国之间围绕天下霸权的争夺日趋激烈，强大的诸侯国可以挟天子以令诸侯，弱小的诸侯国则成为争霸战争的直接受害者，民众流失，疆土日整，随时都有亡国之祸。“当春秋时，尚有千二百国，二百四十二年之中，弑君三十六，亡国五十二，诸侯奔走不得保其社稷者，不可胜数。至于战国，存者十余。”（《后汉书·郡国一》）诸侯国的数目迅速减少，争霸战争的激烈程度可见一斑。

为了适应日益严峻的战争形势，各个诸侯国都迫切需要扩充兵员、增加军需物资的供应，然而这一切都与传统的分封制相抵触。分封制的主要

---

① 启良：《中国文明史》，花城出版社，2001 年，第 379 页。

特征就在于依据宗法血缘关系确定个人的身份和社会地位，在封国或者是封邑之内，对土地的占有关系与相应区域范围内的政治权力是密不可分的。受封的诸侯王和卿大夫在获得封地的同时，也就获得了封地范围以内的统治权，在自己的封地内，他们拥有相对独立的自主权力。封地内的政治、经济、军事大权相对于封君来说是独立的，诸侯王对天子是如此，卿大夫对诸侯王也是如此。自然而然，这种相对独立的经济政治实体带有很大的分裂割据倾向，严重违背了国家由分裂走向统一的历史趋势。

国君要想从卿大夫的采邑征发人员和物资，势必要与卿大夫的利益发生冲突。但是在春秋时期，卿大夫的势力还比较强大，国君为了掌握更多的人力物力资源，最好的办法就是对外战争，通过战争抢占土地，并为了保存战果，国君要确保此地归自己所有，因此将其设置为县，直接隶属于君主。避免分封制分散力量，借以强化自身地位；同时，这也有利于防止已经灭亡的诸侯国重新复国，或是由于其他国家的侵扰而使土地得而复失。

随着时间的推移，列国之间的对外战争逐渐超越了争夺天下霸权的初始目的，开始向着兼并他国、最终完成统一大业的目标前进。在中小诸侯国逐渐消失的过程中，大国的疆域逐渐拓展，彼此之间的疆域也开始有更多的接壤，同时列国之间的战争周期逐渐缩短，但是规模却在不断地扩大。所有这些，都促进了侧重军事职能的“郡”开始作为一级地方行政区出现在国家行政机构之中。郡县制的产生与这一时期的极其残酷的兼并战争有着密切的关系，可以说，它是在国家由分离走向统一的过程中产生和发展起来的。

二、战国时期富国强兵的制度重构

春秋战国时期，“天下共主”的和谐秩序被打破，这一变化使得过去天经地义的思想不再能解释这些现象，因而丧失其固有的权威性，重新建立思想与知识以形成对问题的解释成为必然的趋势，因而产生出很多思想流派。从春秋到战国结束，在这近500年时间里，社会动荡、战争频繁，许多有识之士都针对如何结束战乱、恢复安定提出各自不同的方案。因此，这是一个思想裂变的年代，亦是思想繁荣的年代，由于此后，社会结构和社会制度便变化甚少，因此，中国古代的生活方式基本上是在这一时期形成的，学派的争论基本上为中国古代形成怎样的生活方式做了本质和方向上的规定。

春秋时期因为生存范围的狭隘导致社会剧烈动荡，国与国的力量对比不断变化，强者为王败者为寇的竞争异常激烈。在这种异常严峻的形势下，各地诸侯想方设法奋发图强，通过变革、变法，以增强自身的实力，以求得在这场人口、土地、霸业的争夺战中立于不败之地。对于诸侯国而言，富国强兵是硬道理，称雄争霸才是王道。而一些无能、弱小的诸侯国或被消灭，或被兼并，或被取而代之。这就难怪战国时期的君主和士人纷纷“捐礼让而贵战争，弃仁义而用诈谲，苟以取强而已矣”（《战国策·序》）。动荡的社会现实，人心惶惶，各国都希望可以有一种能够有效地实现安定富强的治国之道，如何将“无序”变为“有序”，如何在动荡中立于不败之地，成为诸子学说关注的焦点。于是乎，一个可以带来的立竿见影的效益和功用的理论就变得十分引人注目了。

公元前536年，郑国相国子产作刑书，并铸于鼎上。这是我国历史上正式公布的第一部成文法，从法律意义上讲它首次打破了奴隶主贵族秘密垄断法律的状态，标志着法律从秘密走向公开；但从更为广阔的政治意义上讲，它是以刑治国的救世之举。

在信奉“刑不可知，则威不可测”（《左传·昭公六年》）的年代，刑便已经有了“威”的特殊属性，并且成为其终身的特性。

在全力推行和实施“铸刑于鼎，以为国之常法”（《左传·昭公六年》），统治者阶级内部展开了尖锐的争论和斗争。如晋国名臣叔向就认为此举违背“先王议事以制，不为刑辟”的传统：

“民知有辟，则不忌于上，并有争心，以征于书，而徼幸以成之，弗可为矣。夏有乱政，而作禹刑；商有乱政，而作汤刑；

周有乱政，而作九刑。三辟之兴，皆叔世也。今吾子相郑国，制参辟，铸刑书，将以靖民，不亦难乎。”（《左传·昭公六年》）

面对叔向的责难，子产仅寥寥数字回复：

“若吾子之言。侨不才，不能及子孙，吾以救世也。既不承命，敢忘大惠。”（《左传·昭公六年》）

所谓“救世”，简洁明了地揭示了铸刑书的目的所在。公布成文法只是为了使刑罚在更大程度上成为国家治理的利器，通过刑罚的威吓来推动和鼓励耕战，以增强国力，争霸天下。成文的法律从一开始就有了国家主义的色彩，也就难怪，虽然此举早于古罗马第一部成文法典《十二铜表法》近一个世纪，但其价值却难望后者项背。随即各国均以变法来达到富国强兵的目的。①

如赵国的《国律》。赵国公仲连的改革开始于公元前403年左右。他根据改革派大臣的意见，强调选廉举贤，任官使能，实行法制改革，在这一思想指导下，产生了成文法《国律》。《国律》修定于赵武灵王时期，据《韩非子·饰邪》篇载：“当赵之方明《国律》，从大军之时，人众兵强，辟地齐、燕；及《国律》慢，用者弱，而国日削矣。”赵的强盛赖于法度的严明，这在历史上已有公论。

齐国的《七法》。公元前375年左右，齐威王曾任用邹忌为相进行改革。邹忌推行法家路线，提倡谨修法律而督奸吏，在管子的“则、象、法、化、决塞、心术、计数”等七法思想的影响下，制定了成文法《七法》。以《七法》作为法制改革的准则，把法看作是尺寸、绳墨、规矩、衡石、斗斛、角量，从而使齐国的改革成果进一步有了保障。

楚国的《宪令》。公元前390年左右，吴起被提升为令尹，主持楚国的改革，一是明法审令，二是废除世卿世禄制度，实行以法治国，三是

① 张晋藩主编：《中国法制史》，群众出版社，1991年，第90－91页。

“塞私门之请，易楚国之俗”。在这一思想指导下，制定了楚国的成文法，并由屈原奉命制定了第一部《宪令》。据《史记·屈原列传》载：“怀王使屈原造为宪令”。虽然屈原被贬，但宪令却在楚国保留下来。

楚国的《鸡次之法》。楚国的又一成文法典，也称离次。据《战国策·楚策一》载：“吴与楚战于柏举，三战入郢，……梦谷遂入大宫，负鸡次之典以浮于江，逃于云梦之中。昭王反郢，五官失法，百姓昏乱；蒙古献典，五官得法，而百姓大治。”这部法典为春秋时期的著名成文法之一，可惜楚亡后也失传。

韩国的《刑符》。著名法家申不害，约在公元前355年进行改革。他主张以术为中心，清除贪官污吏，因能授官；并提出国君要“设其本，治其要，操其柄”，运用术来加强、辅助国家的法制。史载申不害有“三符”之书，又言韩昭侯用其《刑符》。可见，其变法任术之思想反映在立法方面，即产生了韩国的成文法典《刑符》。

魏国的《太府之宪》，又称魏宪。这是魏国在改革中产生的法令之一。据《战国策·魏策四》记载：“安陵君曰：吾先君成侯，受诏襄王以守此地也，手受大府之宪。《宪》之上篇曰：‘子弑父，臣弑君，有常不赦。国虽大赦，降城亡子不得与焉’。”

成文法公布以后，重刑理政、治民，成为天下各统治集团的共同选择。各诸侯国中取得了政权的地主阶级，又运用政权的力量先后在各国进行旨在发展、巩固封建生产关系，建立封建政治的变法运动。其中尤以魏、楚、秦为代表。然而随之而来的君主独断之权力，一直在专治统治集团中占据主导。中国古代权力与法律的关系，是权力支配法律，法律服从权力。这是专制制度所决定的，同时依赖于由王所掌握的经济、军事、宗法、宗教等一系列权力的共同维系。

三、李悝《法经》与刑制传统

古代中国以刑为名的早期法典，应以战国时期李悝所著的《法经》为发轫。《法经》在当时历史上都产生了重大的影响，在战国时期发挥了重大作用。

> “是时承秦汉旧律，其文起自魏文侯师李悝。悝撰次诸国法，著《法经》，以为王者之政，莫急于盗贼，故其律始于《盗》《贼》。盗贼须劾捕，故著《网》《捕》二篇。其轻狡、越城、博戏、借假不廉、淫侈、逾制以为《杂律》一篇。又以《具律》具其加减，是故所著六篇而已，然皆罪名之制也。商君受之以相秦。”（《晋书·刑法志》）

这一番论断，既阐述了《法经》的主要内容和形式，维护“王者之政”是此经的主要目的，“皆刑名之制”奠定了后世法典的基本样式，同时商鞅师从李悝并携《法经》入秦主持变法，秦的强大兴盛证明此经的有效性，同时也就意味着此经在当时及后世人们心里都占据了重要的位置。

李悝任魏文侯的相国。在政治上，他主张“食有劳，禄有功，赏必行，罚必当”，坚决废除贵族世卿世禄制度。在经济上主张“尽地力之教”鼓励耕种。在法律上集各诸侯国立法之大成，“撰次诸国法”，制定《法经》，为封建社会创立了第一部系统的成文刑法典。《法经》适应了战国时期经济、政治以及民众的需要，特别是新兴地主阶级崛起的政治上的需要，废除贵族世卿世禄的世袭制度，而凭借军功、农事财富登上政治舞台。与此同时，《法经》适应了社会和百姓期盼结束诸侯国纷争、统一天下的要求。所以，以《法经》为代表的，以唯赏罚分明为之国政，以主耕战为国之实力的主张，赢得了认同，并推动了社会发展。后经“商君受之以相秦”，商鞅在秦国的一系列变法，效果显著，也奠定了秦国统一六国一统天下大业的基础。封建中国统一后，历经秦汉两朝丰富实践和总结，以《秦律》《汉律》为标志，封建法律的统一，进程漫漫，几经曲折，但自秦汉经过不断努力，终于实现这个目标，使封建的法律制度得以确立。《秦律》和《汉律》这两部法典受《法经》的影响是如此之大而且如此深刻和明显，以至于史籍多有记载。

> “魏文侯师于李悝，集诸国刑典，造《法经》六篇。一盗法，二贼法，三囚法，四捕法，五杂法，六具法。商鞅传授，改法为律。汉相萧何，更加悝所造《户》，《兴》，《厩》三篇，谓之九章之律。”（《唐律疏议·名例律》）

由此可见后世法典对《法经》的继承性及一脉相承的连贯性，《法经》的两个本质特征也一直被后世法典所沿袭。一是鲜明的刑事管理手段特征，赏罚分明，以惩罚为主，惩罚的手段以肉刑为主。“王者之政，莫急于盗贼”，传统中国法律对社会的治理首要领域，是“盗、贼”之事，对此施行的法律制裁是以严刑峻法为内容。二是轻罪重刑，希冀达到以刑去刑。这些特点在《秦律》和秦朝的法律实践中达到了极端。汉承秦制，有所损益。著名的汉文帝废除肉刑诏，以及后来在行刑手段上取消了少量极其残酷的行刑方式。但是肉刑和死刑仍然是刑的主要内容和方式。封建专制统治的本质同样也决定了专制统治者不会也不可能放弃这一点。

专治统治者由衷地相信刑，特别是重刑能治乱，并使其统治得以维护，社会秩序能井然有条。因而将刑的使用视作其政的主要领域，为此付出了全部的努力和心血，都囊括进刑法的范围，千方百计将社会生活都以刑罚的方式进行管理。

第二节　法刑互通，治国之器

一、法家之法坐实于“刑”

《汉书·艺文志》谓：“法家者流，盖出于理官，信赏必罚，以辅礼制。《易》曰：‘先王以明罚饬法，此其所长也。及刻者为之，则无教化，去仁爱，专任刑法，而欲以致治，至于残害，伤恩薄厚。’”法家“思想以‘唯物观’为出发点，常注意当时此地之环境，又深信政府万能，而不承认人类个性之神圣。其政治论主张严格的干涉，但干涉须以客观的‘物准’为工具，而不容主治者以心为高下，人民惟于法律容许范围内得有自由与平等，吾名曰‘物治主义’或‘法治主义’”①。

法家往往“法”不离口，致有“法家”② 之称。但法家之“法”不等同于法律，其外延与内涵都大不同。“法家的‘法’指的是方法的法，是指法式与规范，所以我们没有办法来比较这两个‘法’。”③ 法家所谓“法”，不外乎广狭两方面的含义。“广义地说，乃统治者强制人民为统治者尽片面义务的命令；狭义地说，只是一种刑法。”④ 法家以“变法”为己任，所谓“变法”就是改变固有的制度与统治的方式方法，所谓“国有经常之制度，君按制度以行赏罚，法治之原则不过如此”⑤，可见，此种之法是广义的法。例如商鞅在秦国变法的内容虽然涉及法律，但远远超出了法律的领域，囊括了国家最基本的制度、政策，以及统治的方式方法。

法最初的含义就是模型、法式和一种固定的框架，众多法家人物每每从宏观上谈论治国之道而言法时，都落脚在这个层面上。如：“三代不同礼而王；五霸不同法而霸。故知者作法，而愚者制焉。贤者更礼，而不肖者拘焉。拘礼之人不足与言事；制法之人不足与论变。”（《商君书·更法》）显然，这里所谓的“法”是指制度、方法。另外，《商君书》中认

---

① 梁启超：《先秦政治思想史》，天津古籍出版社，2003 年，第 78 页。

② 胡适曾说：“中国古代本没有什么‘法家’，……慎到属于老子、杨朱、庄子一系；尹文的人生哲学近于墨家，他的名学纯粹是儒家。……孔子的正名论，老子的天道论，墨家的法的观念，都是中国法理学的基本观念。故我以为中国古代只有法理学，只有法治的学说，并无所谓法家。中国法理学当西历前 3 世纪时，最为发达，故有许多人附会古代有名政治家如管仲、商鞅、申不害之流，造出许多讲法治的书。后人没有历史眼光，遂把一切讲法治的书统称为‘法家’，其实是错的。但法家之名，沿用已久了，故现在也用此名。”参见胡适：《中国哲学史大纲》（卷上），岳麓书社，2010 年，第 320 页。

③ 许倬云：《中国古代文化的特质》，新星出版社，2006 年，第 75 页。所谓“两个‘法’”，是指法律的“法”和方法的“法”。

④ 徐复观：《儒家对中国历史命运挣扎之一例》，《中国思想史论集》，上海书店出版社，2004 年，第 257 页。

⑤ 萧公权：《中国政治思想史》（一），辽宁教育出版社，2001 年，第 187 页。

为君主应“秉权而立，垂法而治”（《壹言》），“缘法而治，按功而赏”（《君臣》），“破胜党任，节去言谈，任法而治矣”（《慎法》）等，其中的“法”，联系上文下义，可以发现均不等同于法律，而应以“法度”释之。慎到讲“事断于法”（《慎子·君人》），“法者，所以齐天下之动，至公大定之制也”（《慎子·佚文》），但他更多的是将所说的“法”称之为“道术”，如“弃道术，舍度量，以求一人之识识天下，谁子之识能足焉?”（《慎子·佚文》）或“常道”，如“今也国无常道，官无常法，是以国家日缪。”（《慎子·威德》）或“法度”，如“有法度者，不可巧以诈伪。”（《慎子·佚文》）韩非子也说“以法为本”“明法者强，慢法者弱”（《韩非子·饰邪》），而韩非子有时直接明了地将“法”称为“治法”，如“夫治法之至明者，任数不任人。”（《韩非子·制分》）或“法术”，如“使中主守法术，拙匠受规矩尺寸，则万不失矣。”（《韩非子·用人》）他对“明法”二字的解释很能说明问题：“人主使人臣虽有智能不得背法而专制；虽有贤行不得逾功而先劳；虽有忠信不得释法而不禁，此之谓明法。”（《韩非子·饰邪》）也又一次证明了，法家所谓“法”绝非法律之意。

法家之“法”除了许多时候所指为“法度”外，有时又直接指向“刑”，尤其是在法律意义上使用“法”字时，指的其实就是刑。这一点，近人严复早就瞧破。他在翻译孟德斯鸠《法意》所加的按语中，细辩孟氏之“法”与法家之“法”的不同，明言法家之法“直刑而已”。[①] 其实，从字义上看，法和刑是可以互训的。《尔雅·释诂》：“刑，法也”。所以，称刑为“法”并非法家的别出心裁。《尚书·吕刑》谓：“苗民弗用灵，制以刑，惟作五虐之刑曰法。”商鞅云：“民众而奸邪生，故立法制，为度

---

① 严复说：“顾申、韩、商、李皆法家，其言督责也，亦劝其君以任法。然则秦固有法，而自今观之，若为专制之尤者，岂孟氏之说非欤？抑秦治固不可云专制欤？则应之曰：此以法字之有歧义，致以累论者之思想也。孟氏之所谓法，制国之经制也。其立也，虽不必参用民权，顾既立之余，则上下所为，皆有所束。若督责书所谓法者，直刑而已。所以驱迫束缚其臣民，而国君则超乎法之上，可以意用法易法，而不为法所拘。夫如是，虽有法，亦适成专制而已矣。”参见王栻主编：《严复集》第四册，中华书局，1986 年，第 938 – 939 页。

量以禁之。"（《商君书·君臣》）又如："守法守职之吏有不行王法者，罪死不赦，刑及三族。"（《商君书·开塞》）韩非子说："法者，宪令着于官府，刑罚必于民心，赏存乎慎法，而罚加乎奸令者也。"（《韩非子·定法》）这里所说的"法"乃是指刑，或赏与刑的结合。法家有时又"法令""法禁""法制"连称，这往往指的就是刑法。《管子·心术》谓："杀戮禁诛谓之法。"《盐铁论·诏圣》谓："法者，刑罚也，所以禁强暴也。"这些解释已经明白揭示了"法"就是"刑罚"。有研究者认为："以刑为核心，旨在禁止令行的法观念"乃是法家之"法"的本质所在，"离开刑罚，便无所谓法"，故"法家的所谓法律理论，根本上只是刑罚理论"①。故人谓"法家所谓'法治'，只在'刑赏'二字"②。李泽厚更谓："所谓'法家'不过是公开为专制统治服务的刑名法术，应谓之'刑家'"③。

在法家眼里，"法"无论广义狭义，都生之于君，操之于君。商鞅认为"人主为法于上"（《商君书·定分》），人民不得议论。韩非子则彻底颠倒了国家与君主的关系，公然宣称国家是君主的工具，所谓"国者，君之车也"（《韩非子·外储说右上》）。"圣人之为法也，所以平不夷、矫不直也。"（《韩非子·外储说右下》）故臣下须"顺上之为，从主之法"（《韩非子·有度》）。法家骨子里是君主专制论者，其所谓"法"，不过是由君主自己制定并操控的"法度"而已，是君主专制的工具而已。作为工具，刑法在维护君主集权专制政治秩序方面作用最为明显，地位最为重要，实用性最强，这决定了法家必然走向重刑主义。

---

① 梁治平：《法辨——中国法的过去、现在与未来》，贵州人民出版社，1992 年，第 80、135、53 页。梁氏很早就系统而深刻地考证了中西"法"文化差异，并揭示了法家乃至中国传统之"法"本质是"刑"。由于中国传统法文化的特殊性，尤其是对法乃治道之具而非治道本身所达成的社会共识，决定了这个结论的深刻性及其经典意义。

② 梁治平：《法辨——中国法的过去、现在与未来》，贵州人民出版社，1992 年，第 78 页。

③ 李泽厚：《论语今读》，安徽文艺出版社，1998 年，第 110 页。

二、商鞅：重刑思想的系统实施者

商鞅的法律思想脉络大概是这样的，首先在其进化的历史观影响下产生变法的要求，其次是以人性好利恶害推论出要以“三壹”作为治法之本，最后形成极端的重刑观。商鞅变法是商鞅重刑思想的最好体现，也是之所以称之为重刑思想实施者的有力证据。韩非子曾这样评价商鞅变法：

> “古秦之俗，君臣废法而服私，是以国乱兵弱而主卑。商君说秦孝公以变法易俗而明公道，赏告奸、困末作而利本事。当此之时，秦民习故俗之有罪可以得免，无功可以得尊显也，故轻犯新法。于是犯之者其诛重而必，告之者其赏厚而信，故奸莫不得而被刑者众，民疾怨而众过日闻。孝公不听，遂行商君之法。民后知有罪之必诛，而告私奸者众也，故民莫犯，其刑无所加。是以国治而兵强，地广而主尊。此其所以然者，匿罪之罚重，而告奸之赏厚也。此亦使天下必为己视听之道也。至治之法术已明矣，而世学者弗知也。”（《韩非子·奸劫弑臣》）

蔡元培先生在考察商鞅后是这样评价的：“商君，政治家也，其主义在以国家之威权裁制各人。故其言道德也，专尚公德，以为法律之补助，而持之已甚，几不留各人自由之余地。又其观察人性，专以趋恶之一方面为断，故尚刑而非乐，与管子之所谓令顺民心者相反。此则其天资刻薄之结果，而所以不免为道德界之罪人也”①。

商鞅将人类的发展划分为四个阶段，即“上世”“中世”“下世”“今世”，“四世”的嬗递是一个历史演变的自然过程。“上世”是“民知其母而不知其父”，所以“亲亲而爱私”，“亲亲者以私为道”。“中世”是“亲亲废，上贤立矣”，其特点是“上贤而说（悦）仁”。接下来是“下世”，

---

① 蔡元培：《中国伦理学史》，商务印书馆，1999年，第42页。

"下世"以"贵贵而尊官"为特征，"而立君者使贤无用也"。他认为三世的统治管理方法不同，是因为"世事变而行道异也"。考虑"今世强国事兼并，弱国务力守"，因此统治方法也应与过往有所不同，"圣人不法古，不脩今。法古则后于时，脩今则塞于势"。（以上均见《商君书·开塞》）由这种历史进化思想出发，商鞅举起了变法的大旗。

变法前夜，商鞅与甘龙、杜挚曾面对面地展开了一场激烈争辩。

> 公孙鞅曰："……法者所以爱民也；礼者所以便事也。是以圣人苟可以强国，不法其故；苟可以利民，不循其礼。"……
>
> 甘龙曰："不然。臣闻之，圣人不易民而教，知者不变法而治。因民而教者，不劳而功成；据法而治者，吏习而民安。……"
>
> 公孙鞅曰："……三代不同礼而王；五霸不同法而霸。故知者作法，而愚者制焉。贤者更礼，而不肖者拘焉。……"
>
> 杜挚曰："臣闻之：利不百，不变法；功不十，不易器。臣闻法古无过，循礼无邪，君其图之。"
>
> 公孙鞅曰："前世不同教，何古之法？帝王不相复，何礼之循？伏羲、神农，教而不诛；黄帝、尧、舜，诛而不怒。及至文、武，各当时而立法，因事而制礼。礼法以时而定，制令各顺其宜。……"
>
> 孝公曰："善！"……于是遂出垦草令。（《商君书·更法》）

变法前夜的这场论争其核心在于是否继续以三代之礼作为统治的工具。甘龙、杜挚竭力主张维持现状，在国家的根本制度和统治方法上不要妄作变更，这是因为三代的礼法制度正是旧贵族的护身法宝。而商鞅则意在摈弃越来越不适应时代发展的三代之礼，重新建构一套符合新的生产关系要求、巩固新贵族政治地位的政治与法律制度及与之相适应的施政方法，这也正是商鞅变法的实质所在。值得指出的是，商鞅与甘龙、杜挚之争，乃是新旧贵族从自身利益出发在选择统治模式问题上的冲突。争论的核心并不在于要不要以“法”来进行统治，而在于以什么“法”来进行统治，是三代的礼法，还是体现新贵族意志的新“法”？是以过去之“法”，还是以现在之“法”？可见，这里显然不存在所谓的“礼治”与“法治”之争。上述引文中甘龙所云之“据法而治者，吏习而民安”一句正是明证。按传统的逻辑，“据法而治”四字岂不是也意味着甘龙也主张“法治”么？既是如此又何必与同样主张“法治”的商鞅针锋相对呢？显然是无法解释的。这也从另一个角度印证前文的观点，所谓法家的“法治”说其实是一种望文生义的误会。

既然法并不是单纯的法律问题，那么商鞅所要变的法就不可能仅仅关注于单纯的法律领域，他要求变革的是整个上层建筑领域，是根本的统治方式与方法。所以，商鞅变法远远超出了变革法律的范围，商鞅每每言及的“法”比“法律”的内涵和外延都要宽泛得多。但同时我们也看到，商鞅所说的“法”中，肯定包容了法律，而且法律是其中最重要的内容之一。这自然意味着商鞅的变法是以改变陈旧的制度与法律为中心的。商鞅变法的具体实践也充分证实了这一点。

商鞅认为“好利恶害”是人的本性，“人性好爵禄而恶刑罚”（《商君书·错法》），所以，最好的统治方法就是顺人之性，应人之情，巧妙地运用正反两手，即一方面对努力参加农战并取得成绩者予以奖赏；另一方面对违犯法令者予以惩罚。“趋利避害”是人情之常，以“三壹”为法，自然能达到富国强兵的目的。“圣人之治国也，审壹而已矣。”（《商君书·赏刑》）“三壹”指的是“壹赏”“壹刑”“壹教”。

> “圣人之为国也，壹赏、壹刑、壹教。壹赏则兵无敌；壹刑则令行；壹教则下听上。”（《商君书·赏刑》）

“壹赏”首先要求打破传统的世卿世禄制，官爵利禄只赏赐给那些在战争中立有战功的人，“所谓壹赏者，利禄官爵抟出于兵，无有异施也”（《商君书·赏刑》）。根据这一原则，商鞅主张“国以功授官予爵”（《商君书·靳令》），“不滥富贵其臣”，从而使“有功者显荣，无功者虽富无所芬华”（《商君书·画策》）。为奖励军功，商鞅所悬之赏格优渥，《韩非子·定法》谓：“商君之法曰：斩一首者爵一级，欲为官者为五十石之官。斩二首者爵二级，欲为官者为百石之官。官爵之迁与斩首之功相称也。”《史记·商君列传》也概括道：“有军功者各以率受上爵。”可知杀敌越多，赏赐越丰厚，以此来诱使百姓乐于投身战争。

除军功之外，另一类赏赐对象就是积极务农者。农与战是商鞅强国之术的两端，从重农抑商的总政策出发，商鞅不吝赐赏于农，并制定了以粮谷捐官爵的办法。

“民有余粮，使民以粟出官爵。官爵必以其力，则农不怠。”（《商君书·靳令》）

“按兵于农，粟爵粟任，则国富。”（《商君书·去强》）

“大小僇力本业，耕织致粟帛多者复其身；事末利及怠而贫者，举以为收孥。”（《史记·商君列传》）

此外，告奸者也受赏。商鞅反对儒家的“亲亲相隐”原则，主张“夫妻交友不能相为弃恶盖非”，“民人不能相为隐”（《商君书·禁使》）。并且还首创了连坐之法，“令民为什伍，而相收司连坐。不告奸者腰斩，告奸者与斩首同赏，匿奸者与降敌同罚”（《史记·商君列传》）。官吏也有告奸之责。“守法守职之吏有不行王法者，……周官之人，知而讦上者，自免于罪，无贵贱，尸袭其官长之官爵田禄。”（《商君书·赏刑》）以奖惩两手来鼓励告奸。

“壹刑”用商鞅的话说，就是“刑无等级”。按三代之礼，贵族官僚有罪，是不能擅加刑责的，正所谓“刑不上大夫”。但商鞅清醒地认识到“法之不行，自上犯之”（《史记·商君列传》），如果囿于成法，就会有碍其农战之策，所以他大胆地提出“壹刑”的主张。

“所谓壹刑者，刑无等级，自卿相将军以至大夫庶人，有不从王令、犯国禁、乱上制者，罪死不赦。有功于前，有败于后，不为损刑；有善于前，有过于后，不为亏法。忠臣孝子有过，必以其数断。守法守职之吏有不行王法者，罪死不赦，刑及三族。”（《商君书·赏刑》）

这段话反映了商鞅在刑罚的适用上贵贱平等的思想倾向。甚至商鞅也曾尝试将之在实践中推行，故而有太子犯法后“将法太子”的记载。当然，话虽如此，但由于“太子，君嗣也，不可施刑”，因此，“刑其傅公子虔，黥其师公孙贾”（《史记·商君列传》）。

可见，理论的完美在碰上残酷的现实时也只能是向权威低头。另外，商鞅的“刑无等级”是有局限的，按上述引文的意思，只有诸如“不从王令、犯国禁、乱上制”以及“不行王法”等严重的犯罪，达到“罪死”的程度，这才“不赦”，这时才不分等级，一律处死。而如果不是严重犯罪，不是死罪，是否“刑无等级”，则大有疑问。《商君书·境内》中的一段话加强了这种疑问：

“其狱法，高爵訾下爵级。高爵能，无给有爵人隶仆。爵自二级以上，有刑罪则贬；爵自一级以下，有刑罪则已。”

意思是断狱之法，是由爵高者讯问爵低者。二级爵位以上者有罪，则降低他的等级；一级爵位以下者有罪，则取消其爵位。这里不仅毫无“刑无等级”之意，恰恰相反，完全是刑有等级的制度，是以爵当罪，是“官当”这一典型的法律不平等制度的权舆。可见，商鞅的“壹刑”并不能形成真正的刑无等级。

“壹教”即统一教化、统一思想。法家最重视对异端思想的铲除，为了维护思想的统一，不惜采用杀戮威慑之法来禁绝一切背离法家之学的思想与学说。《管子·法禁》曾言：“不贵其人博学也，欲其人之和同以听令也。”对坚持自己的主张者，“尽诛”。“强者折、锐者挫、坚者破。引之以绳墨、绳之以诛戮。”从而使“民毋敢立私议自贵者”，“万民之心皆服从上”（《管子·法禁》）。商鞅在这方面深得《管子》真传，并表述为

"壹教"：

"所谓壹教者，博闻、辩慧、信廉、礼乐、修行、群党、任誉、清浊，不可以富贵，不可以评刑，不可独立私议以陈其上。坚者被、锐者挫。"（《商君书·赏刑》）

商鞅主张对一切有碍其推行农战的思想或行为严加限制和打击，不但不能让这种人富贵，也不能让这种人评论国家刑、政。还要禁止他们向上宣扬其个人的思想主张。如果他们一意孤行，坚持异端邪说，那就一如管仲之法，予以彻底的取缔和消灭。

商鞅"壹教"的目的，在于以暴力推行思想文化的专制主义，强迫全社会接受法家的政治主张，取缔各家学说，达到思想的高度统一。为此，商鞅甚至还干过焚书的勾当。《韩非子·和氏》云："商君教孝公，……燔诗书而明法令。"联系到《商君书》中不止一处反映出对所谓"六虱"之一的"诗、书"的厌恶和鄙视，商鞅焚书恐非空穴来风，而恰恰符合其思想发展的轨迹。

为了保证"三壹"的实现，商鞅提出极端的重刑观。重刑思想虽然并非由商鞅率先提出，但商鞅却是使重刑理论系统化、极端化的渠魁。商鞅的重刑理论以"好利恶害"的人性为基础。"夫人情好爵禄而恶刑罚"，"故民可治也"（《错法》）。如何治呢？就是交替使用赏罚两种手段。

首先，在赏与罚的关系上，应该刑主赏辅，刑多赏少。在比例的分配上，应该是"赏一而罚九"（《开塞》），所以《去强》曰："王者刑九赏一；强国刑七赏三；削国刑五赏五。"《开塞》也曰："治国刑多而赏少，故王者刑九赏一，削国赏九而刑一。"在顺序上，则为"先刑而后赏"（《壹言》）。

其次，"刑用于将过"。

"刑加于罪所终，则奸不去；赏施于民所义，则过不止。刑不能去奸而赏不能止过者，必乱。故王者刑用于将过，则大邪不

生；赏施于告奸，则细过不失。”（《开塞》）

商鞅认为等到他人犯罪之后再施以刑罚，无论怎样重罚，都不足以去奸邪，所以，刑罚要用在他人将要犯罪之时。怎样才能肯定他人将要犯罪呢？只能是从主观上去认定，去强加。中国历史上的很多思想犯罪，其来源大抵便是“刑用于将过”的目的。

再次，“行刑重轻”。商鞅的重刑观与一般重刑观的最大不同，就是主张即便是轻罪，也要加重刑罚。对此，商鞅自有一套说词：

> “故行刑，重其轻者，轻者不生，则重者无从至矣，此谓治之于其治者。行刑。重其重者，轻其轻者，轻者不止，则重者无从止矣，此谓治之于其乱也。故重轻则刑去事成，国强；重重而轻轻，则刑至而事生，国削。”（《说民》）
>
> “重其轻者，轻其重者，轻者不至，重者不来，此谓以刑去刑，刑去事成。”（《勒令》）

商鞅重刑观最残酷的一点，就是轻罪重刑。重罪重刑、轻罪轻刑，这是一般的道理，商鞅偏偏要超出常理之外，不光主张重罪重刑，甚至轻罪也要重刑，以此来实现其“以刑去刑”的目的。在商鞅那里，“以刑去刑”并不血腥，反而是“爱民”的表现。他认为先王制定一系列野蛮的刑罚，“非求伤民也，以禁奸止过也。”而“禁奸止过，莫若重刑”（《赏刑》）。重刑可令“民不敢试”，从而达到“无刑”“以刑去刑”的理想。所以，“重罚轻赏，则上爱民，民死上；重赏轻罚，则上不爱民，民不死上”（《去强》）。重刑是统治者“爱民”的表现，轻刑反倒是统治者“不爱民”的表现。

其实，无论商鞅怎样粉饰，都无法掩盖重刑主义野蛮、残暴的实质。本来，一个社会的犯罪根源于人性的弱点以及复杂多样的政治、经济与文化因素之中，治理与减少犯罪的方式和方法也应该多种多样。过分地迷信暴力的威慑力，实行重刑主义，或许也能见功效于一时，但绝不会收效于永远，更遑论什么“以刑去刑”这种一厢情愿的梦呓了。中国古代重刑主义的实践便是活生生的例证。而实行重刑主义必然以蔑视生命、摧残民生、践踏基本的人权为代价，这也正是专制政治累累罪恶的一部分。

历朝历代的统治者之所以对罪恶昭彰的重刑主义趋之若鹜，奉为至宝，完全是由其政权反人民、逆理性的本质及其腐败、虚弱和无能的特点所决定的。即便如此，作为重刑主义理论的奠基人，作为重刑思想的初步实施者，商鞅对中国重刑主义传统的形成负有推脱不掉的罪责。

三、韩非子：重刑思想的集大成者

韩非子继承商鞅的重刑思想并加以发扬光大，“韩非子袭商君之主义，而益祥明其条理。其于儒家、道家之思想，虽稍稍有所采领，然皆得其粗而退其精。故韩非子者，虽有总揽三大思潮之观，而实商君之嫡系也。法律实以道德为根原，而被乃以法律统摄道德，不复留有余地；且于人类所以集合社会，所以发生道理法律之理，漠不加察，乃以君主为法律道德之创造考。故其指明公德，虽足以救儒家之弊，而自君主以外，无所谓自由。且为君主者以术驭吏，以刑齐民，日以心斗，以为社会谋旦夕之干和。然外界之干和。虽昔可以强制，而内界之做扰益甚。秦用其说，而民不聊生，所谓万能之君主，亦卒无以自全其身家，非偶然也。故韩非子之说，虽有可取，而其根本主义，则直不容于伦理界者也。”①

胡适曾评价商鞅、韩非子的理论“可以和过时的氏族贵族作生死的政治斗争，在思想上也把氏族宗法政治的华丽而神秘的外衣，剥落精光”，但“他们采取的手段不能全叫我们赞同”②。而这里所说的手段便是重刑。

本章开篇简单验证法家所言之法并非法律的意思，在此花适当笔墨再详细论述之，以期使前文理据更充分，也使韩非子的重刑思想脉络更

① 蔡元培：《中国伦理学史》，商务印书馆，1999 年，第 45 页。

② 胡适：《中国思想史长篇》，《胡适学术文集中国哲学史》（上），中华书局，1991 年，第 330 页。

清晰。

> "法者，编著之图籍，设之于官府，而布之于百姓者也。"（《韩非子·难三》）
>
> "法者，宪令著于官府，刑罚必于民心，赏存乎慎法，而罚加乎奸令者也。"（《韩非子·定法》）

许多学者便以此为据，认为韩非子所谓的"法"指的就是法律，而且是由官府制定，布之于百姓，以国家强制力做保障的成文法律的统称。这其实完全误解了韩非子的原意。韩非子这里谈的"法"首要的特征就是官府编纂的成文并公之于众的"图籍"。显然，战国时代公布的成文法只可能是刑法，至今没有任何证据表明当时除刑法外，还公布过其他任何形式的法律。所以，这种"图籍"指的就是"刑书"。上述引文中的第二条材料恰恰证明了这一点，也是韩非子对"法"的含义的直接表述。所以，韩非子之"法"，往往即指刑法。

但同时，在许多的场合，韩非子所言之"法"是"治法"，是法、术、势的结合，是一个包含了法律在内的一切社会规范、统治政策及方式方法的笼统概念。韩非子继承了商鞅"缘法而治"的思想，认为儒家的"礼治""德治"是凭主观意志为转移的，是根本无法树立衡量事物曲直方圆的客观准则，进而提出治国必须"以法为本"的客观主义治国方案。

> "而道法万全，智能多失。夫悬衡而知平，设规而知圆，万全之道也。悬衡而知平，设规而知圆，万全之道也。"（《韩非子·饰邪》）
>
> "释法术而任心治，尧不能正一国；去规矩而妄意度，奚仲不能成一轮；废尺寸而差短长，王尔不能半中。使中主守法术，拙匠守规矩尺寸，则万不失矣。"（《韩非子·用人》）

韩非子继而提出，君主欲守法术，首先要懂得什么是法术，即"明法"：

"人主使人臣虽有智能不得背法而专制；虽有贤行不得逾功而先劳；虽有忠信不得释法而不禁，此之谓明法。"（《韩非子·南面》）

韩非子认为"明法者强，慢法者弱"（《韩非子·饰邪》），即统治者懂得并能熟练运用治世驭民的法度和法术，才能使自身及国家强大起来。这种法度和法术，包含了赏罚在内的一切统治策略和手段，所以韩非子说："法者，事最适者也"（《韩非子·问辩》）。归根到底，韩非子的"法"是"治法"，关键是操作法度的方式和过程，"夫治法之至明者，任术不任人"（《韩非子·用人》），最终仍不免流于权术。

韩非子的一切政治法律观均以人性论为基础，并继承商鞅的重刑观，在理论上对重刑思想进行了完善。韩非子的刑法观以其人性自私说为基础。他认为刑法之所以必要，是因为人"皆挟自为心"的本性和"趋利避害"的本能。

"人无毛羽，不衣则不犯寒；上不属天而下不著地，以肠胃为根本，不食则不能活。是以不免于欲利之。"（《韩非子·解老》）

意思是，人必须以谋取衣食为生。为了生存，必然有趋利避害之心，所谓"安利者就之，危害者去之，此人之情也"（《韩非子·奸劫弑臣》）。既然人的本性是好利恶害的，那么在一般情形下，人的行为便是从私心私利出发，从个人利害的角度出发，去参与社会生活或者是处理社交关系。韩非子观察了社会生活的各个方面，认为包括父子关系、君臣关系、雇佣关系在内的所有社会关系无不是以个人私心私利为转移。

"王良爱马，越王勾践爱人，为战与驰。医善吮人之伤，含人之血，非骨肉之亲也，利所加也，故舆人成舆，则欲人之富贵；匠人成棺，则欲人之夭死也，非舆人仁而匠人贼也，人不贵则舆不售，人不死则棺不买。情非憎人也，利在人之死也。故后

妃夫人太子之党成，而欲君之死也。君不死则势不重，情非憎君也，利在君之死也。”（《韩非子·备内》）

这番话说得坦直，甚至有点刻薄，但残酷中却也揭示了人性最本质的一面。韩非子谈性恶无非是以此来论述以赏罚为内容的法制的可行性和合理性，论述制定严格的社会规范的必要性。

“凡治天下，必因人情。人情有好恶，故赏罚可用；赏罚可用，故禁令可立，而治道具矣。”（《韩非子·八经》）

“国治则民安，事乱则邦危。法重者得人情，禁轻者失事实。且夫死力者民之所有者也，人情莫不出其死力以致其所欲；而好恶者上之所制也，民者好利禄而恶刑罚。上掌好恶以御民力，事实不宜失矣。”（《韩非子·制分》）

所谓“人情”，就是指人好利恶害的性情，就是人自私的本性。韩非子认为“人情”是不能改变的，他不认可其师荀况关于依靠仁义德礼可以“化性起伪”的说法，而是认为只能是运用赏、罚两手才能控制和引导“人情”。君主要掌握这两手，首先就必须制定制度法律，尤其是制定充满暴力色彩、具有威慑力的刑罚制度。所以，人性自私说包含着韩非子对法律起源的认识，法为治乱而生。

“古者丈夫不耕，草木之实足食也；妇人不织，禽兽之皮足衣也。不事力而养足，人民少而财有余，故民不争。是以厚赏不行，重罚不用，而民自治。今人有五子不为多，子又有五子，大父未死而有二十五孙。是以人民众而货财寡，事力劳而供养薄，故民争。虽倍赏累罚而不免于乱。”（《韩非子·五蠹》）

由于人的自私特性，韩非子认为儒、墨两家认为仁爱可以正人之性、止世之乱的观点是不正确的，并以父母管教子女为例，论证仁爱在子女性情改造上是无能为力的。

> “今有不才之子，父母怒之弗为改，乡人谯之弗为动，师长教之弗为变。夫以父母之爱，乡人之行，师长之智，三美加焉而终不动，其胫毛不改。州部之吏，操官兵、推公法而求索奸人，然后恐惧，变其节，易其行矣。”（《韩非子·五蠹》）
>
> “父母、师长、乡人再三教育，都不能感动其胫之一毛，但只要枷索相向，便能立竿见影，马上令之改恶为善，所以，韩非子的结论是‘夫严家无悍虏，而慈母有败子。吾以此知威势之可以禁暴，而德厚之不足以止乱也。’”（《韩非子·显学》）
>
> “吾以是明仁义爱惠之不是用，而严刑重罚之可以治国也。”（《韩非子·奸劫弑臣》）

既然仁爱无用，那么刑罚不仅是必要的，韩非子同商鞅一样也是赏、刑并提，主张“厚赏重罚”、“赏莫如厚，使民利之；誉莫如美，使民荣之；诛莫如重，使民畏之；毁莫如恶，使民耻之，然后一行其法”（《韩非子·八经》）。同样，赏与刑在运用时要突出重点，即赏要少，刑要多，“刑胜而民静，赏繁而奸生，故治民者，刑胜，治之道也；赏繁，乱之本也”（《韩非子·心度》）。这与商鞅的“赏一刑九”同出一辙。

韩非子认为重刑是一种手段，目的在于利用人的恶害与畏惧心理来达到以刑去刑的目的。

> “夫严刑者，民之所畏也；重罚者，民之所恶也。故圣人陈其所畏以禁其邪，设其所恶以防其奸，是以国安而暴乱不起。吾以是明仁义爱惠之不足用，而严刑重罚之可以治国也。”（《韩非子·奸劫弑臣》）

韩非子强调重刑治国是爱民的表现，“所谓重刑者，奸之所利者细，而上之所加焉者大也，民不以小利加大罪，故奸必止也”（《韩非子·六反》)。即重刑不仅不伤民，反而能让民不受伤害，因为重刑可以止奸，以重刑罚轻罪，民即不敢犯罪，自然不会受到伤害。反之，轻刑会让民无畏惧之心，轻易犯罪，反使自身受到伤害。所以，重刑“非为罪人也，……重一奸之罪，而止境内之邪”(《韩非子·六反》)，通过杀一儆百，最终实现以刑止刑。

无论韩非子找什么借口，都不能掩盖其重刑观残忍暴虐的一面。在商鞅的基础上，经过韩非子的进一步补充完善，中国传统的重刑主义法律观的理论体系基本完成。

第三节　重刑主义的逻辑起点

一、哲学起点：民性恶且愚昧

人性是人的本性的简称，对人的本性的探讨是哲学的一个重要话题。建立重刑主义的理论基础便发轫于民性恶且愚昧这一哲学起点。

商鞅从人的生理及生存需求出发揭示了人性好利的一面，“民之性，饥而求食，劳而求佚，苦而索乐，辱则求荣，此民之情也”(《商君书·算地》)。商鞅认为“人性中支配人类生活的主要的东西就是‘好恶之情’，即好利恶害之情”①。

> “民之欲富贵也，其阖棺而后止。”(《商君书·赏刑》)
>
> “民生则计利，死则虑名。”(《商君书·算地》)

尽管此番言论颇具朴素唯物主义的眼光，但将好利恶害之情视作人性的全部，从出生到死亡，则难免滑向貌似深刻其实片面极端的泥潭。在商

① 朱伯崑：《先秦伦理学概论》，北京大学出版社，1984年，第108页。

鞅看来，“好利恶害”的本性是人皆有之的，历代圣贤之君也不例外；这种人性自古已然，不可改变。正因为人人皆“好利恶害”，所以才不能以仁义、道德来治理国家，而只能用行赏施罚的“法治”。

“人君生而有好恶，故民可治也。人君不可以不审好恶。好恶者，赏罚之本也。夫人情好爵禄而恶刑罚，人君设二者以御民之志而立所欲焉。夫民力尽而爵随之，功立而赏随之，人君能使其民信于此如明日月。”（《商君书·错法》）

如果说商鞅在论证“去奸之本，莫深如严刑”（《商君书·开塞》）时以“今世”的情势不同为论证理据而显得与民众距离太远的话，韩非子继承了商鞅对人性的看法，并以日常生活中管教子女的情形为例，论证了仁爱对子女性情改造的无能为力，则可谓深入人心。韩非子的逻辑论证能力为重刑的深入人心起到了非常重要的作用。

韩非子认为，无论父母、师长、乡人如何再三教育，都“胫毛不改”，“父母怒之弗为改，乡人谯之弗为动，师长教之弗为变”。但官府只要枷锁相向，“操官兵、推公法而求索奸人”，奸人就马上改恶为善，“变其节，易其行”，效果是立竿见影（以上均见《韩非子·五蠹》）。可见仁爱无用，重刑才能生效。诚然，这种现象生活中当然存在，但以个别现象为出发点得出一个一般性规律则实在荒谬。“韩非子这个论点的不妥之处是以偏盖全和偷换概念，将从‘不才之子’身上得到的结论，在别的地方就用到其他人身上了。”①

由于韩非子笃信人性本恶，无向善之可能，“于是其刻薄寡恩，专用威势之主张遂成为理论上不可避免之结果”②。于是韩非子得出结论：“夫严家无悍虏，而慈母有败子。吾以此知威势之可以禁暴，而德厚之不足以止乱也。”（《韩非子·显学》）进而韩非子提出了他的重刑观：“吾以是明

① 施觉怀：《韩非子评传》，南京大学出版社，2002 年，第 367 页。
② 萧公权：《中国政治思想史》（一），辽宁教育出版社，2001 年，第 218 页。

仁义爱惠之不足用，而严刑重罚之可以治国也。”（《韩非子·奸劫弑臣》）

韩非子将重刑与仁义对立起来，将仁义道德视为万恶之源，竭尽揶揄嘲笑之能事，[①] 明确宣扬“远仁义，去智能，服之以法”（《韩非子·说疑》）。韩非子尤其反对君主行仁义，哀怜百姓，视之为亡国之道。他说：

> “以仁义教人，是以智与寿说人也，有度之主弗受也。故善毛啬、西施之美，无益吾面；用脂泽粉黛，则倍其初。言先王之仁义，无益于治。明吾法度，则吾必赏罚者，亦国之脂泽粉黛也。故明主急其助而缓其颂，故不道仁义。”（《韩非子·显学》）
>
> “君通于不仁，臣通于不忠，则可以王矣。”（《韩非子·外储说右下》）

他根深蒂固且绝对化的矛盾论与对立观，使之即便在意识到好恶、祸福可以发生转化时，依然跳不出褊狭的窠臼。祸福相倚原是老子的观点，宽慰人的得失，而韩非子则以人性的观点解释了祸福相倚的问题，成为了现实的问题。

> “人有祸，则心畏恐；心畏恐，则行端直；行端直，则思虑熟；思虑熟，则得事理。行端直，则无祸害；无祸害，则尽天年。故曰：‘祸兮福之所倚。’人有福，则富贵至；富贵至，则衣食美；衣食美，则骄心生；骄心生，则行邪僻而动弃理。行邪僻，则身死夭；动弃理，则无成功。夫内有死夭之难而外无成功

---

① 《韩非子·外储说左上》：“宋襄公与楚人战于涿谷上，宋人既成列矣，楚人未及济。右司马购强趋而谏曰：‘楚人众而宋人寡，请使楚人半涉未成列而击之，必败。’襄公曰：‘寡人闻君子曰：……不鼓不成列。今楚未济而击之，害义。请使楚人毕涉成列，而后鼓士进之。’……楚人已成列撰陈矣，公乃鼓之。宋人大败。公伤股，三日而死。此乃慕自亲仁义之祸。”这个故事是韩非子对春秋时代尚存的贵族精神的刻意揶揄，而可悲的是两千多年来国人都是按韩非子的思维解读这个故事，将宋襄公作为嘲笑的对象。从一定意义上说，这是中国传统精神由高尚、浪漫走向粗鄙、功利的文化蜕变过程的一个象征。

之名者，大祸也。而祸本生于有福，故曰：'福兮祸之所伏。'"（《韩非子·解老》）

"就在他们为提倡'刑治'反对'义教'而说及好恶之互相转化时，他们显然陶醉于以此证明了刑义之绝不兼容，而未尝自觉到他们所用的论据原是对立同一。他们大概不曾想过，好恶既然能够互相转化，刑义为什么永远绝不兼容？"①

除了民性恶以外，重刑主义的哲学起点还在于认为民愚昧，从而产生对民众的漠视。商鞅认为民众的特性是"朴""穷""怯"，即愚昧无知，穷困且畏惧刑罚，故刑治最为便利。商鞅热衷于去民之强的弱民之道，人为地将国强与民强对立起来，《商君书·弱民》说："民弱国强；国强民弱（当作'民强国弱'）。故有道之国，务在弱民。"如何弱民呢？商鞅认为："政作民之所恶，民弱。"因此，商鞅构建了国家及其法度与民众的紧张关系、对立关系。

"民胜法，国乱；法胜民，兵强。"（《商君书·说民》）

"昔之能制天下者，必先制其民者也；能胜强敌者，必先胜其民者也。故胜民之本在制民，若冶于金、陶于土也。本不坚，则民如飞鸟禽兽，其孰能制之？民本，法也。故善治者塞民以法，而名地作矣。"（《商君书·画策》）

商鞅将统治者与民众的关系譬若铁工和铁、陶工和土的关系，民众只是作为材料的铁和土，任凭统治者玩弄捏造。统治者如果不使用铁碗手段，民众便如飞禽走兽般无法制御。

同样地，在韩非子眼里百姓都是自私和愚昧的，所谓"民心"也就不用顾及。他说：

① 庞朴：《"中庸"平议》，《中国社会科学》创刊号（1980年）。

“今不知治者，必曰得民之心。欲得民之心，而可以为治，则是伊尹、管仲无所用也，将听民而已矣。民智之不可用，犹婴儿之心也。夫婴儿不剔首则复痛，不副痤则浸益。剔首副痤，必一人抱之，慈母治之，然犹啼呼不止。婴儿子不知犯其所小苦，致其所大利也。……昔禹决江浚河而民聚瓦石。子产开亩树桑，郑人谤訾。禹利天下，子产存郑，皆以受谤。夫民智之不足用亦明矣。故举士而求贤智，为政而期适民，皆乱之端，未可与为治也。”（《韩非子·显学》）

儒家虽然讲专制，也不重视个人权利，但他们将人归为类，讲治国要“得民之心”。到了韩非子这里，民心向背都可置之不顾了。“人主者，明能知治，严必行之，故虽拂于民心，立其治。”（《韩非子·南面》）在他眼里，民者必然愚蒙，非仁恩德教之所能化，而专制君威，诚惟一治民之术矣。他认为，以仲尼之圣，所服不过七十人；以哀公之庸，却号令一国。故曰：“民者固服于势，寡能怀于义。”（《韩非子·五蠹》）专制论者总是善于将愚昧无知强加在老百姓头上，并以之为实施专制暴政的理据，自古及今，概莫能外。①

韩非子毫不掩饰自己对民众的鄙视与轻蔑，认为他们愚昧且狡猾。“是以愚戆窳惰之民，苦小费而忘大利。”“民愚而不知乱。”（《韩非子·南面》）“猾民愈众，奸邪满侧。”（《韩非子·扬权》）儒家讲“富民”“足民”，韩非子针锋相对，在《六反》《显学》等篇中竟大肆鼓吹“足民何可以为治?”进而提出“为政不期适民”的罪恶主张。可见韩非子在骨子里缺乏对人的尊重，这和他的人生际遇不无关系，生在帝王之家让他看

① 梁启超曾说：“法家之论治也，颇有似今日军阀官僚反对民治主义者之所云，今语军阀官僚以民治，彼辈辄曰‘国民程度不足’，盖法家之言亦曰：‘民智之不可用也，犹婴儿之心也……’”。参见梁启超：《先秦政治思想史》，天津古籍出版社，2003 年，第 180 页。熊十力也说：“从来枭桀敢独裁而无忌者，必以为民智不可用也，而自计所见者大、所持者正，足为斯民谋福利也。实则彼欲利之，正所以害之；彼欲福之，正所以祸之。”参见熊十力：《韩非子评论·与友人论张江陵》，上海书店出版社，2007 年，第 63 页。

尽了尔虞我诈，生性聪颖却有“口吃”，令其对人性极其失望。在他的眼里人与牲畜没有区别，正所谓“反人道于披毛戴角，侮同类犹圈豕驱羊”①。对付民众如犬马奴役，听任驱使乃至做出牺牲。“法家把人民绳之于法的手段，与行为主义者训练动物做出他们心目中的操作（operant）的手段，基本上没有什么分别。”②“君上之于民也，有难则用其死，安平则尽其力。”他怂恿“明主”对百姓“不养恩爱之心，而增威严之势”（《韩非子·六反》）。章太炎对韩非子虽多有赞誉，但就此曾感叹道：“今无慈惠廉爱，则民为虎狼也；无文学，则士为牛马也。有虎狼之民、牛马之士，国虽治、政虽理，其民不人。世之有人也，固先于国。且建国以为人乎？将人者为国之虚名役也？韩非子有见于国，无见于人；有见于群，无见于孑！”③ 这一针见血之论，道破了韩非子深刻残忍本性的来源，也揭示出了重刑的哲学起点。

二、制度起点：权力一元与君主政体

重刑主义的生成决然不是一时一刻的事情，其必然依赖于一定的制度存在，依赖于一定的制度安排，才能使重刑生根发芽，并待重刑生成后有助于这一制度的完善。君主专制制度的特色在于，君王处于社会中心，社会层级金字塔的最高峰，君王号令天下，为全体臣民之至尊，尊君为的就是权力必须是一元的，这样才能维护君主的专制统治。“天下之事无小大皆决于上”，“丞相诸大臣皆受成事，倚办于上”。（《史记·秦始皇本纪》）

早在战国之时，申不害、韩非子等已宣扬强调，君主必须最大限度行使权力，实行独断，“能独断者，故可以为天下主”（《韩非子·外储说右上》），“明主之道，在申子之劝独断也”（《韩非子·外储说右上》），而决不能将手中权力分给臣下。到了秦始皇时期，李斯提出君主必须“独制于

---

① 熊十力：《韩非子评论·与友人论张江陵》，上海书店出版社，2007年，第84页。

② 张德胜：《儒家伦理与社会秩序：社会学的诠释》，上海人民出版社，2008年，第64页。

③ 章太炎：《国故论衡·原道下》，上海古籍出版社，2003年，第115页。

天下而无所制也”，“故明主能外此三者，而独操主术以制听从之臣，而修其明法，故身尊而势重也”，“明君独断，故权不在臣也。然后能灭仁义之涂，掩驰说之口，困烈士之行，塞聪掩明，内独视听，故外不可倾以仁义烈士之行，而内不可夺以谏说忿争之辩。故能荦然独行恣睢之心而莫之敢逆”（以上均见《史记·李斯列传》）。在这些思想基础、理论根据的铺排下，君王“独断”、权力一元的制度的出现便并非偶然了。

法家所谓的“尊君”，并不是尊重君主本人，而是其所在的权位，正如管子所说，“君之所以为君者，势也”（《管子·法法》），“凡君国之重器，莫重于令。令重则君尊，君尊则国安；令轻则君卑，君卑则国危。故安国在乎尊君”（《管子·重令》），国、君、法被放在了一个利益共同体之中。“明王之所操者六：生之、杀之、富之、贫之、贵之、贱之。此六柄者，主之所操也。主之所处者四：一曰文，二曰武，三曰威，四曰德。此四位者，主之所处也。籍人以其所操，命曰夺柄；籍人以其所处，命曰失位。夺柄失位而求令之行，不可得也。”（《管子·任法》）从上述引文可见，权势是君主所独有的，这就要求君主集权于一身，并利用术数考核臣下。《商君书·壹言》中说道：“夫民之不治也，君道卑也。法之不明者，君长乱也。故明君不道卑，不长乱也。秉权而立，垂法而治。”这里，商鞅也强调君主树立威信，执国之重权的重要性。

法家经常借用此句来抬高君主的权力，到了韩非子的手中，尊君之论更为昭彰。韩非子认为，操纵权力实在有赖于君主所处的地位，人民承认君主的地位才会服从他，君主凭借他所处的地位而号令人民。这也是韩非子所说的“势治”，与君主本人的私人道德并无关系。如果人民要计较君主个人的品格的话，那么，他发出的命令就会失去效力，无人理睬。所以，韩非子主张尊君之说，认为臣民必须效忠于君，哪怕是暴君，“道无双，故曰一，是故明君贵独尊之道”（《韩非子·扬权》），确定了“臣事君，子事父，妻事夫”就是天下的人伦之道。家的尊君之论并不至于此。法家认为人类的本性就是自私自利，即使是家庭成员之间也照样如此，何况整个社会。“父母之于子也，产男则相贺，产女则杀之。此俱出父母之怀衽，然男子受贺，女子杀之者，虑其后便、计之长利也。故父母之于子也，犹用计算之心以相待也，而况无父子之泽乎！”（《韩非子·心度》）。既然人性如此，那么只有用刑赏的手段树立专制君威才是治民的唯一方法。

“合五科以一言谓之君：君者元也，君者原也，君者权也，君者温也，君者群也。”（《春秋繁露·深察名号》）可见，儒家也是认可权力一元的。在论述权力一元时，儒家较法家显得温情脉脉许多。儒家经常君、父同提，君父一义。《中庸》述孔子言：“所求乎子，以事父；所求乎臣，以事君。”这一共识对于乡土中国，具有非同寻常的价值意义和实践意义。事君如父，即是把父在家中的绝对权威，这一无需论证的血缘价值赋予了君王。不言而喻，除君王外，其他所有的人则都是子民了。孔子被景公问及何为政时，对曰：“君君、臣臣、父父、子子。”（《史记·孔子世家》）孟子痛斥当时“诸侯放姿，处士横议”的社会现象为：“无父无君，是禽兽也。”（《孟子·滕文公下》）愤怒之情溢于言表。由于忠建立在孝的基础上，为此儒家将“孝”提到极高地位，孔子曰：“夫孝，德之本也，教之所由生也。”（《孝经·开宗明义》）又指出：“夫孝，始于事亲，中于事君，终于立身。”（《孝经·开宗明义》）孔子教育学生之根本，亦不例外也以孝为先。“孝弟也者，其为仁之本与。”（《论语·学而》）儒家给出的社会指引就是：“人之行莫大于孝。”（《孝经·圣治章》）进而儒家为君王治国开出了天经地义之道方：明王“以孝治天下”（《孝经·孝治章》）。

儒家说家齐而后国治，韩非子则认为只有国治而后家齐。不过不管是孰先孰后，尊君是他们的不二选择。谭嗣同也不得不在其《仁学·二十九》中叹息一句：“二千年来之政，秦政也，皆大盗也；二千年来之学，荀学也，皆乡愿也。惟大盗利用乡愿，惟乡愿工媚大盗。”

三、目的起点：重刑爱民与以刑去刑

前文已经论述重刑主义的制度起点为权力的一元，按逻辑关系下来，重刑的目的必然是维护君权独断与专制，是赤裸裸的暴力学说。事实证明也确实如此，这在后文还有论述。但是，法家的重刑主义在这里显示出其出色的逻辑功力，提出了重刑目的是“爱民”，是“以刑去刑”。由于本书是探讨法家所建立的重刑主义观点的逻辑体系问题，因此，还是借用法家的论证来系统展开重刑主义的逻辑框架。

不过正是由于这个目的起点并不符合真正的逻辑架构体系，是其体系中的软肋，所以法家们并不能自圆其说，才有了清儒陈澧所言：“老子云：民不畏死，奈何以死惧之？惜乎韩非子之未解此也。罪当死者必死，则民畏。若不论罪之轻重而皆死，则民不犯轻罪，而犯重罪矣。此陈胜、吴广所谓失期亦死，举大计亦死也。”①

重刑说肇端于春秋时期郑国执政子产。作为法家的先驱之一，子产非常重视刑罚的威慑作用。“为刑罚、威狱，使民畏忌，以类其震曜杀戮。”（《左传·昭公二十五年》）子产是最早系统探讨德、刑关系的人，《左传·昭公二十年》载：

> 郑子产有疾，谓子大叔曰：“我死，子必为政。唯有德者能以宽服民，其次莫如猛。夫火烈，民望而畏之，故鲜死焉。水懦弱，民狎而玩之，则多死焉，故宽难。”疾数月而卒。

作为传统政治家的典型代表，子产认为治国之要在安众服民，使民“畏君之威，听其政，尊其贵，事其长，养其亲”（《左传·昭公元年》）。在诸子中，他是第一个提出恩威兼施、宽猛并用的人。他利用生活中人们多死于水而少死于火的常识或经验，强作类比，得出以猛服民其实是保民的结论。此乃后世法家以刑去刑理论之权舆，更为商鞅、韩非子所发挥。

商鞅治秦，行铁血政治。他不仅不曾为其血腥的刑杀政策而愧疚，反而予之披上“爱民”的外衣。他认为先王制定一系列野蛮的刑罚，“非求伤民也，以禁奸止过也”。而“禁奸止过，莫若重刑”。（《商君书·赏刑》）重刑可令“民不敢试”，从而达到“无刑”“以刑去刑”的理想。所以，“重罚轻赏，则上爱民，民死上；重赏轻罚，则上不爱民，民不死上”

① 陈澧：《诸子》，《东塾读书记》卷十二。

（《商君书·去强》）。在商鞅这里，重罚不光是重罪重刑，甚至轻罪也要重刑，认为这样可以实现其“以刑去刑”的目的。他认为治理国家，即便针对良民，也要以治奸民之法治之。“国以善民治奸民者，必乱至削；国以奸民治善民者，必治至强。”（《商君书·去强》）“以良民治，必乱至削。以奸民治，必治至强。”（《商君书·说民》）商鞅虽将刑罚的威吓功能发挥到极致，但在他的论证之下，重刑是统治者“爱民”的表现，以仁义而治，轻刑薄罪，反倒是残暴之道。

> “立民之所乐，则民伤其所恶；立民之所恶，则民安其所乐。何以知其然也？夫民忧则思，思则出度；乐则淫，淫则生佚。故以刑治则民威，民威则无奸，无奸则民安其所乐。以义教则民纵，民纵则乱，乱则民伤其所恶。吾所谓刑者，义之本也。而世所谓义者，暴之道也。夫正民者，以其所恶，必终其所好；以其所好，必败其所恶。”（《商君书·开塞》）
>
> “故行刑，重其轻者，轻者不生，则重者无从至矣，此谓治之于其治也。行刑，重其重者，轻其轻者，轻者不止，则重者无从止矣，此谓治之于其乱也。故重轻，则刑去事成，国强。重重而轻轻，则刑至而事生，国削。”（《商君书·说民》）
>
> “重其轻者，轻其重者，轻者不至，重者不来，此谓以刑去刑，刑去事成。”（《商君书·靳令》）

商鞅以为以仁义治民，行民之所好，民众快乐了，就会荒淫懒惰，就会放纵作乱；行民之所恶，即以刑治民，民因畏惧刑罚而不敢为奸，结果反而能安其所乐。在他看来，刑罚才是仁义之本，而仁义反为致暴之道。这种逻辑不仅荒唐可笑，更暴露了商鞅以民众为敌的残忍本性。“有人说《商君书》的作者颇通政治辩证法，‘以刑去刑’，相反而相成。这种评价只可叫做糟蹋辩证法，为屠杀主义辩护。”① 不过这个学说，在韩非子将老

① 刘泽华：《中国政治思想史》（先秦卷），浙江人民出版社，1996年，第312页。

子的福祸相倚世俗化的过程中予以了现实的深化，而被百姓所接受。

重法严刑同样被韩非子视为治理当世的不二之选。他声称："如欲以宽缓之政，治急世之民，犹无辔策而御馯马。"（《韩非子·五蠹》）其严苛之政，尤其是赤裸裸的刑治主义，颇得商鞅的真传。他经常照搬照抄商鞅之语，拾人牙慧而不稍作修饰，反映出他对商鞅这方面学说的绝对认同。

"公孙鞅曰：'行刑重其轻者，轻者不至，重者不来。'是谓以刑去刑。"（《韩非子·内储说上七术》）

"夫严刑者，民之所畏也；重罚者，民之所恶也。故圣人陈其所畏以禁其邪，论其所恶以防其奸，是以国安而暴乱不起。……严刑重罚之可以治国也。"（《韩非子·奸劫弑臣》）

"古之善守者，以其所重禁其所轻，以其所难止其所易。"（《韩非子·守道》）

"行刑，重其轻者，轻者不至，重者不来，此谓以刑去刑。"（《韩非子·饬令》）

与商鞅单刀直入的风格不同，韩非子善于借用生活的经验、常识，乃至特别的事例，巧妙运用偷换概念、强作比附模拟的方法，为重刑说寻找事实与逻辑依据。

"董阏于为赵上地守，行石邑山中，见深涧，峭如墙，深百仞，因问其旁乡左右曰：'人尝有入此者乎？'对曰：'无有。'曰：'婴儿、盲聋、狂悖之人，尝有入此者乎？'对曰：'无有。''牛马犬彘，尝有入此者乎？'对曰：'无有。'董阏于喟然太息曰：'吾能治矣。使吾法之无赦，犹入涧之必死也，则人莫之敢犯也，何为不治。'"（《韩非子·内储说上七术》）

"十仞之城，楼季弗能逾者，峭也；千仞之山，跛牂易牧者，夷也。故明王峭其法而严其刑也。"（《韩非子·五蠹》）

他甚至借孔子之口来为重刑论张目：

“殷之法，刑弃灰于街者，子贡以为重，问之仲尼。仲尼曰：‘知治之道也。夫弃灰于街，必掩人。掩人，人必怒。怒必斗，斗必三族相残也。此残三族之道也，虽刑之可也。且夫重罚者，人之所恶也；而无弃灰，人之所易也。使人行之所易，而无离所恶，此治之道。’”（《韩非子·内储说上七术》）

韩非子将重刑爱民发挥到了极致，他辩解道：

“今不知治者，皆曰重刑伤民。轻刑可以止奸，何必于重哉？此不察于治者也。夫以重止者，未必以轻止也；以轻止者，必以重止矣。是以上设重刑者而奸尽止。奸尽止，则此奚伤于民也。所谓重刑者，奸之所利者细，而上之所加焉者大也。民不以小利蒙大罪，故奸必止者也。所谓轻刑者，奸之所利者大，上之所加焉者小也，民慕其利而傲其罪，故奸不止也。”（《韩非子·六反》）

“故其与之刑，非所以恶民，爱之本也。”（《韩非子·心度》）

因为重刑可以止奸，以重刑罚轻罪，民即不敢犯罪，自然不会受到伤害，所以重刑非但不伤民，反而是爱民的。在韩非子看来，轻刑无异于为民设陷，结果民反受其伤害，所以说轻刑反而伤民：

“是故轻罪者，民之垤也。是以轻罪之为道也，非乱国也，则设民陷也，此则可谓伤民矣。”（《韩非子·六反》）

韩非子承接商鞅，其重刑坚持的仍是轻罪重罚。

“公孙鞅之法也，重轻罪。重罪者，人之所难犯也；而小过者，人之所易去也。使人去其所易，无离其所难，此治之道。夫

小过不生，大罪不至，是人无罪而乱不生也。”（《韩非子·内储说上七术》）

四、方法起点：以“力”代“德”的实用主义

方法论是指导解决问题的途径、手段的总称。法家学派便是在运用实用主义方法论来完成重刑主义构建的。实用主义方法论最大的特色就在于不论过程，只看结果。冯友兰在他的《三松堂自序》中以“有用便是真理”，一语道破实用主义的真谛。“实用主义的特点在于它的真理论。它的真理论实际是一种不可知论。它认为，认识来源于经验，人们所能认识的，只限于经验。至于经验的背后还有什么东西，那是不可知的，也不必问这个问题。这个问题是没有意义的。因为无论怎么说，人们总是不能走出经验范围之外而有什么认识。要解决这个问题，还得靠经验。所谓真理，无非就是对于经验的一种解释，对于复杂的经验解释得通。如果解释得通，它就是真理，是对于我们有用。有用就是真理。所谓客观的真理是没有的。”①

与保守的儒家相比，先秦法家更具有积极的进取精神，主张实用主义。如商鞅认为“古之民朴以厚，今之民巧以伪。故效于古者先德而治，效于今者前刑而法”（《商君书·开塞》）。儒家法古而行德治，已经不合时宜，针对当今巧伪之民，必须奉行实用主义，因此治理国家首先就是要使自己有实力，进而可以对社会实施刑治。

在前文第一章中，已经论述了先民尚力的传统。而将尚力上升成为理论的当属商鞅。商鞅是“力”的崇拜者、讴歌者，他所谓的“力”，乃是权力、威力、强力的合一。他认为当时是一个较“力”的时代，因而，“凡明君之治也，任其力而不任其德，是以不忧不劳而功可立也。”（《商君书·错法》）“国之所以重，主之所以尊者，力也。”（《商君书·慎法》）

① 冯友兰：《三松堂自序》，生活·读书·新知三联书店，2009年，第234页。

力量决定一切，即便是道德仁义，也是力量的产物，为实力所转移。“力生强，琼森威，威生德，德生于力。”（《商君书·靳令》）强权政治与重刑理论是商鞅实力主义的必然延伸。

慎到是个典型的实力主义者，更是一个实用主义者。他反对贤人政治，轻视道德教化，推崇威势和强权，既反映了他现实主义的立场，也暴露了他对权力的过度迷信。在现代汉语中，“势”与“力”常并称。其实，作为“力”的政治表述，“势”本身就意味着对权力的蓄积与掌控。在法家代表人物中，慎到被称为“势治主义”①，这是与儒家的礼治主义相对抗的政治主张。韩非子对慎到赞赏有加，引为知音，特撰《难势》为慎子辩护。他说：“势重者，人主之渊也。”（《韩非子·内储说下》）“势重者，人主之爪牙也。”（《韩非子·人主》）“威势者，人主之筋力也。”（《韩非子·人主》）韩非子告诫君主：“无威严之势，赏罚之法，虽尧舜不能以为治。”（《韩非子·奸劫弑臣》）

韩非子将实力主义视为立国之本，“是故力多，则人朝；力寡，则朝于人，故明君务力。”（《韩非子·显学》）韩非子以为“上古竞于道德，中世逐于智谋，当今争于气力。……如欲以宽缓之政，治急世之民，犹无辔策而御駻马”（《韩非子·五蠹》）。西周时，徐偃王大行仁义，荆楚文王恐其害己，遂兴兵灭了徐。春秋时，齐国欲攻鲁国，鲁派子贡去劝说齐人。齐人说：您的话并非没道理，但我们想要的是土地，而非您讲的道理。齐于是举兵伐鲁，把两国的边界划到了距鲁国都门十里之处。韩非子就此总结道：“去偃王之仁，息子贡之智，循徐、鲁之力，使敌万乘，则齐、荆之欲不得行于二国矣。”（《韩非子·五蠹》）这几句话，“是韩非子

① 梁启超称道家为“无治主义”，儒家为“人治主义”（或“德治主义”“礼治主义”），墨家为“新天治主义”，法家为“法治主义”（或“物治主义”）。他认为法家中“尚有两派与法治主义极易相混而实大不同者，一曰‘术治主义’，二曰‘势治主义’”。术治主义推申不害为宗，而势治主义则以慎到为代表。参见梁启超：《先秦政治思想史》，天津古籍出版社，2003 年，第 78－79 页、第 164－165 页。侯外庐等也称慎到为势治主义。参见侯外庐、赵纪彬、杜国庠：《中国思想通史》第一卷，人民出版社，1957 年，第 604 页。

思想之根荄。其一切知见、一切论证、一切主张、一切作风，皆自毁德反智而一归于暴力之大根荄以出发”①。

五、价值起点：家国同构的社会形态

价值观是指人对周围的客观事物的意义、重要性的总评价和总看法，而价值起点则是人们对万事万物价值看法的出发点。自殷商始，通过祭祀将祖先崇拜与权力崇拜结合起来，便已形成“家国同构”的共同价值观。“有天地，然后有万物，有万物，然后有男女，有男女，然后有夫妇，有夫妇，然后有父子，有父子，然后有君臣。”（《易经·泽山咸》）“普天之下，莫非王土；率土之滨，莫非王臣”（《诗·小雅·北山》），“人迹所至，无不臣者”（《史记·秦始皇本纪》），都反复说明“家天下”是中国古代社会最大的价值之所在。

家政、国政在古代中国一脉相通，国只是家的扩大与扩充而已。在百姓的心目中，国家政治关系是自然放大的家族关系，所以官吏被称为“父母官”，皇帝、皇后被认为是天下人的父亲、母亲。这种政治认同的传导机制便来源于传统中国“家国同构”的价值观念。提倡家国同构的倒不限于法家。儒家把治家与治国平天下紧紧地扣在一起。

> “为政以德，譬如北辰，居其所，而众星拱之。”（《论语》）
>
> “古之欲明明德于天下者，先治其国；欲治其国者，先齐其家；欲齐其家者，先修其身；身修而后家齐，家齐而后国治，国治而后天下平。”（《大学》）

墨子分析世道为何会成乱象，一样从人、父子、兄弟等家人关系入手，再到天下百姓，然后提出其解决之道，即墨家的“尚同”主张。他同样感到，自己解决乱世之道的主张与学说，最具说服力的出发点是由家喻

① 熊十力：《韩非子评论·与友人论张江陵》，上海书店出版社，2007年，第16页。

国比附天下。

“古者民始生……是以一人则一义，二人则二义，十人则十义。其人兹众，其所谓义者亦兹众。是以人是其义，以非人之义，故交相非也。是以内者父子兄弟作怨恶离散，不能相和合；天下之百姓，皆以水火毒药相亏害……天下之乱，若禽兽然。”（《墨子·尚同上》）

法家论政，强调家国互论，以家道论国道，其本质是国先于，重于家，家道只是为国道提供论据而已，在法家心里，人和家都是微不足道，无足轻重的。如管子早期著述中，多处以治家之举说明治国牧民之要。

“今为国有地牧民者，务在四时，守在仓禀，国多财则远者来，地辟举则民留处，仓禀实知礼节，衣食足知荣辱。”（《管子·轻重甲》）

“彼善为国者，壤辟举则民处，仓禀实知礼节。”（《管子·事语》）

“故不为重宝亏其命，故曰：令重于宝。不为爱亲危其社稷，故曰：社稷戚于亲。”（《管子·七法》）

“令重于宝，社稷先于亲戚，故不为重宝轻号令，不为亲戚后社稷。”（《管子·法法》）

老子为古代中国描绘的理想社会，到处洋溢着小家的自得其乐，自给自足的得意和满足，为其道家学说鸣锣开道。“小国寡民，使有什伯之器而不用，使民重死而不远徙，虽有舟舆，无所乘之，虽有甲兵，无所陈之。使人复结绳而用之，甘其食，美其服，乐其俗，邻国相望，鸡犬相闻，民至老死不相往来。”（《老子·道德经》）老子以家说国，以家平人不斗喻国安则不争的学说指向。

概言之，道、墨、法三家虽然在不同层面、不同程度上对传统以血缘为纽带构筑的社会关系网络有所批判，但作为显学的儒家以仁学礼论充分肯定了家族本位社会的合理性与秩序价值，并由此呈现并强化中国传统家国同构的社会组织方式，并由此申说国家治理与社会制度的诸多问题。其中，作为传统中华法系刑罚体系之重要特征的族刑，正是缘于这种家族本位与重刑主义的共同作用。

先秦诸子所处和面对的社会是乱世，所谓“礼崩乐坏”，即从旧治走向新治的转型时期。乱时思治是当时社会上至君王下到黎民的最大也是最紧迫的愿望。对此予以解释和给出答案是全社会的强烈呼声，如何施治是最重大问题。上古三代圣王之治只有传闻，现今纷争不止却是不争的事实，面对这“国情”和“天下情”，诸子给出的救世良方五花八门。而在历史实践进程中，特别是由于君王生死成败的选择，彰显了对于治国牧民有特殊作用的儒、法两家得到青睐。实践和王权的选择揭示了儒法在重刑治国牧民方面是殊途同归，并隐含有异曲同工的作用。从而成为两千多年封建专制中国治理方略的源头活水。正如《史记·太史公自序》中介绍司马谈的《论六家要旨》所认为：“夫阴阳、儒、墨、名、法、道德，此务为治者也，直所从言之异路，有省不省耳。”

“中国以父家长为中心的家族制和宗法组织，虽然是在专制—官僚的政体实现以后更加强化了，但在这以前，却显然存在着这样一个可供官僚政治利用的传统。国与家是相通的，君权与父权是相互为用的。”① “君臣、父子、夫妇，六人也。所以称三纲何？一阴一阳谓之道，阳得阴而成，阴得阳而序，刚柔相配，故六人为三纲。”（《白虎通·三纲六纪》）这种配合日常所见的自然现象而说明的人际关系显然非常容易理解。因此，治国和治家的规则是通用的。重刑主义以“家国”为其价值之起点，在家国同构的价值里，君权的至上权威是由于父子、上下有别，因此重刑誓死也要捍卫君权，如果对君权哪怕有一点小的冒犯，也是要重重惩罚的。在家国同构的价值里，个人价值被忽略，个人的价值依附于家族，甚

① 王亚南：《中国官僚政治研究》，中国社会科学出版社，1981年，第130页。

至是依附于国家。如果有人犯罪，其亲人都负有责任，也都应受到惩罚。

实际上，在论述重刑主义的逻辑起点时便已经不可避免地使用儒家的一些观点，或者说是儒家与法家的一些相似的观点，可见，儒家的理论学说观点是可以支撑重刑主义的，下文会就此展开详细论述。

第三章　重刑思想在儒法合流中成熟完备

在新制度主义看来，任何一项新的制度既然有利于新制度的潜在利益者，则必然要损及原有制度的受益者，这就导致制度变迁中不可避免地存在着双方的博弈，甚至在发展上会出现反复。“传统是一种巨大的阻力，是历史的惰性力，一定要被站在新的文化立场上的革命力量所摧毁”[①]。在秦末汉初[②]，刘邦分封各诸侯，显露出秦制在汉初时被有所遗弃，郡县制改革、重刑主义的发展路径出现反复，恰好就是上述论断的生动写照。但是历史终究是要前进的，新制度的受益者必然是要通过各种手段维护其利益。汉武帝的推恩削藩，董仲舒的独尊儒术，自上而下地确立了集权的制度，进行强制性制度变迁，最终重刑思想便在儒法合流中成熟完备。强制性制度变迁具体是指“政府运用其所掌握的强制力，利用法律和行政命令，组织实施的制度创新。在自上而下的强制性制度变迁博弈中，新制度的潜在受益者与旧制度受益者不仅相互之间会进行博弈，而且还会分别与立法者进行博弈，以期影响立法决策。相比之下后者对制度变迁更为重要”[③]。

---

① 马克思、恩格斯：《马克思恩格斯全集》第22卷，人民出版社，1979年，第360页。

② 秦末汉初被称为“后战国时代”（李开元：《汉帝国与刘邦集团——军功受益阶层研究》，三联书店，2000年，第74页），某种程度上讲，当时的思想文化领域必然活跃着一批像先秦诸子一般的思想家。清人赵翼曾云：“秦汉间为天地一大变局”（《二十二史劄记》卷二）。

③ 林毅夫：《关于制度变迁的经济学理论：诱导性变迁与强制性变迁》，收录于科斯：《财产权利与制度变迁》，上海人民出版社，1994年，第371页。

第一节　先秦儒家的尊君观与礼法论

一、孔子：为实现大一统与君主制的法律观

孔子的理想是王道大一统，因此在春秋时代，“弑君三十六，亡国五十二，诸侯奔走不得保其社稷者不可胜数”（《史记·太史公自序》），周室衰微、诸侯坐大，社会动荡，祸乱频频，此情此景，孔子痛心不已，曰：

“天下有道，则礼乐征伐自天子出；天下无道，则礼乐征伐自诸侯出。自诸侯出，盖十世希不失矣；自大夫出，五世希不失矣；陪臣执国命，三世希不失矣。天下有道，则政不在大夫；天下有道，则庶人不议。”（《论语·季氏》）

孔子对僭越旧制、挑战周天子权威的行为是无法容忍的。周时，“八佾”是天子之舞，而鲁国的季氏只是一名大夫，竟也“八佾舞于庭”，孔子曰：“是可忍，孰不可忍也。”（《论语·八佾》）在君主面前，孔子根深蒂固的奴性表现得淋漓尽致，他毫不隐讳地宣扬诚惶诚恐、唯恭唯谨的态度：

“君在，踧踖如也，与与如也。……入公门，鞠躬如也，如不容、立不中门，行不履阈。过位，色勃如也，足躩如也。其言似不足者。摄齐升堂，鞠躬如也，屏气似不息者。出，降一等，逞颜色，怡怡如也。……君赐食，必正席先尝之；君赐腥，必熟而荐之；君赐生，必畜之。侍食于君，君祭先饭。疾，君视之，东首加朝服拖绅。君命召，不俟驾行矣。”（《论语·乡党》）

难怪孟子说孔子“三月无君则皇皇如也”（《孟子·滕文公下》）。这

不仅是对君主个人的臣服，更反映的是孔子对君主制度的推崇。“吾从周”（《论语·八佾》），从的便是“天无二日，民无二王”（《孟子·万章上》引孔子曰）的周制。其实，孔子希望看到的是君主的集权与专制，主张君主个人独裁，即所谓“唯器与名，不可以假人”（《左传·成公二年》）。

在君臣关系方面，孔子提出了“君事臣以礼，臣事君以忠”（《论语·八佾》）的原则，其落脚点在忠君。当然，孔子并不主张愚忠，这一点是有先进性的，但也是为后世大儒们所抛弃的儒家真精神。“所谓大臣者，以道事君，不可则止”（《论语·先进》），“以道事君”实际上是提出了一条政治上的原则，即事君与否以“道”为转移。“天下有道则见，无道则隐”（《论语·泰伯》）。所以，孔子曾对卫国的史鱼、蘧伯玉以道为重的行为大加赞赏：“直哉史鱼！邦有道，如矢；邦无道，如矢。君子哉蘧伯玉！邦有道，则仕；邦无道，则可卷而怀之。”（《卫灵公》）可见，面对无道之君，孔子选择的是逃避，“道不行，乘桴浮于海”（《论语·先进》）。

孔子是教育家，但却主张思想文化专制，这甚至是孔子思想的核心。荀子对孔子思想的高度概括，就是“总方略、齐言行、壹统类”（《荀子·非十二子》）。这也必然带来政治上的愚民政策，即“民可使由之，不可使知之”（《论语·泰伯》）。孔子对其他思想与学说极力排斥，告诫自己的学生，“攻乎异端，斯害也已”（《论语·为政》）。难怪萧公权先生如是说：“孔子生当周衰之后，封建政治与宗法社会均已崩坏，目睹天下秩序紊乱，推究其因，不得不归咎于周礼之废弃。故一生言行每致意于尊周室，敬主君，折贵族之奢僭，抑臣下之篡窃”，“孔子之政治态度为周之顺民，而其政制之主张为守旧。后来儒术之见重于专制帝王，此殆为一重要的原因”①。

尊君以实现国家大一统是孔子法律观的一大基石，如果说上述理论的

① 萧公权：《中国政治思想史》（一），辽宁教育出版社，2001 年。

分析太过于空白的话，“诛杀少正卯”① 这一公案未尝不是直接窥视孔子刑法观的一个很好的角度。

“孔子为鲁摄相，朝七日而诛少正卯。门人进问曰：夫少正卯，鲁之闻人也，夫子为政而始诛之，得无失乎？孔子曰：居，吾语女。其故：人有恶者五，而盗窃不与焉。一曰心达而险，二曰行辟而坚，三曰言伪而辨，四曰记丑而博，五曰顺非而泽，此五者，有一于人，则不免于君子之诛，而少正卯兼有之。故居处足以聚徒成群，言谈足以饰邪营众，强足以反楚独立，此小人之桀雄也，不可不诛也。”（《荀子·宥坐》）

应该说，刑杀是以孔子为代表的先秦儒家不愿多提及的一个词语，所谓“不教而杀谓之虐”（《论语·尧曰》），“子为政，焉用杀？”（《论语·颜渊》）不过以在野人士的身份提出的思想主张都是极具理想化色彩，而当他出任鲁摄相，处理现实问题时，便不得不褪去理想化的色彩，而使用刑杀这一有效的方法。

实际上，孔子从来没有否认过刑杀，他认为不教而杀是错误的，或者说某种程度上他认为教而后诛就对了。

“郑子产有疾，谓子大叔曰：‘我死，子必为政。唯有德者能以宽服民，其次莫如猛。夫火烈，民望而畏之，故鲜死焉。水懦弱，民狎而玩之，则多死焉。故宽难。’疾数月而卒。大叔为政，不忍猛而宽。郑国多盗，取人于萑苻之泽。大叔悔之曰：‘吾早从夫子，不及此。’兴徒兵以攻萑苻之盗，尽杀之。盗少止。仲尼曰：‘善哉！政宽则民慢，慢则纠之以猛。猛则民残，残则施之以宽。

① 至南宋，朱熹第一个站出来提出了质疑：“少正卯之事，《论语》所不载，子思、孟子所不言，虽以左氏亦不道也。独荀况言之，是必齐鲁诸儒愤圣人失职，故为此说，以夸其权耳。”（《朱子全书》）除《荀子》外，《史记》《说苑》《淮南子》《汉书》《论衡》《孔子家语》等文献中均记述了此事。

宽以济猛，猛以济宽，政是以和。'”（《左传·昭公二十年》）

如此看来，尽管孔子重视德政教化，但这并不等于否定刑罚的价值，在孔子看来，“宽猛相济”的刑罚手段是实现“政是以和”的保障。

“从孔子诛少正卯的五条理由看，少正卯思想活跃、激进，言辞大胆而富号召力，企图在政治上挣脱思想的桎梏，争取思想及言论自由的权利。这与孔子的政治理想和价值观是水火不容的。”① 孔子的学说的核心是“仁学”，“仁者，人也”，围绕人孔子谈过许多，但不谈人的权利，“孔子希望人忘却或放弃基本的权利，即‘克己’，这也是孔子‘仁学’的核心之一。‘克己’便是克制和约束自己。《论语》中多次讲到‘慎言’‘慎行’，不能随便发表言论、不能轻易做出行动。‘君子无所争’（《论语·八佾》）、‘君子矜而不争’（《论语·卫灵公》），‘无争’其实就是希望人们放弃对自身权利的需求，当然也包括言论自由的权利。‘君子于其言，无所苟而已矣。’（《论语·子路》），作为君子是不能随便说话的。”“而少正卯作为鲁国大夫，竟然鼓吹邪说，扰乱国政，则难逃‘圣人之诛’了”②。

二、荀子：礼法并举，隆礼重法

一般而言，荀子属先秦儒家，是先秦儒家的最后一位大师。荀子的思想体系属儒家范畴，他自己也以儒子自居。不过，荀子的许多学说观点已不同于孔、孟，尤与孟子有着明显的对立。他广泛地从各家（尤其是法家）思想中摄取了一些可资利用的要素，在充实与发展儒家思想的同时，又巧妙地将儒、法两家引入一道，融会贯通，开创了一个儒、法合流的新时代，对后世影响至深至远。应该说“秦汉以后礼、法结合的封建正统儒家思想并不完全是孔、孟原貌，从一定意义上说，反而开端于荀况”③。荀子改造了儒家的人性观，建立了与法家一致的“人之性恶”的观点。同时

---

① 马作武：《孔子杀少正卯考》，《中外法学》，2005 年第 1 期。

② 马作武：《孔子法思想辨正》，《法学评论》，1998 年第 1 期。

③ 张国华：《中国法律思想史新编》，北京大学出版社，1991 年，第 78 页。

他还重构了礼法关系，大力“隆礼”的同时不忘“重法”，将法的地位拔高，有时干脆将礼法相提并论，通过法的威严，从而树立礼的威严。

尽管重点是要撰写荀子如何数典忘祖地大量接受法家思想，促成儒法的合流，不过他毕竟作为儒学大师，论述他的法律思想到底还是要从其儒家特有的“人治”主义的立场入手。当然“人治”即为“君主专制”之意。

《荀子·君道》开宗明义：

> “有乱君，无乱国；有治人，无治法。羿之法非亡也，而羿不世中；禹之法犹存，而夏不世王。故法不能独立，类不能自行，得其人则存，失其人则亡。法者，治之端也；君子者，法之原也。故有君子，则法虽省，足以遍矣；无君子，则法虽具，失先后之施，不能应事之变，足以乱矣。不知法之义而正法之数者，虽博，临事必乱。故明主急得其人，而暗主急得其势。急得其人，则身佚而国治，功大而名美，上可以王，下可以霸；不急得其人，而急得其势，则身劳而国乱，功废而名辱，社稷必危。故君人者，劳于索之，而休于使之。”

学者们在引述“有治人，无治法”“法者，治之端也”“法不能独立”时，无一例外地将这里的“法”视同“法律”，实际上是非常错误的论断，“因为联系上下文字，明眼人便会一目了然地看出，荀子在这里所说的‘法’绝非‘法律’之意。从文章一开始，所谓‘治法’，所谓‘羿之法’‘禹之法’显然都是指一种制度、一种方法，尤其是治事之法。整段文字，正是从这个意义上使用‘法’字的。”① 结合前文论述法家之“法”并非法律的观点，可见，实际上在中国，法从来没有指代过现代意义上的法律之意，之所以会造成现在这一混乱感，主要是因为在西法东渐时，law 被翻译作了“法律”，如若用其他字眼代替，便也就没有现在这般摸不着头脑了。

---

① 马作武：《中国法律思想史纲》，中山大学出版社，2007 年，第 73 页。

在上述引文中可以发现，荀子认为治理国家最关键的因素是人，而治国的方法是次要的因素，虽然羿善射之法并未失传，但并非世代都有像羿那样善射的人；虽然禹治事之法犹存，但夏朝之王也不是个个都能成为禹。由此推论，方式方法本身是不能自己发生作用的。当然，荀子所谓“人”，并非泛指一般的人，而是指居高临下的君子、贤人。方式方法虽然是治国的基本条件，但“君子”才是决定能否运用必要的方式方法来治理国家的关键和根本前提。有君子，方法虽简单，但施用有效，从而达到国治；无君子，方法虽具备，却会应付不了情事之变，以致国家混乱。

但荀子的“人治”观已与孔孟不同，孔、孟虽讲“人治”，讲尊君，但首先要求君主自身要有“德”，然后由己及人而治天下。荀子的“人治”观已经融合了法家尊君观，他认为礼义法度乃至治国的方式方法，认可法家的“生法者，君也”（《管子·任法》），从而形成君子、圣人是治之源、治之本的人治观。“无君子，则天地不理，礼义无统，上无君师，下无父子，夫是之谓至乱。”（《荀子·王制》）所以，要想实现一国之治，就必须尊崇君权，树立君主的绝对权威。“君者，国之隆也；父者，家之隆也。隆而治，二而乱。自古及今，未有二隆争重而能长久者。”（《荀子·致士》）君主的作用至高无上，但对君主本身有哪些要求，荀子就不像孔、孟那样强调了。荀子在强调君主特殊地位的同时提及“尚贤”，认为君主要有贤人来辅佐，才会成为明君。“贤”的标准是，“曷谓贤，明君臣，上能尊君下爱民”（《荀子·成相》），可见“尊君”是“贤”的第一要素。“在荀子的言论中，尊君的话说得并不很多，更多的时候是饱含其意，隐而不发，但其骨子里的尊君情结却是昭然若揭的，这也正是‘人治’思想的必然归宿，也是荀子之所以能够熔儒、法于一炉的思想前提”①。

荀子之所以大量利用法家思想与当时儒法两家所处的地位有着莫大的关系。战国末期，世道沧桑巨变，列国之争日烈，刑名法术之学大行其道，法家人物纷纷涉足政坛，倍受霸主们青睐。而提倡“郁郁乎文哉，吾

① 马作武：《中国法律思想史纲》，中山大学出版社，2007年，第73页。

从周”（《论语·八佾》）的儒家却日薄西山、江河日下。以继承孔子基业为己任的荀子在这样的光景之下，打破“儒者不入秦”的传统，亲赴被儒家称之为“虎狼之国”的秦国进行实地考察。秦国的强盛使他认识到了法家之术在扶强助霸方面确实远胜于儒术。因此他的学说不囿于门户，“世之愚，恶大儒，逆斥不用孔子拘”（《荀子·成相》），吸收百家学说尤其偏爱法家之学，刻意融通儒法两家，成为承先启后的一代学术大师。

“孙卿迫于乱世，鳅于严刑，上无贤主，下遇暴秦。礼义不行，教化不成。仁者绌约，天下冥冥。行全刺之，诸侯大顷。当是时也，知者不得虑，能者不得治，贤者不得使。故君上蔽而无睹，贤人距而不受。然则孙卿怀将圣之心，蒙佯狂之色，视（示）天下以愚。《诗》曰：‘既明且哲，以保其身。’其此之谓也。是其所以名声不白，徒与不众，光辉不博也。”（《荀子·尧问》）从这段话里，我们不难看出荀子一反初衷地接受法家之学实在是迫于当时形势的无奈之举。

荀子的法律观首先是针对孟子的“性善论”而提出与之针锋相对的“性恶论”，认为“人之性恶，其善者，伪也”（《荀子·性恶》）。“生之所以然者谓之性，性之和所生，精合感应，不事而自然谓之性”（《荀子·正名》），“性者，天之就也；情者，性之质也；欲者，情之应也。”（《荀子·正名》）在荀子看来，人的本性是人的自然属性，或者说是天然属性，自然生就的本能便是性，其外部的表现形式有“情”“欲”两方面。

荀子论述本能的“性、情、欲”时分了三个层次。首先，从身体感官本能出发，由于“目好色、耳好声、口好味、心好利、骨体肤理好愉佚，是皆生于人之情性者也”（《荀子·性恶》），因此，“饥而欲食，寒而欲暖，劳而欲息，好利而恶害。是人之所生而有也，是无待而然者也，是禹桀之所同也。目辨白黑美恶，耳辨音声清浊，口辨酸咸甘苦，鼻辨芬芳腥臊，骨体肤理辨寒暑疾养”（《荀子·性恶》）。这种情性完全是发自人身心的本能。此时并无任何好坏良劣之分。其次，将由感官本能出发的欲望上升成为人的好利之心，“人之情，食欲有刍豢，衣欲有文绣，行欲有舆马，又欲夫余财蓄积之富也，然而穷年累世不知不足，是人之情也”（《荀子·荣辱》)。此时，人便开始为利而努力辛劳。最后，人的好利之心随着欲望而被无限放大后，进而产生了富贵之心。“夫贵为天子，富有天下，是人情之所同欲也”(《荀子·荣辱》),“名声若日月，功绩如天地，天下之人应之如景向，是又人情之所同欲也”(《荀子·王霸》)。此时，人便开始为了富贵而进行争夺。荀子说得很露骨、很丑陋，但对人本性的透彻剖析却是发人深省的。

荀子肯定本性中存在着恶的必然性，所有人的人性都是一样的，“是又人之所生而有也，是无待而然者也，是禹桀之所同也”(《荀子·荣辱》),“材性知能，君子小人一也。好荣恶辱，好利恶害，是君子小人之所同也”(《荀子·荣辱》)。但人为何会有了“君子”“小人”的分别呢?荀子认为，人的本性是在不断扩张和放纵后人性沦于恶，“从人之性，顺人之情，必出于争夺，合于犯分乱理，而归于暴”(《荀子·性恶》)。如果人接受礼义教化，人性是可以被改造的，“涂之人可以为禹”(《荀子·性恶》)。所以，孟子主张性善，称“人皆可以为尧舜”(《孟子·告子下》);荀子主张性恶，同样也以为，“涂之人可以为禹”，可谓殊途同归。

对人性进行改造，即所谓的“化性起伪”，是要人们接受礼义教化，“不可学、不可事而在天者谓之性。可学而能、可事而成之在人者谓之伪。是性伪之分也”(《荀子·正名》)。“伪起而生礼义，礼义生而制法度”(《荀子·性恶》),至此，由人性本恶一步一步推论出了礼法的相融相合。

“人生而有欲，欲而不得，则不能无求;求而无度量分界，则不能不争。争则乱，乱则穷。”(《荀子·礼论》)可见，人性恶是一切社会矛盾的源头。而圣人制定的礼法就是矫治人性的工具，“先王恶其乱也，故制礼义以分之”(《荀子·王制》),“凡礼义者，是生于圣人之伪，非故生于人之性也。故陶人埏埴而为器，然则器生于陶人之伪，非故生于人之性也。故工人斫目而成器，然则器生于工人之伪，非故生于人之性也。圣人积思虑，习伪故，以生礼义而起法度。然则礼义法度者，是生于圣人之伪，非故生于人之性也。……故圣人化性起伪，伪起而生礼义，礼义生而制法度”(《荀子·性恶》)。

既然，圣人创设礼仪法度是为了控制人的欲望，制止人的争夺，维持社会的协调和秩序，那么礼仪法度究竟是怎么做到的呢？落脚点就在“分”，“分何以能行？曰：义”（《荀子·王制篇》）。“故无分者，人之大害也；有分者，天下之本利也”（《荀子·富国》）。“分”是一个与“群”相对应的概念，“人何以能群？曰：分”（《荀子·王制》）。“力不若牛，走不若马，而牛马为用，何也？曰：人能群，彼不能群也。”（《荀子·王制篇》）可见，“人生不能无群”，但“群而无分则争，争则乱，乱则穷也”（《荀子·王制》）。所以社会群体必须要各有等级名分，各有权利义务，“分”是礼义法度的基本精神之所在。荀子以人性为出发点，结合社会生活的客观需求论述礼法产生的根源，在法律起源问题上唱出与法家管子“定分止争”类似的调子。

荀子谈礼，继承了西周及孔子之礼的形式和本质，只是在具体内容方面增加了新的成分。如前所述，在孔子的法律观中，礼是大一统的等级秩序，是最高最普遍的社会规范，在这一点上，与荀子之礼毫无二致。有时荀子干脆将礼法相提并论，显示出他对西周礼治的心领神会。只是礼的具体内容随社会的发展进化而发生变化，新的等级名分制度逐步取代旧式宗法制秩序，这也迫使荀子对礼的起源做出更迎合时代精神的阐释。如果说，在孔子那里，礼尚因一些纯仪节的纠缠而显得不够清晰明朗的话，那么，荀子的礼已去除了繁文缛节，从产生之初便体现出纯行为规范的性质。荀子的礼，几乎是法的同义词，如“是百王之所同也，礼法之大经也”（《荀子·王霸》），“圣人积思虑、习伪故，以生礼义而起法度”（《荀子·性恶》），如果细究两者的差别，礼是原则纲领，法则是具体的制度方法，“礼者，法之大分，类之纲纪也”（《荀子·劝学》）。在这一点上，荀子与法家的差异形同泾渭，因为法家谈法，往往不自觉地混同于刑；荀子的“法”是礼的代用词，与礼名异而实同；按照这样的逻辑，礼便也有了刑的色彩，“治之经，礼与刑”（《荀子·成相》），“孔子将礼内化于仁，而荀子将礼外化而为法，所以在荀子，礼与法，没有多大分别”①，那么自

① 徐复观：《中国人性论史》（先秦篇），台湾商务印书馆，1969年，第223页。

然礼也就带有了暴力、重刑的色彩。

与孔子甚少谈及刑不同，荀子有意或者无意，主动或者被动地靠近法家，丝毫不讳言刑罚，反而将刑罚的作用提得很高，《荀子》一书“法”字出现170余次，是除“礼”之外出现频率最高的词之一。而且，他对法与刑的一些看法已经非常接近法家重刑的主张。

首先，在刑法的适用上，重视赏罚，与法家如出一辙。诸如“庆赏刑罚必以信”（《荀子·议兵》），“无功不赏，无罪不罚”（《荀子·君子》）。在传统礼治秩序下，刑法的适用是别贵贱、分等级，而法家则主张不别亲疏贵贱，“一断于法”。显然，荀子更赞同后者，他主张“赏功罚过”须“无恤亲疏，无偏贵贱”（《荀子·王霸》），“内不可以阿子弟，外不可以隐远人”（《荀子·君道》）。

其次，荀子对孟子的“仁政”思想进行了批判，通过驳斥了教化万能和质疑“治古无肉刑”，从而提出了“治则刑重，乱则刑轻”的重刑观。

> “世俗之为说者曰：‘治古无肉刑，而有象刑：墨黥，慅婴，共艾毕，菲对屦，杀赭衣而不纯。治古如是。’是不然。以为治邪？则人固莫触罪，非独不用肉刑，亦不用象刑矣。以为人或触罪矣，而直轻其刑，然则是杀人者不死，伤人者不刑也。罪至重而刑至轻，庸人不知恶矣，乱莫大焉。凡刑人之本，禁暴恶恶，且惩其未也。杀人者不死，而伤人者不刑，是谓惠暴而宽贼也，非恶恶也。故象刑殆非生于治古，并起于乱今也。治古不然。凡爵列、官职、赏庆、刑罚，皆报也，以类相从者也。一物失称，乱之端也。夫德不称位，能不称官，赏不当功，罚不当罪，不祥莫大焉。昔者武王伐有商，诛纣，断其首，县之赤旆。夫征暴诛悍，治之盛也。杀人者死，伤人者刑，是百王之所同也，未有知其所由来者也。刑称罪，则治；不称罪，则乱。故治则刑重，乱则刑轻，犯治之罪固重，犯乱之罪固轻也。”（《荀子·正论》）

他主张对“暴恶”之人“重刑以禁之”；对“奸人之雄，甚至是可以

"先诛""不待教而诛"（《荀子·王制》）。这些言论，已与儒家的"德治"观相去甚远了，但与法家正宗的重刑观又轩轾可分。荀子的重刑是有前提的、有条件的，对象主要集中在"暴恶"之人或"奸人之雄"身上，而不像法家那样无条件一味重刑，通过"重刑轻罪"来实现"以刑去刑"的目标。不仅如此，在适用刑法时，还要求罚当其罪。《荀子·君子》云：

> "故刑当罪则威，不当罪则侮。爵当贤则贵，不当贤则贱。古者刑不过罪，爵不逾德，故杀其父而臣其子；杀其兄而臣其弟。刑罚不怒罪，爵赏不逾德，分然各以其诚通，是以为善者劝，为不善者沮，刑罚綦省而威行如流，政令致明而化易如神。"

"刑罚綦省而威行如流"是荀子的理想，而实现这一理想，除了让天下之人明了刑法的内容外，就是要做到严格执法，并使罪罚相当。为此，荀子明确提出反族诛连坐的观点，这也表明他的刑罚观并非完全是跟着法家鹦鹉学舌。

尽管如此，荀子对刑法作用的重视，远在孔孟之上，开始接近法家的营垒。所谓"治之经，礼与刑"（《荀子·成相》），公然将刑与礼相提并论，不仅使刑脱离了礼的范畴，而且使之上升到与礼同等重要的地位，这是在理论上对儒家的背叛，难怪后世之儒多不愿将之列入儒林。

经过荀子的一番加工改造，儒家思想的理想主义色彩大大消退，开始注入了现实主义精神，尤其是法家功利主义的因素大量渗进荀子思想体系中，从而使儒学在荀子手中发生了巨变，儒、法两家最终殊途同归的结局正是滥觞于此。从法律思想的角度看，荀子合两家之长，初步奠定了礼、刑并重，以君主专制为最高理想的思想基础。这也正是汉儒董仲舒对之推崇有加的原因。虽然正统法律思想形成于西汉，但荀子对促成儒法合流具有开山筑路之功。

三、儒法接榫：君权秩序与专制皇权

君主专制制度是自秦开始盛行于中国两千多年的最为根本的政治制

度，儒法两家在缔造这一制度的过程中作用相当，也正是由于这一相同的政治目标，使得儒家走向合流，形成内外、表里、互补、交融的关系。虽然，两家在统治的手段、方法、策略上有所不同，但殊途同归。由“亲亲、尊尊”出发，无论“礼治、法治”，儒家法家均把君位尊崇到至高无上的地位，都在为如何实现君主专制出谋划策。专制主义必须皇权至上，而专制首先就是垄断祭天的权力，“天与人不平等，斯人与人愈不平等。中国自绝地天通。惟天子始得祭天。天子既扶一天以压制天下，天下遂望天子俨然一天，虽骨天下而残贼之，犹以为天之所命，不感不受。民至此乃愚入膏肓，至不平等矣”（谭嗣同《仁学》）。

自专制制度确定之日起，便是以王、皇帝为最高立法者，“主独制于天下，而无所制也”（《史记·李斯列传》），“天下”在古代是一个无限空间的概念，而王可以据有天下可见王权超越了空间，一副唯我独尊的态势。这种权力观经过秦朝建国的暴力彰显以及儒法文化的点点渗透而逐渐为民众所接受，谭嗣同曾一针见血地指出，三纲是这专制的症结所在，而三纲恰巧也就是在专制问题上儒法进行的“文化共谋”。三纲即所谓“君为臣纲、父为子纲、夫为妻纲”的教条。但事实上，“三纲”说也是法家的东西，或者说三纲之说是韩非子发其端的。

> “臣事君，子事父，妻事夫，三者顺则天下治，三者逆则天下乱，此天下之常道也，明王贤臣而弗易也。”（《韩非子·忠孝》）

儒家“三纲”之说渊源在此①。韩非子在君臣、父子之外又将夫妇关系纳入尊卑的系统之中，“男女无别，是谓两主；两主者，可亡也”（《韩非子·亡征》）。在这样的情况下社会普遍地维持尊卑上下，做到尽忠尽孝。韩非子在《忠孝》篇中主张“定位一教之道”。

> “父之所以欲有贤子者，家贫则富之，父苦则乐之；君之所

---

① 周辅成：《论董仲舒思想》，上海人民出版社，1961年，第35页。

以欲有贤臣者，国乱则治之，主卑则尊之。”（《韩非子·忠孝》）

不过如果遭遇“君之直臣，父之暴子”，“父之孝子，君之背臣”（《韩非子·五蠹》），即忠孝不能两全之时，事君（公）事父（私）不能兼顾之时，该如何处理呢？

“楚之有直躬，其父窃羊而谒之吏，令尹曰：“杀之。”以为直於君而曲於父，报而罪之。以是观之，夫君之直臣，父之暴子也。鲁人从君战，三战三北，仲尼问其故，对曰：“吾有老父，身死莫之养也。”仲尼以为孝，举而上之。以是观之，夫父之孝子，君之背臣也。故令尹诛而楚奸不上闻，仲尼赏而鲁民易降北。上下之利，若是其异也。而人主兼举匹夫之行，而求致社稷之福，必不几矣。”（《韩非子·五蠹》）

此处韩非子选取的情景也出现在孔子的眼中。

“叶公语孔子曰：‘吾党有直躬者，其父攘羊，而子证之。’孔子曰：‘吾党之直者异于是；父为子隐，子为父隐，直在其中矣。’”（《论语·子路》）

“晋邢侯与雍子争畜土田，久而成，士景伯如楚。叔鱼摄理，韩宣子命断旧狱，罪在雍子。雍子纳其女于叔鱼，叔鱼蔽罪邢侯。邢侯怒，杀叔鱼与雍子于朝。宣子问其罪于叔向。叔向曰：‘三人同罪，施生戮死可也。雍子自知其罪，而赂以买直，鲋也鬻狱，邢侯专杀，其罪一也。己恶而掠美为昏，贪以败官为墨，杀人不忌为贼。《夏书》曰：“昏、墨、贼，杀。”皋陶之刑也。请从之。’乃施邢侯而尸雍子与叔鱼于市。仲尼曰：‘叔向，古之遗直也。治国制刑，不隐于亲，三数叔鱼之恶，不为末减。曰义也夫，可谓直矣。平丘之会，数其贿也，以宽卫国，晋不为暴。归鲁季孙，称其诈也，以宽鲁国，晋不为虐。邢侯之狱，言其贪也，

以正刑书，晋不为颇。三言而除三恶，加三利，杀亲益荣，犹义也夫！'”（《左传·昭公十四年》）

孔子对此的主张是，如果是偷羊这点小罪，父子间相隐是“直”，如果是卖法鬻爵的大罪，大义灭亲是“直”。显然孔子是不愿意轻易牺牲“孝”来成全“忠”，不过，在关系到根本的统治利益时，孝就要为忠让步了。换言之，平时是满嘴的仁义道德，但如果君权受损，刑事镇压、刑罚等便应摆在首位。后来儒家在忠孝不能两全时提出了“移孝作忠”甚至“大义灭亲”的主张。可见，在维护君权秩序与专制皇权上，儒法都是不遗余力的，很多观点甚至是互相借鉴的。

政治上的独裁和文化的独裁从来都是血肉相连的，为了保证极端的专制体制，必须用文化专制的措施加以维护，以此来愚弄民众，从而压制民主思想。人们常认为秦始皇焚书坑儒是对儒家致命的伤害，其实文化专制的思想渊源来源于《中庸》中的“车同轨，书同文，行同伦”，因此恰恰此行为却证明了始皇帝对于儒教的贡献，“盖始皇帝一天下用李斯之策，固已知辨上下定民志之道，莫善于儒教矣。然则学术统一与政治统一，同在一时，秦皇亦儒教第二功臣也”①。

第二节　内法外儒，重刑思想胜利

一、儒法论争与宗法分封的路径反复

虽然秦朝的建立意味着法家理论的胜利，但是儒法的论争自其产生之日直至秦朝建立一直没有终止。当时的争论首先体现在秦始皇与吕不韦的冲突上，他们两人的冲突“绝不是像所说的那样，是在其他方面，而完全

① 梁启超:《论中国学术思想变迁之大势》，上海古籍出版社，2001 年，第 54 页。

是在于他们不同的政治理念”①。“吕不韦相秦十年，此时已有必得天下之势，故大集群儒，损益先王之礼而作此书，名曰春秋，将各欲为一代兴亡之典礼也。”（陈皓：《礼记集说》）可见，吕不韦受到《春秋》的启发，欲集诸子学说尤其是儒家的学说精华，整理出第一个统一封建王朝立传世大法。而这一传世大法“对于各家虽然兼收并蓄，但却有一定标准，主要对于儒家、道家采取尽量摄取的态度，而对于墨家、法家则出以批判”②，是“很明显反对法家政治，……反对完全以统治者的权威、目的为基础，片面地加在人民身上的法”③。由于吕不韦的思想与秦始皇一直以来推崇的法家思想发生矛盾，一场权力斗争爆发了，并最终以吕不韦的悲惨失败而告终。

秦王朝二世而亡，为代之而起的汉初统治者在思想上敲响了警钟，因此在当时有许多有识之士对法家特别是重刑主义导致秦王朝速亡做了深刻的反思和尖锐的批判。陆贾曾说：

> “天地之性，万物之类，怀德者众归之，恃刑者民畏之。归之则充其侧，畏之则去其域。故设刑者不厌轻，为德者不厌重；行罚者不患薄，布赏者不患厚。所以亲近而致远也。夫形重者则心烦，事众者则身劳；心烦者则刑罚纵横而无所立，身劳者则百端回邪而无所就。是以君子之为治也，块然若无事，寂然若无声，官府若无吏，亭落若无民，闾里不讼于巷，老幼不愁于庭，近者无所议，远者无所听，邮无夜行之卒，乡无夜召之征。犬不夜吠，鸡不夜鸣。”（《新语·至德》）

韩婴曾说：

① 郭沫若：《十批判书》，东方出版社，1996年，第425页。
② 郭沫若：《十批判书》，东方出版社，1996年，第423页。
③ 熊铁基：《秦汉新道家论稿》，上海人民出版社，1984年，第45页。

“秦之时，非礼仪，弃诗书，略古昔，大灭圣道，专为苛妄，以贪利为俗，以较猎为化，而天下大乱。”（《韩诗外传》卷5）

这都是与法家、秦朝所实行的重刑主义针锋相对的轻刑观点，在汉初时统治者们也认同这一观点，如汉文帝废除“相坐法”时称“法正则民悫，罪当则民从”（《汉书·刑法志》）。

汉初刘邦虽接受了秦的郡县制，但同时又对其予以修正，用分封王、侯等作为补充。汉初封王是鉴于秦不封王，以致处于“内亡骨肉本根之辅，外亡吐蕃翼之卫。陈、吴奋其白挺，刘、项随而毙之”（《汉书·诸侯王表》）的境地。因此，在汉初高祖开始往后的一个相当长的时间里面，实行的是郡县与国侯互相并行的双轨制①。随着时间的推移，约经历百年，同姓诸侯王②的威胁则变得日益严重，他们在自己封国内的势力迅速膨胀起来，“宫制百官同制京师”（《汉书·诸侯王表》），甚至有的诸侯王“不用汉法，自为法令，拟于天子”（《史记·淮南衡山列传》），与孔子所描述的“礼乐征伐自诸侯出”混乱局面极其相像。这种情况严重地削弱了以皇帝为代表的中央集权，双方的矛盾日益激化。到了汉景帝时期，诸侯王占领土地的面积相当于汉朝面积的一半，所以皇帝削弱诸侯王是势在必行。公元前154年吴楚等七国叛乱，汉景帝在周亚夫的支持下坚决平叛，用了三个月的时间平定了内乱。然后趁机削减了这些叛乱封国的封地，有的则改为中央直接管辖的郡县。

---

① 汉初分封主要包括两批，一批是异姓王，一批是同姓王。异姓王主要包括建汉的功臣如韩信，还有在刘邦统一过程中归附的地方割据势力，比如燕王臧荼梁王彭越。对于他们封王，高祖似乎不是心甘情愿。有的可能是迫于情势，或是战争中拉拢的需要，在天下已定之后，高祖自然盘算着怎样打击这些不稳定势力。从史实来看，那些王有的维持了不到一年，有的在两三年内被高祖用不是很光明正大的方法废了，有的还落到身败名裂祸及三族。这些对于一个新建立的王朝而言，都是可以理解的，我所惊讶的是为什么在好不容易清除了异姓王之后，又大封同姓王，由此给后世造成了不少麻烦。

② 当时分封的同姓诸侯包括：刘邦叔父之子刘贾为荆王、刘邦同父异母弟弟刘交为楚王、刘邦庶长子刘肥为齐王、刘邦次兄刘喜之子刘濞为吴王（《汉书·文帝纪》）。

至汉武帝时期，用“推恩削藩”① 的方法，最终从实际上废除了分封制，而确立了中央集权制度。在这一动态过程中，酷吏与重刑相伴而生，共同服务于削弱封国势力，强化中央集权的政治目的。汉初帝王多以酷吏为鹰犬，授予其重刑之权柄以迅速推动其政治变革。概言之，汉初虽曾以黄老无为之学治国，且有文帝刑制改革以矫正暴秦苛政，然而，中央集权的政治需求不可逆转地促使中华法系的刑制再次趋向重刑，只不过此次是皇权主动做出的选择。

二、儒法整合，以儒术缘饰吏事

自文景帝开始便已经着手削藩，到汉武帝“推恩削藩”，应该说统治者已经体会到了“秦制”的魅力，或者说是法家理论的魅力，尤其是重刑方面。不过，毕竟秦二世而亡的代价还在，因此，披外衣成为一个很好的掩护。“终两汉之世，循吏和酷吏两大典型虽因各时期的中央政策不同而互为消长，但始终有如二水分流，未曾间断。从思想源流的大体言之，循吏代表了儒家的德治，酷吏代表法家的刑政，汉廷则相当巧妙地运用相反而又相成的力量，逐步建立了一个统一的政治秩序。”② 因此，汉朝时期“禁罔浸密。律令凡三百五十九章，大辟四百九条，千八百八十二事，死罪决事比万三千四百七十二事。文书盈于几阁，典者不能遍睹。”（《汉

---

① 据《史记·平津侯主父列传》载：“主父偃说上（武帝）曰：‘古者诸侯不过百里，强弱之形易制。今诸侯或连城数十，地方千里，缓则骄奢易为淫乱，急则阻其强而合从以逆京师。今以法割削之，则逆节萌起，前日晁错是也。今诸侯子弟或十数，而适嗣代立，余虽骨肉，无尺寸之地封，则仁孝之道不宣。愿陛下令诸侯推恩分子弟，以地侯之。彼人人喜得所愿，上以德施，实分其国，不削而稍弱矣。’于是上从其计。”《史记·建元以来王子侯者年表序》载：武帝“制诏御史：‘诸侯王或欲推恩分子弟邑者，令各条上，朕且临定其名号。’”《汉书·武帝纪》载：“元朔二年，春正月，诏曰：‘梁王、城阳王亲慈同生，愿以邑分弟，其许之。诸侯王请与子弟邑者，朕将亲览，使有列位焉。’于是藩国始分，而子弟毕侯矣。”《汉书·景十三王传·中山靖王刘胜》中说得更清楚：武帝“用主父偃谋，令诸侯以私恩裂地，分其子弟，而汉为定制封号，辄别属汉郡。汉有厚恩，而诸侯地稍自分析弱小云”。

② 余英时：《士与中国文化》，上海人民出版社，2003年，第139页。

书·刑法志》）“武帝表面上尊崇儒家，实际杀人很多，用的是法家刑名之学。《公羊传》说：‘君亲无将，将而被诛。’意思是说，臣子对君父不能有弑逆的念头，如果有的话，就可以把他杀死。这个论点很合乎武帝随便杀人的意思。”①

对儒法合流有开山筑路之功的荀子在《王制》和《正论》两篇中已给刑法在儒家的政治系统中安排了相当重要的位置。诚如上节所言，先秦儒法在君权秩序、专制主义上本已有相通之处，虽然如此，但是孔孟之学讲尊君，提的是“君使臣以礼，臣事君以忠”（《论语·八佾》），“君之视臣如手足，则臣视君如腹心；君之视臣如犬马，则臣视君如国人；君之视臣如土芥，则臣视君如寇仇”（《孟子·离娄下》），强调君臣之间的关系是相对的，双方都是有责任与义务的。但到了荀子那里，臣道已经下降了许多，更多讲的是臣尊君的义务，但对于君主个人已经没有什么要求了。

> “君有过谋过事，将危国家、殒社稷之惧也，大臣父兄有能进言于君，用则可，不用则去，谓之谏；有能进言于君，用则可，不用则死，谓之争；有能比知同力，率群臣百吏而相与强君挢君，君虽不安，不能不听，遂以解国之大患，除国之大害，成于尊君安国，谓之辅；有能抗君之命，窃君之重，反君之事，以安国之危，除君之辱，功伐足以成国之大利，谓之拂。故谏、争、辅、拂之人，社稷之臣也，国君之宝也，明君所尊厚也，而暗主惑君以为己贼也。故明君之所赏，暗君之所罚也；暗君之所赏，明君之所杀也。伊尹、箕子可谓谏矣，比干、子婿可谓争矣，平原君之于赵可谓辅矣，信陵君之于魏可谓拂矣。传曰：‘从道不从君。’此之谓也。”（《荀子·臣道》）

到了汉朝，为了复兴儒学，汉儒积极地参与朝政，在迎合专制政权的

---

① 范文澜：《范文澜历史论文选集》，中国社会科学出版社，1979年，第310页。

时候，君臣关系被绝对化。他们不仅抛弃了孟子的“君轻”论，甚至是抛弃荀子的“从道不从君”论，而更强调法家的“尊君卑臣”论。汉儒提出了“合于汉家制度的儒学”①。儒者入仕成为政治家，而“政治家”本来就与“法家”的涵义相去不远，“法家实即政治家”②，“法家者流，则犹通俗所谓政治家也”③。可见，儒者入世为官后，现实政治更加推动儒学的经世致用，并促使儒学走向实用化，逐渐映现出思想个体的“儒法同体”景观。于是，从思想形态到身份特征，儒家与法家的结缘与弥合便不可避免了。中国历史上第一个“封侯拜相”的儒生是汉武帝时代的公孙弘，公孙弘是否真儒者，后代有很多非议，如清代学者何焯和沈钦韩都曾力辩公孙弘本是杂家或刑名（法）家。但是公孙弘之所以能致身卿相，却正是由于他打的是儒家的招牌。“公孙弘以春秋，白衣为天子三公，封以平津侯。天下学士靡然乡风矣”（《史记·儒林列传》）。

> “丞相公孙弘者，齐菑川国薛县人也。字季。少时为薛狱吏……年四十余，乃学春秋杂说。……弘为人恢奇多闻，常称以为人主病不广大，人臣病不俭节。……每朝会议，开陈其端，令人主自择，不肯面折庭争。于是天子察其行敦厚，辩论有余，习文法吏事，而又缘饰以儒术，上大说之。二岁中，至左内史。弘奏事，有不可，不庭辩之。尝与主爵都尉汲黯请闲，汲黯先发之，弘推其后，天子常说，所言皆听，以此日益亲贵。尝与公卿约议，至上前，皆倍其约以顺上旨。”（《史记·平津侯列传》）

公孙弘在任何情形之下他都不愿意损伤君主的尊严。他强调“尊君卑臣”，甚至将此原则进一步地推广到君与臣的生活方式之中，提出“人主广大，人臣俭节”的主张，另外，他不肯“面折庭争”，阉割了先秦儒家

① 范文澜：《中国通史简编》，人民出版社，1965年，第111页。
② 杨宽：《名家考原》，《杨宽古史论文选集》，上海人民出版社，2003年，第732页。
③ 章太炎：《检论·商鞅》，《章太炎学术论著》，浙江人民出版社，1998年，第245页。

的“谏诤”传统①。

以儒术缘饰吏事在汉武时期非常突出：

“孝武之世……惟江都相董仲舒、内史公孙弘、儿宽居官可纪。三人皆儒者，通于世务，明习文法，以经术润饰吏事。天子（武帝）器之。”（《汉书·循吏传》）

“天子（武帝）方招文学儒者。上曰：吾欲云云。黯对曰：陛下内多欲而外施仁义，奈何欲效唐、虞之治乎?”（《史记·汲黯传》）

由此可见，“外施仁义”不过就是以儒术“缘饰”而已，包裹在核心之中的则是“吏事”、是“内多欲”。因此虽然武帝“罢黜百家，独尊儒术”，但是儒术只是尽“缘饰”之功而已。

“柔仁好儒，见宣帝所用多文法吏，以刑名绳下。……尝侍燕，从容言；陛下持刑太深，宜用儒生。宣帝作色曰：汉家自有制度，本以霸王道杂之，奈何纯任德教、用周政乎？且俗儒不达时宜，好是古非今，使人眩于名实，不知所守，何足委任。乃叹曰：乱我家者，太子也。颜师古注引刘向《别录》云：申（不害）子学号刑名。刑名者，以名责实，尊君卑臣，崇上抑下。宣帝好观其君臣篇。”（《汉书·元帝本纪》）

宣帝骂儒生“好是古非今”的话，便可见独尊儒术不过是假象，儒家的“礼乐教化”实在是一日未见实效。

儒术对重刑的最大缘饰就在于为残酷的刑法在儒家经典汇总找到出处与依据。

---

① “子曰：‘是何言欤，是何言欤！昔者天子有诤臣七人，虽无道，不失其天下；诸侯有诤臣五人，虽无道，不失其国；大夫有诤臣三人，虽无道，不失其家；士有诤友，则身不离于令名；父有诤子，则身不陷于不义。’”（《孝经·诤谏章》）

"是时上（即武帝）方乡文学，汤决大狱，欲传古义，乃请博士弟子治尚书、春秋，补廷尉史。"（《史记·张汤传》）

可见帝王要杀人，除了引据法律条文以外，还要在儒家经典中找根据。

"赵王彭祖、列侯臣让等四十三人议，皆曰：淮南王安甚大逆无道，谋反明白，当伏诛。胶西王臣端议曰：淮南王安废法行邪，怀诈伪心，以乱天下，荧惑百姓，倍畔宗庙，妄作妖言。春秋曰：臣无将，将而诛。安罪重于将，谋反形已定。臣端所见，其书节印图，及他逆无道事验明，甚大逆无道，当伏其法。"（《史记·淮南王传》）

"大逆无道""谋反"等罪名已足够置淮南王于死地，但胶西王引春秋"臣无将，将而诛"之文，似乎有架床叠屋之嫌，似无必要。但从春秋这等儒家经典中寻找诛杀的理由，实际上是不但从肉体上毁灭，更要紧的是从精神上毁灭。

"酷吏以法杀人，后儒以理杀人，浸浸乎舍法而论理，死矣，更无可救矣。"（戴震《与某书》）

"人死于法，犹有怜之者，死于理，其谁怜之？"（戴震《孟子字义疏证》）

可见，汉代的"经义断狱"使人不但死于法，而且同时又死于理。这才是"更无可救矣"！章太炎解释戴震"以理杀人"的历史背景道：

"明太祖诵洛（程）闽（朱）言，又自谓法家也。儒法相渐，其法益不驯……洛闽诸儒制言以劝行己，其本不为长民。故其语有廉峻，而亦时时轶出。夫法家者辅万物之自然，而不敢为，与行己者绝异。任法律而参洛闽，是使种马与良牛并驷，则败绩覆驾之术也。清宪帝（雍正）亦利洛闽，刑爵无常，益以恣难。……吏惑于视听，官因于诘责，惴惴莫能必其性命。冤狱滋烦，莫敢缓纵，戴震生雍正末，见其诏令谪人不以法律，摭取洛闽儒言以相稽。觇司稳微，罪及燕语。九服非不宽也，而迴之以丛棘，令士民摇手触禁。其壶伤深。”（《太炎文录初编》卷一《释戴》）

虽说“任法律而参洛闽”是“败绩覆驾之术”，尚有讨论的余地，但是明、清两代儒、法在政治上互为表里的历史事实，则是无可否认的。可见，儒法合流几乎贯穿了整部中国政治史。

说到儒为法缘饰，典型例证便是董仲舒所著的《春秋断狱》（或称《春秋决事比》），用儒家经典《春秋》来缘饰法典，可称之为“引礼入法”，亦是“儒家法家化”。

“董仲舒表春秋之义，稽合于律，无乖异者，然而春秋汉之经，孔子制作，垂遗于汉。论者徒尊法家，不高春秋，是暗蔽也。”（王充《论衡·程材》）

宋朝史学家马端临在论《春秋决事比》时曾沉痛地说：

“决事比之书与张汤相授受，度亦灾异对之类耳。（武）帝之驭下，以深刻为明；汤之决狱，以惨酷为忠。而仲舒乃以经术附会之。王（弼）、何（晏）以老庄宗旨释经，昔人犹谓其深于桀、纣，况以圣经为缘饰淫刑之具，道人主以多杀乎？其罪又深于王、何矣。又按汉刑法志言，自公孙弘以春秋之义绳下，张汤以峻文决理，于是见知腹诽之狱兴。汤传又言，汤请博士弟子治春秋、尚书者补廷尉史。盖汉人专务以春秋决狱，陋儒酷吏遂得因缘假饰。往往见二传（公羊、穀梁）中所谓‘责备’之说、‘诛心’之说、‘无将’之说，与其所谓巧诋深文者相类耳。圣贤之意岂有是哉！”（《文献通考》卷一八二）

"以理杀人"的独特传统是和汉儒的"春秋断狱"分不开的。汉以后虽不再用"春秋断狱"，但汉儒既已打开了"诛心"之路，便同样可资后世帝王的利用。况且"诛心"之说与法家所提倡重刑的"刑用于将过"有着非常相像之处。以儒术缘饰吏事，可说是重刑的胜利了。

三、"内法外儒"促使中国古代社会形成超稳定结构

中国古代封建社会之所以延绵千年而不衰，资本主义难以生根发芽，萌芽后难以发展，究其原因，"外儒内法"实在难辞其咎。正如上文所论证的，儒法整合，儒术缘饰吏事，自汉朝开始"外儒内法"的特征便已形成。秦制是单纯以法家学说建立了封建专制的制度，虽然有用，但缺乏弹性，赤裸裸、血淋淋，以致实行起来有"苛政猛于虎"之感。汉朝的统治者虽为巩固不得不实行重刑，但为了能使百姓接受，君主便为重刑披上了儒家的外衣。百家之言中，为何独独选中儒家思想呢？盖因儒家思想"严等差，贵秩序，与人民言服从，与君主言仁政，以宗法为维系社会之手段，而达巩固君权之目的，此对当时现实社会，最为合拍；帝王驭民之策，殆莫善于此，狡猾者遂窃取而利用之，以宰制天下"①。外儒内法遂成为占统治地位的意识形态。

汉高祖时遇叔孙通制朝仪，"盖只是秦人尊君卑臣之法"（朱熹《朱子语类》），"吾乃今日始知皇帝之贵也"（《史记·刘敬叔孙通列传》）。经过高、惠、文、景帝数世的不愉快事变，帝王逐渐领会到法儒间的奥妙，至汉武帝时期，推行"罢黜百家，独尊儒术"，由此开始了"外儒内法"的统治时代。

知识分子依赖王权是从其产生之初便已经具有的政治劣性，既然"儒"和"法"这两种思想都是以维护专制皇权统治为使命的，那么，不论是外表的儒家思想还是内里的法家思想，都服务于君主专制统治，因此必然能共生于专制统治之中。儒家思想有利于君主专制统治自不待言，前

① 王亚南：《中国官僚政治研究》，中国社会科学出版社，1981年，第69页。

文在论述孔子、荀子等法律思想时均做了深入探讨。但是，“单纯的依靠儒家思想则对统治明显不利，因为儒家学说并不能真正解决封建王朝的政治合法性问题”①。因为儒家虽尊君，但是没有树立君威的路径方法，或者说它所讲的方法是没有办法确立君主专制的，这也是为何在春秋战国时期都没有成为治世学说的道理。所以，中国君主专制之根在“秦制”，在“法家”，在“重刑”。“百代奉行秦制”，在以后两千多年的历史演变中，虽然也是有所损益，但秦制没有变，秦朝时形成的基本特征没有变，法家重刑思想更是没有变。法家思想最契合当时的政治现实，因此拥有非常旺盛的生命力。

“罢黜百家，独尊儒术”却并不是真正让儒家思想独步天下，作为一种尊贵的意识形态，价值虽高但却最为玄虚，因此儒家获得的只能是表面上的尊崇地位而已。反观法家，作为一个独立的学派似乎销声匿迹，但是依据法家思想建立的制度，如古代官僚政治制度、法律制度等却盛行不衰。这便是儒法两家互为表里、内外、阴阳的关系，同时便也促成了中国古代社会超稳定的结构。

首先，“内法”是以重刑为君主专制保驾护航。在法家看来，天下治而不乱的关键在君主独断，“独视者谓明，独听者谓聪，能独断者，故可以为天下主”（《韩非子·外储说右上》引申不害语）。为了独断君主应当垄断权力，“权者，君之独制也”（《商君书·修权》）。宗法分封制必然导致权力分散，因此，为彻底消除贵族对君主威胁，法家设计出有利于集权的郡县制，“集小都乡邑为县，置令丞”（《商君书·开塞》），有利于聚拢原本分散的地方权力，将其统一为集权性的中央权力。可见，这种以确定、维护、强化君权绝对权威为核心的法家理论极其容易和君权结合。

为了使得郡县制能够更好地发挥作用，法家将君臣之间的关系设计成雇佣的关系，主张废除贵族世袭其职的世卿世禄制度，而主张以才绩和忠

① 徐家林：《中国政治合法性的理念基础及其当代认同》，《行政学院学报》，2009 年第 1 期。

诚作为选官的标准，如“仕进之途，唯辟田与胜敌而已”（《通典·选举典》），或者是军功制。皇权借助所聘用的职业官僚，全面而深入地渗透到地方社会之中。君主根据需要授予官职，“因任而授官，循名而责实”（《韩非子·定法》），当然也就意味着君主可以根据需要随意撤换官职。通过这样建立起来的官僚制度有着非常清晰的权力隶属关系，且等级森严、分工明确，是听命于君主和服务于君主的理性化统治工具。

既然“君臣之际非父子之亲也”，那么“臣尽死力以与君市，君重爵禄以与臣市”，是因为“计数之所出也”（《韩非子·难一》）。因此，治国的方法就变得很重要了。“治国刑多而赏少，故王者刑九赏一，削国赏九而刑一”《商君书·开塞》，可见治国必然是要靠重刑的。韩非子也提出治国必须“以法为本”，“而道法万全，智能多失。夫悬衡而知平，设规而知圆，万全之道也。悬衡而知平，设规而知圆，万全之道也”（《韩非子·饰邪》）。“释法术而任心治，尧不能正一国；去规矩而妄意度，奚仲不能成一轮；废尺寸而差短长，王尔不能半中。使中主守法术，拙匠守规矩尺寸，则万不失矣。”（《韩非子·用人》）同商鞅一样，韩非子也是赏、刑并提，主张“厚赏重罚”，“赏莫如厚，使民利之；誉莫如美，使民荣之；诛莫如重，使民畏之；毁莫如恶，使民耻之，然后一行其法”（《韩非子·八经》）。同样，赏与刑在运用时要突出重点，即赏要少，刑要多，“刑胜而民静，赏繁而奸生，故治民者，刑胜，治之道也；赏繁，乱之本也”（《韩非子·心度》）。“夫严刑者，民之所畏也；重罚者，民之所恶也。故圣人陈其所畏以禁其邪，论其所恶以防其奸，是以国安而暴乱不起。……严刑重罚之可以治国也。”（《韩非子·奸劫弑臣》）

可见，为了维护皇权君权的专制性，在制度安排上必然是要沿用法家理念，尤其是重刑主义。每一王朝的境况也许会有差别，但关系着生死存亡统治兴衰的问题便只有一个：如何确保君主专制？在确保君主的权力垄断、有效利用社会资源以服务君主以及实现对社会秩序的统一控制等方面，没有比法家所设计的制度框架更合理的了。因此，内法也就成为后世历代王朝统治尽皆效仿的正式制度典范。即便是唐朝亦不可能例外。

其次，“外儒”是为重刑主义暴力体制寻找合法性外衣。法家精心设计的制度确实有助于确保君权的垄断，理应成为传统中国君主专制统治的正式制度框架，但从秦二世而亡的经历看来，法家思想又存在着不容忽视甚至是致命的结构性弱点。

第一，由于法家思想产生于战火纷飞之时，从尚力到尊君，法家思想在讨论如何维持君权垄断时，过度强调使用暴力和权术。所谓“马上得天下”，但不能“马上治天下”，暴力与权术虽是君权、皇权的基础，但完全建立在暴力和权术基础上的君权统治是不能长久的。可见，法家法术势的思维，以暴力作为构筑合法政权基础的观念，缺乏说明“合法性”的环节。第二，法家入世之早、入世之深非儒家所能比拟，而这也就意味着法家学说自出生以来便是以君主利益的最大化为唯一指向的。法家理论绝对化地处理君臣关系，“贤人之为人臣，北面委质，无有二心。朝廷不敢辞贱，军旅不敢辞难。顺上之为，从主之法，虚心以待令，而无是非也。故有口不以私言，有目不以私听，有上尽制之”（《韩非子·有度》）。完全忽视了权力过大会导致的恶果，“繁刑严诛，吏治深刻；赏罚不当，赋敛无度，致使臣民皆人怀自危之心”（《新书·过秦中》）。可见，毫无约束的君权过大，则会打破君王与臣民间的平衡。

孟德斯鸠著名的权力定律深刻地阐明：“一切有权力的人都会滥用权力，这是万古不易的经验。……要防止滥用权力，就必须以权力约束权力。”（孟德斯鸠：《论法的精神》）这是约束权力的唯一出路。这是法家理论中存在的致命的弱点，同样也是一切专制权力理论的致命弱点。虽然儒家思想在构建君主专制统治的正式制度框架方面败给了法家，但它所主张的对民众的仁爱与教化却无疑为带有致命弱点的君主专制统治带来至关重要的非正式制度意义。因此，君权便为暴力的重刑主义寻找到了合法性的外衣。

一句“天子受命于天，天下受命于天子”（《春秋繁露·为人者天》），从而使得君权神圣化，君主的权力具有了道德性的合法权威。

“天子受命于天，诸侯受命于天子，子受命于父，臣妾受命于君，妻受命于夫。诸所受命者，其尊皆天也，虽谓受命于天亦可。”（《春秋繁露·顺命》）

“受命之君，天意之所予也。故号为天子者，宜视天如父，事天以孝道也。”（《春秋繁露·深察名号》）

“人之得天得众者，莫如受命之天子。下至公侯伯子男，海内之心悬于天子，疆内之民统于诸侯。”（《春秋繁露·奉本》）

“天子父母事天，而子孙畜万民。”（《春秋繁露·郊祭》）

确立了君权神圣后，从“天道之常，一阴一阳。阳者，天之德也，阴者，天之刑也”（《春秋繁露·阴阳义》）入手分析君臣等关系。“君使臣以礼，臣事君以忠”（《论语·八佾》），儒家以伦理话语界定君、臣、民三者严格但具有相对性的等级关系，强调“君民之间，上好礼，则民莫敢不敬；上好义，则民莫敢不服”（《论语·子路》）。在儒家意识形态话语的包装下，君、臣、民之间实际存在的利益支配关系甚至是利益冲突关系，被以礼调节的伦理关系掩饰起来，提出“君臣父子夫妇之义，皆取诸阴阳之道”（《春秋繁露·基义》），并进而归纳出三纲学说，“君为臣纲、父为子纲、夫为妻纲”（《汉书·董仲舒传》）。三纲之首就是君臣，就是臣忠于君。

“天之常道，相反之物也，不得两起，故谓之一。一而不二者，天之行也。……心止于一中者，谓之忠，持二中者，谓之患。患，人之中不一者也。不一者，故患之所由生也。是故君子贱二而贵一。人孰无善，善不一，故不足以立身。治孰无常，常不一，故不足以致功。诗云：上帝临汝，无二尔心。知天道者之言也。”（《春秋繁露·天道无二》）

“为人臣者，其法取象于地。故朝夕进退，奉职应对，所以事贵也；供设饮食，候视疢疾，所以致养也；委身致命，事无专制，所以为忠也；竭愚写情，不饰其过，所以为信也；伏节死难，不惜其命，所以救穷也；推进光荣，褒扬其善，所以助明也；受命宣恩，辅成君子，所以助化也；功成事就，归德于上，所以致义也。……君明，臣蒙其功，若心之神，体得以全；臣贤，君蒙其恩，若形体之静而心得以安。上乱下被其患，若耳目不聪明而手足为伤也；臣不忠而君灭亡，若形体妄动而心为之丧。是故君臣之礼，若心之与体，心不可以不坚，君不可以不贤；体不可以不顺，臣不可以不忠。”（《春秋繁露·天地之行》）

其次，儒家主张君主应施行仁政，实施教化，“圣人之政，不能独以威势成政，必有教化”（《春秋繁露·为人者天》），“南面而治天下，莫不以教化为大务”（《春秋繁露·深察名号》），实行教化的方式，是“立大学以教于国，设庠序以化于邑”（《汉书·董仲舒传》）。除了道德教化之外，儒家有不少要求君主自我约束的言论。

“昼日蚀、星陨、有蜮、山崩、地震、夏大雨水、冬大雨雹、陨霜不杀草、自正月不雨至于秋七月、有鸲来巢，《春秋》异之，以此见悖乱之征。是小者不得大，微者不得著，虽甚末，亦一端。孔子以此效之，吾所以贵微重始是也。因恶夫推灾异之象于前，然后图安危祸乱于后者，非《春秋》之所甚贵也。然而《春秋》举之以为一端者，亦欲其省天谴而畏天威，内动于心志，外见于事情，修身审己，明善心以反道者也，岂非贵微重始、慎终推效者哉！”（《春秋繁露·二端》）

“天地之物有不常之变者，谓之异，小者谓之灾。灾常先至而异乃随之。灾者天之谴也，异者天之威也。谴之而不知，乃畏之以威。诗云：畏天之威。殆此谓也。凡灾异之本，尽生于国家之失。国家之失乃始萌芽，而天出灾害以谴告之。谴告之而不知变，乃见怪异以惊骇之。惊骇之尚不知畏恐，其殃咎乃至。以此见天意之仁而不欲陷人也。谨案灾异以见天意。天意有欲也，有不欲也。所欲所不欲者，人内以自省，宜有惩于心。外以观其事，宜有验于国。故见天意者之于灾异也，畏之而不恶也，以为天欲振吾过，救吾失，故以此报我也。……以此观之，天灾之应过而至也，异之显明可畏也。圣主贤君尚乐受忠臣之谏，而况受天谴也?”（《春秋繁露·必仁且智》）

先秦儒家讲“以德去刑”，汉儒仍讲德，但德刑间已是主辅、阴阳的关系，而实施刑罚是必须的。

“春爱志也，夏乐志也，秋严志也，冬哀志也。故爱而有严，乐而有哀，四时之则也。喜怒之行，哀乐之义，不独在人，亦在于天；而春夏之阳，秋冬之阴，不独在天，亦在于人。……故曰：天乃有喜怒哀乐之行，人亦有春秋冬夏之气者，合类之谓也。匹夫虽贱，而可以见德刑之用矣。是故阴阳之行，终各六月，远近同度，而所在异处。阴之行，春居东方，秋居西方，夏居空右，冬居空左，夏居空下，冬居空上，此阴之常处也。阳之行，春居上，冬居下，此阳之常处也。阴终岁四移，而阳常居实，非亲阳而疏阴，任德而远刑与？天之志，常置阴空处，稍取之以为助。故刑者德之辅，阴者阳之助也，阳者岁之主也。”（《春秋繁露·天辨在人》）

“阴与阳，相反之物也。故或出或入，或左或右，春俱南，秋俱北，夏交于前，冬交于后，并行而不同路，交会而各代理，此其文与？天之道，有一出一入，一休一伏，其度一也，然而不同意。阳之出，常悬于前而任岁事；阴之出，常悬于后而守空虚。阳之休也，功已成于上而伏于下；阴之伏也，不得近义而远其处也。天之任阳不任阴，好德不好刑如是。故阳出而前，阴出而后，尊德而卑刑之心见矣。阳出而积于夏，任德以岁事也；阴出而积于冬，错刑于空处也。必以此察之。”（《春秋繁露·天道无二》）

“阴阳二物，终岁各一出。一其出，远近同度而不同意。阳之出也，常悬于前而任事；阴之出也，常悬于后而守空处。此见天之亲阳而疏阴，任德而不任刑也。是故仁义制度之数，尽取之天。天为君而覆露之，地为臣而持载之；阳为夫而生之，阴为妇而助之；春为父而生之，夏为子而养之；秋为死而棺之，冬为痛而丧之。王道之三纲，可求于天。天出阳，为暖以生之；地出阴，为清以成之。不暖不生，不清不成。然而计其多少之分，则暖暑居百而清寒居一。德教之与刑罚犹此也。故圣人多其爱而少其严，厚其德而简其刑，以此配天。"（《春秋繁露·基义》）

"天之道，春暖以生，夏暑以养，秋清以杀，冬寒以藏。暖暑清寒，异气而同功，皆天之所以成岁也。圣人副天之所行以为政，故以庆副暖而当春，以赏副暑而当夏，以罚副清而当秋，以刑副寒而当冬。庆赏刑罚，异事而同功，皆王者之所以成德也。庆赏刑罚与春夏秋冬，以类相应也，如合符。故曰王者配天，谓其道。天有四时，王有四政，四政若四时，通类也，天人所同有也。庆为春，赏为夏，罚为秋，刑为冬。庆赏刑罚之不可不具也，如春夏秋冬不可不备也。庆赏刑罚，当其处不可不发，若暖暑清寒，当其时不可不出也。庆赏刑罚各有正处，如春夏秋冬各有时也。四政者不可以相干也，犹四时不可相干也。四政者不可以易处也，犹四时不可易处也。"（《春秋繁露·四时之副》）

"民无所好，君无以劝也。民无所恶，君无以畏也。无以劝，无以畏，则君无以禁制也。无以禁制，则比肩齐势而无以为贵矣。故圣人之治国也，因天地之性情，孔窍之所利，以立尊卑之制，以等贵贱之差。设官府爵禄，利五味，盛五色，调五声，以诱其耳目。自令清浊昭然殊体，荣辱踔然相驳，以感动其心，务致民令有所好。有所好然后可得而劝也，故设赏以劝之。有所好必有所恶，有所恶然后可得而畏也，故设罚以畏之。既有所劝，又有所畏，然后可得而制。制之者，制其所好，是以劝赏而不得多也。制其所恶，是以畏罚而不可过也。所好多则作福，所恶多则作威。作福则君亡德，天下相贼。故圣人之制民，使之有欲，不得过节；使之敦朴，不得无欲。无欲有欲，各得以足，而君道得矣。”（《春秋繁露·保位权》）

通过“天”概念，汉后儒家承认了国家制定法律、以法制民、以法刑民的必要性，从以上诸方面看，汉代以后的儒家虽然丧失了其先秦儒学的真精神，但却是与法家一道在意识形态和正式制度两个层面共同支撑起尊君的专制主义，形成“外儒内法”的君权独断式的制度体系，建立了专制君主强势主导的利益均衡格局。

第三节　重刑与慎刑、罚中
——以《唐律疏议》为分析样本

一、慎刑观念

（一）慎刑的定位

首先需要考察“慎”的字义。如果从象形的角度讲，慎是指真心，所以，“慎，谨也”（《说文解字》）；“慎，诚也”（《尔雅》）；“慎，德之守也”（《国语·周语》）。可见，慎刑主要是指：立法者在制定法律时或者司法者在审判案例时态度是否审慎、是否用心。“厉兵诘暴，敕法慎刑。”（《隋书·音乐志》）“懋恶衣粝食，率之以俭；慎刑平政，处之以公。”（《元史·张懋传》）所以说，慎刑的反义词是“滥刑”，而非“重刑”，《中文大辞典》中对“慎”的解释为：“慎，谨也，重也。”重刑与慎刑非但不冲突，有时或许还有相通之处。本书尝试以《唐律疏议》为分析样本，看重刑思想与慎刑观念如何融汇其中。

慎的观念用于法律之中，可追溯至西周之时，“惟乃丕显考文王，克明德慎罚。”（《尚书·康诰》）明德慎罚的总原则是：“不敢侮鳏寡，庸庸，祗祗，威威，显民。”（《尚书·康诰》）此句孔颖达疏为：“用可用，敬可敬，刑可刑，明此道以示民。”可见，“威威”“刑可刑”都是针对慎罚而言的。什么是“威威”“刑可刑”呢？“敬明乃罚。人有小罪，非眚，乃惟终自作不典；式尔，有厥罪小，乃不可不杀。乃有大罪，非终，乃惟眚灾：适尔，既道及厥辜，时乃不可杀。”（《尚书·康诰》）由此可见，虽是小罪，如果是故意的，也不可不杀，反之，虽然是大罪，但是过失，便不能杀。可见，慎罚要求的是谨慎的处理，针对不同的情况进行分析处理，并非主张宽缓，则更非轻刑。所以对于刑的慎，指的就是要在深思熟虑后谨慎为之。到了西周中期，慎罚观念有了新的发展，“轻重诸罚有权，刑罚世轻世重”（《尚书·吕刑》）。

（二）唐律中慎刑的制度表现

1. 死刑的审理与复奏制度

据《贞观政要·刑法》记载：“贞观元年，太宗谓使臣曰：‘古者断狱，必讯于三槐、九棘之官，今三公、九卿即其职也，自今以后，大辟（死刑）罪皆令中书、门下四品以上及尚书九卿议之。如此，庶免冤滥。’”另外，对重大疑难死刑案，唐创立了三司推事制度，三司分别指大理寺卿、刑部尚书、御史中丞。三司推事审理案件，有明确分工，对于京城发生的或者全国范围影响重大的案件，由三司长官负责审理。但由于唐朝时，交通工具还不发达，对于地方重大案件不能审断又不便移送中央的，由三大司法机关派特使前往当地审理，即“小三司推事”。

唐朝的死刑案件，先由中央机关审核，最后由天子批准。死刑核准后，在执行死刑罪犯前，还有一个死刑复奏程序，即死刑判决的执行，需要奏请皇帝批准。除谋反、谋大逆、谋叛、恶逆、部曲及奴婢杀主等死刑判决只经一复奏即可执行外，唐律规定，凡地方州县的死刑判决，须向皇帝“三复奏”（即凡各地方的死刑判决做出后，必须三次奏报皇帝批准，待批准下达三日后方可执行)，而中央和京师所在地的死刑判决须向皇帝“五复奏”(即决前一天两复奏，决日当天三复奏)。违反上述规定的司法官员处以相应的处罚措施，“诸死罪囚，不待复奏报下而决者，流二千里”(《唐律疏议·断狱律》)。这显示出了最高统治者对执行死刑的谨慎，是“慎刑思想”在立法与司法上的体现。

2. 徒、流案的管理、审级和复核制度体系严密

唐代不仅死刑案得到了制度化的慎重对待，对徒、流案在管理、审级和复核方面亦制定了严密的制度体系。唐朝中央以大理寺、刑部为司法机关，大理寺是最高审判机关，负责审理中央百官犯罪及京师徒刑以上案件，对徒、流罪的判决须送刑部复核。刑部作为尚书省六部之一，除了负责复核大理寺徒、流罪判决外，还负责复核州、县上报的徒刑以上案件，如有可疑，徒、流以下案件驳令原机关重审，死刑案件则移交大理寺重审。

3. 监察制度发达

除了对死刑案件规定严格且多次的复奏程序，对徒、流案件规定严密的审级分工和复核制度外，还设立了监察司法权的制度，有利于保证审判的公平，在防止随意出入人罪、避免冤假错案的产生等方面发挥了一定的作用。

隋和唐初，御史台的职权仅限于揭发纠举，“但闻风弹事，提纲而已”(《文献通考·职官考七》)。至贞观以后，御史台参与审判，参与“三司推事”，对疑难案件进行审理。“掌持邦国刑宪典章，以肃正朝廷。中丞为之贰。凡天下之人，有称冤而无告者，与三司讯之。凡中外百僚之事，应弹劾者，御史言于大夫，大事则方幅奏弹之，小事则署名而已。”(《旧唐书·职官》)可见，监察司法权的同时也担负了弹劾百官的功能。一般而言，御史由皇帝直接派亲信担任。后来，唐朝的监察制度日益完善，划分了三院十五道，中央分三院，包括台院、殿院、察院，地方以“道”为监察区。

4. 虑囚制度

一般认为录囚与虑囚同义，实则不然①。大体说来是事物发展并异化

① 马作武：《“录囚”“虑囚”考异》，《法学评论》，1995年第4期。

的一个过程。录囚产生于汉，是郡守的常职，目的是“举冤狱”（《后汉书·和帝》），类似我们现在的错案纠正机制。颜师古在《汉书隽不疑传》注中称录囚为“省录之，知其情状有冤滞不与也”。汉以后，录囚制度虽然还在，但具体内容已经发生了变更，至唐代多用虑囚，则更是与汉之录囚相去甚远了，理冤之意荡然无存，多是肇因于灾异，尤其是农事不登、久旱无雨，在五行八卦之说中，认为刑狱属金，如果刑狱冤滞则金气毁，而金生水，金气毁则少阴之气毁，因此天下无雨。另外，虑囚权只归属于皇帝一人，是皇帝彰显仁义怜悯之心的举动。

《唐律疏议·名例律》中规定：

“问曰：文云：‘十恶、故杀人、反逆缘坐，会赦犹除名。杂犯死罪等，会降从当赎法。’若有别蒙敕放及会虑减罪，得同赦、降以否？

答曰：若使普覃惠泽，非涉殊私，雨露平分，自依恒典。如有特奉鸿恩，总蒙原放，非常之断，人主专之，爵命并合如初，不同赦、降之限。其有会虑减罪，计与会降不殊，当免之科，须同降法；虑若全免，还从特放之例。”

由此可见，按照唐律规定，对于官人，如果犯了十恶、故杀人、反逆缘坐等罪，纵使皇帝大赦，还是要被剥夺官爵；如果是犯了一般的死罪，若蒙皇帝恩诏降等，仍然可以享受官当和赎罪的优遇。但是，如果皇帝别敕特赦以及虑囚之后获得减罪处理则不同。若是特赦的话，官爵都可保留。若是虑囚后的减罪，与一般的降等没有分别，可以享有官当和赎罪的优遇；倘若是虑囚后原免罪囚，那就比照特赦的办法，可保留官爵。虑囚算是皇帝特别的恩德，故此，其效力比一般的赦降来得强大。

（三）慎中有重，重中有慎

上述四个制度应该说都反映了唐律中对犯罪的慎重态度，其积极意义是明显的，在此不做赘述，但这些制度对重刑却不是必然排斥的，下面逐一论述之。

首先，死刑复奏制度。该制度的权力核心系于皇帝一人身上，复奏的次数多代表充分考虑，但确实与轻重与否没有关系。实际上，死刑三复奏制度是隋朝制定的，“开皇十五年死罪者三奏而后决”（《隋书·刑法志》）。但到了隋炀帝时“罪无轻重，不待闻奏，皆斩”（《隋书·刑法志》）。由此可见，君主个人的素质高低极大地左右了死刑复奏制度顺利开展与否。

其次，徒、流案件复核制度。“法律职业未受到国家的重视，司法官多为科举出身的文官，不谙法律，需要有幕僚等加以辅助，但幕僚的地位仅为附属，不属于国家正式官吏”①。官员们的法律素质如此，让其参与案件审理，所起的作用实在极为有限，反复多次的复核反而增加了诉讼的成本，影响审判的效率，为权力寻租制造机会。效率与公正都是法律的价值，缺一不可，在徒、流案件复核制度中，公正尚未实现，但效率已然不存。另外，中国古代只要进入刑事审判，犯罪人便会别羁押牢中，因此，效率越低意味着对犯罪人的羁押时间越长，这何尝不是一种重刑呢？

再次，监察制度。为了保证御史不受牵制地行使弹劾权，隋唐时期监察御史“多是敕授”（《唐会要》）。而且御史执行弹劾任务时，不需要预先报御史台大人，但要报皇帝，“每弹之，必先仅内状，许，乃可”（《隋唐嘉话》）。可见，皇帝对御史有着绝对的控制权，御史监察制度不过是方便皇帝集权而已。

最后，虑囚制度。原来的录囚制度是为了“理冤狱”，确实有着非常大的进步作用，这也与汉朝吸收秦亡教训所得出的经验做法相同。但由录囚制度演变而来的虑囚制度，其审理权力归皇帝一人，这是这一制度与死刑复奏制度一样面临同样的君主个人德行问题。其次，虑囚制度已不再有“理冤狱”的目的，纯粹为展示君主的宽厚仁慈，根本毫无规范可言。录囚以后，君主对于罪囚，或降或赦，完全存乎一心。虑囚制度虽有赦放罪

① 范愉：《司法制度概论》，中国人民大学出版社，2003 年，第 19 页。

犯，但如果皇帝可以随心所欲地曲法施恩，而不是依赖制度的话，法外的施恩将意味着更多的法外施刑，所以虑囚不管是对于国家司法抑或皇帝恩典，都是不健康的。

说起唐朝的虑囚不能不提的是唐太宗贞观六年至七（632—633）年间，发生了一宗有名的事件。

> “（贞观六年十二月辛未）帝亲录系囚，见应死者，悯之，纵使归家，期以来秋来就死。
>
> （贞观七年九月）去岁所纵天下死囚凡三百九十人，无人督帅，皆如期自诣朝堂，无一人亡匿者；上皆赦之。”（《资治通鉴》）

先是太宗亲自省录囚徒，纵放死囚三百九十人归家，约定次年秋天回来服刑，及至期限届满，三百多人无一失信，最后，太宗一时兴起把他们全部都赦免了。由此可见，皇帝的法外随意性之大。

二、刑罚得中

（一）何谓“中”

“中，内也；从口、丨，上下通。”（《说文解字》）唐兰对“中”的解释最为开阔视野，他将“中”释作“旂旗旐之属”，“最初为氏族社会中之徽帜”，“古代遇有大事就会建中以集众”，例如：“周礼大司马教大阅，建旗以致民，民至，仆之，诛后至者，亦古之遗制也。”① 可见，“中”在最初时是与杀戮有关的。由于“建中之地为中央矣”，“后人既习用中央之义，而中之本义晦”，因此，“中字遂无用为徽帜之义矣”②。“中”的思想起源甚早，但在当时更多的是一种经验方法论。相传早在氏族社会，帝喾便“溉执中而遍天下，日月所照，风雨所至，莫不从服”（《史记·五帝

①② 唐兰：《殷虚文字说》，转引自刘桓：《殷契新释田》，河北教育出版社，1989 年，第 161 页。

本纪》)。《论语·尧曰》中也讲道:“咨!尔舜!天之历数在尔躬,允执厥中。四海困穷,天禄永终。”可见在远古的氏族社会,社会首领的执政方法是讲究“中”的。

应该说“中”在最早产生时更多是来源于实践经验的方法总结。而真正赋予“中”哲学色彩的是孔子。孔子在继承前人“中”观念的基础上,进行了发挥,将“中”与“庸”结合使用,提出了著名的“中庸”思想,将它上升到“德”的层面意义上讨论。“中庸之为德也,其至矣乎!民鲜能久矣。”(《论语·雍也》)不过,在孔子看来,中庸除了是观念以外,它同时是一种方法,这与前人的“中”极为接近。“子曰:‘不得中行而与之,必也狂狷乎!狂者进取,狷者有所不为也。’”(《论语·子路》)其中“狂”指的是狂妄,张狂冒进的行为,“狷”指的是拘谨,胆小退缩的行为,可见,行为如果要符合“中”,就是将这两种对立的品质结合起来,所谓“过犹不及”(《论语·先进》)。孔子认为真正有道德的人应该“温而厉,威而不猛,恭而安”(《论语·述而》)。“君子惠而费,劳而不怨,欲而不贪,泰而不骄,威而不猛。”(《论语·尧曰》)由于可见,中庸是在多种的矛盾对立面中寻找到一个平衡点。

肇始于孔子的“中庸”思想,后世儒家对其进行了发展。孔子的嫡孙子思作《中庸》①,将“中”与“和”结合,进一步完善了孔子的中庸思想,也进一步地将之形而上学化。《中庸》首章提出:“喜怒哀乐之未发,谓之中;发而皆中节,谓之和。中也者,天下之大本也;和也者,天下之达道也。致中和,天地位焉,万物育焉。”郑玄注《中庸》解题则曰:“名曰中庸者,以其记中和之为用也。庸,用也。”二程(程颢、程颐)对此的解释是:“不偏之谓中,不易之谓庸。中者天下之正道。庸者天下

---

① 据《史记·孔子世家》记载:“子思作《中庸》。”宋明儒家大都也持此看法。但也有学者经过考证后认为,“在子思的著作中,可能确有一篇名为《中庸》,《礼记》中的《中庸》,发挥了子思的思想,却并非一个人的著作,也不是一个时期的著作。”参见冯友兰:《三松堂全集》第9卷,河南人民出版社,2000年,第109页。但由于这一问题并非本书关注的焦点,因此采用后世较为通常的说法。

之定理。”朱熹在《中庸章句》中引二程之言，并做进一步解释：“中者，不偏不倚、无过无不及之应。庸，平常也。”此时，“中”已经完全摆脱经验论的色彩，全然是经学中的一个概念。人们常把不偏不倚认为就是折中的意思，是事物中间的意思，这其实是一个误区。

为了探讨这一问题，首先先看下孟子对中庸的看法。“子莫执中，执中为近之。执中无权，犹执一也。所恶执一者，为其贼道也，举一而废百也。”（《孟子·尽心上》）孟子认为，执中还要有权变的意识，“权，然后知轻重；度，然后知长短”（《孟子·梁惠王上》）。只有在用权后，仔细衡量后，方才知道“中”之所在。中不是一成不变的，而是根据情况不同而采取正确的做法才是中的意义之所在。“盖经者，只是存得个大法正当的道理而已，精微曲折处，故非经之所能尽也。所谓权者，于精微曲折处曲尽其宜，以济经之所不及耳”。（《朱子语类》）由此可见，后世大儒们的所谓“不偏不倚”，实际上是指对事物的具体问题具体分析，采用合适的方法处理的意思，并没有公平、公正这些后世所对它进行的牵强附会的解释。

（二）刑罚得中，政是以和

“中”上升成为哲理概念，并用于指导实践，最为重要的结合就是与刑罚一起。《尚书》很早就把“中”用在刑上，“明启刑书相占，咸庶中正”。其疏文曰：“使刑当其罪，皆庶几必得中正之道。”“士制百姓于刑之中。”其疏文曰：“乃使皋陶作士，制百官于刑之中。令百官用刑，皆得中正，使不僭不滥，不轻不重。”“故乃明于刑之中。”其疏文曰：“言天下皆能用刑，尽得中正，循治民之道以治于民。”（《尚书·吕刑》）可见，此时的“中”取的是“中正”的意思，是指“不轻不重”“刑当其罪”。应该说这是一个先古所定的司法原则，强调在断狱执法时，不能偏听偏信，失于轻重，而应做到中正不偏，按照法律的要求量刑定罪。

“刑罚不中”的后果是“民无所措手足”，“刑罚不中”的原因是“礼乐不兴”（《论语·子路》）。首先，从后果反推，刑罚得中是要使民知道该做什么，不该做什么，因此，刑罚是治民的工具，符合中国古代一直以来的刑罚观念。同时也进一步证明，“刑罚得中”并非要求法律的公平与正义。其次，“刑罚不中”的原因是“礼乐不兴”，因此，刑罚得中是指刑罚符合礼乐的规则。人们常从这里推论说，刑罚得中是实施仁义道德的表现。其实，“孔子创立‘仁’的学说的本意是让仁为礼服务的，‘复礼’是目的，‘立仁’是手段”①。“礼乎礼，所以制中也。”（《礼记·仲尼燕居》）可见，立仁为礼，实施刑罚也是为礼。最后，刑罚的两端就是宽和猛，得“中”就是要“宽以济猛，猛以济宽”，为的是“宽猛相济，政是以和”（《左传·昭公二十年》）。可见，“刑罚得中”的手段是宽猛结合，不可荒废，目的是为了社会和谐，有礼。

刑罚得中在一定意义上对重刑主义是有限制作用的，尤其对重刑主义的“轻罪重罚”观点打击最大。但是，诚如上文所言，重刑主义除了“轻罪重罚”以外，还有许多方面的体现，诸如，酷刑、族诛缘坐等，在这些方面，刑罚得中是无法限制的，某些时候，这些重刑是刑罚得中的表现，因为这些重刑可以达到“政是以和”。另外，就是“轻罪重罚”的观点亦有可以商榷之处。轻重作为一个价值判断，必然是以社会价值观为导向的，中国古代家国同构便是社会共同的价值观，于是，在唐律中，子女骂父母这等小事，在家国同构的价值观中便被放大了，“诅詈祖父母父母”列为“不孝罪”，成为要处以绞刑的重罪而被重罚（《唐律疏议·名列律》）。本书反复强调的是，将刑罚得中与重刑主义放在一起进行考核，并非否认刑罚得中的积极意义，只是观察两者的相生相融之处。

（三）唐律中刑罚得中的表现

1. 立法务宽简

唐开国之初，总结隋朝灭亡的原因，认为“恃诈任力，苛制烦刑”，“炀帝忌刻，法令尤峻，人不堪命，遂至于亡”。于是，“尽削大业所用烦峻之法”（《旧唐书·刑法志》）。因此，“凡削烦去蠹、变重为轻者，不可

---

① 王齐彦：《试论先秦儒家道德观的内向性》，《孔子研究》，1989年第3期。

胜纪”，尤其对死刑，开元之初，“议绞刑之属五十条，免死罪，断其右趾，应死者多蒙全活”，后因太宗“愍其受刑之苦”，认为“前代不行肉刑久矣，今忽断人右趾，意甚不忍”。“本以为宽，故行之。然每闻恻怆，不能忘怀。”于是“又除断趾法，改为加役流三千里，居作二年”（《旧唐书·刑法志》）。唐律中去苛从简的思想固然是对“刑罚得中”的最好表现，同时也是对重刑主义的有力限制。不过，从太宗的言语中我们发现，皇帝认为“宽”则复肉刑，后来认为此举“猛”，又除去。可见，“宽猛”不过在于皇帝的内心，取决于皇帝的个人素质。

2. 执法求宽平

隋炀帝制《大业律》较隋文帝的《开皇律》内容更加宽缓，“除十恶之条”，“其五刑之内，降从轻典者二百余条，其枷杖决罚讯囚之制，并轻于旧”（《隋书·刑法志》）。但实际的结果却是“无辜无罪，横受夷戮者，不可胜纪”（《隋书·炀帝纪下》）。因此，唐代重视司法官吏的管理，教育他们“深宜禁止，务在宽平”（《贞观政要》）。虽然不知道实际效果如何，但其积极意义是不容否认的。比起默许纵容的独裁者们，唐太宗能提出这样的要求，已经是仁厚了。不过仁厚如唐太宗亦不免施重刑，“有河内人李孝德，以风疾语妖狂，蕴古究其狱，谓癫病不当坐治。御史权万纪劾其情纵，太宗大怒，令斩于东市”（《旧唐书·文苑传》）。虽然，太宗杀了“若据常律，未至极刑”的张蕴古后“寻悔悟，因下令，自后凡决死者命所司五覆奏，以免冤误”（《旧唐书·文苑传》）。但是，由此可见，执法宽平实在没有制度约束，也只能流于形式。

3. 理狱须求实

唐朝吸收隋朝的经验与教训为求刑罚得中确实是不遗余力的，《唐律疏议》规定：“每断罪皆须具引律令格式正文，违者笞三十。”另外在审讯方面也做了许多要求。隋朝时，炀帝闻有盗发，于是下令捕逐。对于有疑似的，“苦加拷掠”，“枉承贼者二千余人”，“并令同日斩决”，后来大理丞张元济“试寻其状”，结果发现，“二千人内惟九人逗遛不明”，其他人都是“不胜苦痛，自诬行盗”，后来再查才知道，“九人内四人非贼”，但此时“炀帝已令斩决，遂不执奏，并杀之”（《贞观政要·君臣借鉴》）。为了避免此类事情的再度发生，唐律对刑讯进行了严格的规定。规定了刑讯的要件及程序，“诸应讯囚者，必先以情，审察辞理，反复参验；犹未能决，事须讯问者，立案同判，然后拷讯。”（《唐律疏议·断狱律》）另外对刑讯的限度有明确规定，“诸拷囚不得过三度，数总不得过二百，杖罪以下不得过所犯之数。拷满不承，取保放之”（《唐律疏议·断狱律》）。此外，还限定了刑讯的对象，对于享有议、请、减的特权贵族、官僚或者是老幼笃疾、孕妇或产后不满百日的妇女，不得进行拷问。如有违反，会根据不同情况判处徒或加役流等。不过，这些规定并不是否认刑讯逼供的合法性，而只是对其加以严格的限制而已，对其实质并没有任何改变。

三、重刑思想潜行于《唐律疏议》之中

（一）刑罚不可弛于国，以刑去刑

唐律确在某些方面较前代为轻，这是决不可否认的，确实如典籍中所记载的：

> “比隋代旧律减大辟者九十二条，减流入徒者七十一条。凡削烦去蠹，变重为轻者，不可胜计。自是比古死刑，殆除其半。”（《旧唐书·刑法志》）

这与唐太宗所主张“国家法令，惟须简约，不可一罪作数种条”（《贞观政要》）有着莫大的关系。以“一准乎礼，而得古今之平”著称于世的《唐律疏议》是中国封建制法律的典型代表。学界历来对唐律中体现的儒家精神讨论很多，但对其所体现的法家思想则关注阙如，或者说是刻意绕开。

正如魏征所言“小人之恶不惩，君子之善不劝，而望治安刑措，非所闻也”（《贞观政要·刑法》），可见，唐朝“德主刑辅”的观念下“刑”

的作用得到了充分的认可。《唐律疏议》以保护君主专制、等级制度和宗法制度为核心，其首篇《名例》因袭《法经》的体系，相当于近代刑事法典的总则。在开篇的［疏］议曰一段，字数虽少，但深刻地阐述了唐律的立法原因，体现出重刑主义的思想。

“夫三才肇位，万象斯分。禀气含灵，人为称首。莫不凭黎元而树司宰，因政教而施刑法。其有情恣庸愚，识沈愆戾，大则乱其区宇，小则睽其品式，不立制度，则未之前闻。故曰：‘以刑止刑，以杀止杀。’刑罚不可弛于国，笞捶不得废于家。时遇浇淳，用有众寡。于是结绳启路，盈坎疏源，轻刑明威，大礼崇敬。易曰：‘天垂象，圣人则之’。观雷电而制威刑，睹秋霜而有肃杀，惩其未犯而防其未然，平其徽纆而存乎博爱，盖圣王不获已而用之。古者大刑用甲兵，其次用斧钺；中刑用刀锯，其次用钻笮；薄刑用鞭扑。其所由来，亦已尚矣！”（《唐律疏议·名例律》）

其中“以刑止刑，以杀止杀”便正是前章所述“重刑主义”的目的起点。在该篇总则之中，认为人“有情恣愚，识沈愆戾，大则乱其区宇，小则睽其品式”，被情欲所困惑的人逆谋叛乱是大错，违反等级秩序是小错，既然如此，“刑罚不可弛于国，笞捶不得废于家”，必须通过法律来治理人民。然后引用“大刑用甲兵，其次用斧钺；中刑用刀锯，其次用钻笮；薄刑用鞭扑”，以刑起于兵的说法解释法的起源，并结合自然现象，“观雷电而制威刑，睹秋霜而有肃杀”，突出法律的威严，如此血腥地解释法律，正是内法的体现，正是唐律在立法原则中贯彻重刑主义的重要体现。

（二）一准乎礼，重典维护皇权

延续上文的逻辑体系我们知道，重刑主义的制度起点在于权力的一元，即君主专制统治制度，而唐律正是在这个制度起点的基础上进行制定的，显然是重刑主义的表现。

首先从《唐律疏议》的结构安排入手，《唐律疏议》开篇的《名例律》中明确皇权的至高无上的地位，“王者居宸极之至尊，奉上天之宝命，同二仪之覆载，作兆庶之父母。为子为臣，惟忠惟孝”（《唐律疏议·名例律》）。这也就表明维护皇权的神圣性和不可侵犯性是其立法的基本原则之一。接着《名例律》将“十恶”之罪列在罪名之首。认为“五刑之中，十恶尤切，亏损名教，毁裂冠冕，特标篇首，以为明诫。其数甚恶者，事类有十，故称十恶”（《唐律疏议·名例律》）。“十恶”包括“谋反”“谋大逆”“谋叛”“恶逆”“不道”“大不敬”“不孝”“不睦”“不义”“内乱”，《唐律疏议·名例律》将“十恶”的律文放在总则中，确立了十恶犯罪加重处罚的原则，而“十恶”对应的具体罪名、罪状及其处罚散见于分则各律中。另外，分则各律的排列中，危害皇权的犯罪行为均排列在该律的最前面，表示此类罪为该律中的重罪。

归纳起来，唐律对皇权的保护既有广度，又有深度，不可不谓全面。在唐律中被列入“十恶”的侵害皇权专制统治的犯罪可分为两类：

第一类是危害皇权专制统治方面的犯罪，危害皇权所控制的国家政权，如“谋反”（“谋危社稷”《唐律疏议·贼盗律》第248条），“谋叛”（“背国投伪”《唐律疏议·贼盗律》第251条），或者是危害象征皇权的礼制建筑物，如“谋大逆”（“谋毁宗庙、山陵及宫阙”《唐律疏议·贼盗律》第248条），“大不敬”中的“盗大祀神御之物”（《唐律疏议·贼盗律》第270条），“盗乘舆服御物、御宝”（《唐律疏议·贼盗律》第271条）或者是“伪造皇帝八宝”（《唐律疏议·诈伪律》第362条）。

第二类是冒犯皇帝尊严和侵犯皇帝人身安全的犯罪。如“大不敬”中的“指斥乘舆，情理切害”（《唐律疏议·职制律》第122条），“言议政事乖失而涉乘舆者”（《唐律疏议·职制律》第122条），“对捍制使，而无人臣之礼”（《唐律疏议·职制律》第122条）。另外，为了维护皇权的尊严，强调尊君，在“大不敬”中，如“合和御药，误不如本方及封题误者”（《唐律疏议·职制律》第102条），“造御膳，误犯食禁者”（《唐律疏议·职制律》第103条），“造御幸舟船，误不牢固者”（《唐律疏议·

职制律》第104条）等，即使是因误出错，犯者也须处绞刑。由此可见，虽然人人皆云唐律先进，已在处罚时区分故意与过失，不过在维护皇权时，这一切就如同虚设，而重刑之说也就溢于言表了。在对于危及君权统治秩序或者危害皇家权益时，"重刑"是必须的，对于违反"三纲"教义的犯罪，因符合民众意愿的虽重但合乎时宜，所谓"宽以济猛，猛以济宽，政是以和"（《左传·昭公二十年》），可见"刑"是实现"和"的重要手段之一。"十恶"制度在后文的论述中有专门的研究，在此不做赘述。

（三）事关典礼及风俗教化等事

清人薛允升在比较唐明法律内容时认为："大抵事关典礼及风俗教化等事，唐律较明律为重，贼盗及有关帑项钱粮等事，明律又较唐律为重。"（《唐明律合编》卷九）可见，慎刑典范的《唐律》，在立法时确实审慎，针对当时的情势，对于需要重刑规制的犯罪还是施以重刑的。

唐律重刑表现在其对"事关典礼及风俗教化等事"的处理，由于此类事实在太多，难以枚举，本书仅以"不孝罪"，将唐与宋的处罚做一对比。详见表1①。

表1　唐、宋"不孝罪"之罪名与量型比较

罪名	唐律量刑	明律量刑
匿父母丧	流二千里	杖六十徒一年
释服从吉、忘哀作乐	徒三年	杖八十
居父母丧参预吉席	杖一百	杖八十
弃亲之任	徒一年	杖八十
祖父母、父母在子孙别籍异财	徒三年	杖一百
居父母丧兄弟别籍异财	徒一年	杖八十
养子舍去	徒二年	杖一百，发付所养父母收管
同居卑幼私辄用财	十四笞十，十四加一等，罪止杖一百	二十贯笞二十，二十贯加一等，罪止杖一百

① 郑显文：《唐代律令制研究》，北京大学出版社，2004年，第23页。

（续表）

罪名	唐律量刑	明律量刑
父母被囚禁而嫁娶	死罪，徒一年半；流罪，减一等，徒罪，杖一百	杖八十，为妾者减二等，杖六十
卑幼自娶妻	杖一百	杖八十
亲属为人杀私和	父母、祖父母、夫为人杀私和者，流二千里	父母、祖父母、夫为人杀私和者，杖一百徒三年
尊长冢墓熏狐狸	徒二年；烧棺椁者，流三千里；烧尸者，绞	杖一百；烧棺椁者，杖一百，徒三年；烧尸者，绞
告祖父母、父母	绞	杖一百徒三年，诬告者绞
告期亲尊长	徒二年	杖一百
子孙违反教令	徒二年	杖一百
供养有阙	徒二年	杖一百
诈称祖父母、父母死	徒三年	发口外独石等充军

唐律对“不孝”罪的种种规定还突出地表现出唐律是以“重刑”来实现对子孙“不法”行为的直接控制，而并非因循儒家的说法，从“道德教化”或从“化性起伪”出发给予其以“悔过自新”的机会。唐律中对“不孝”罪是这样规定的：

“‘谓告言、诅詈祖父母父母，及祖父母父母在，别籍、异财，若供养有阙；居父母丧，身自嫁娶，若作乐，释服从吉；闻祖父母父母丧，匿不举哀，诈称祖父母父母死。’［疏］议曰：本条直云‘告祖父母父母’，此注兼云‘告言’者，文虽不同，其义一也。诅犹祝也，詈犹骂也。依本条‘诅欲令死及疾苦者，皆以谋杀论’，自当‘恶逆’。唯诅求爱媚，始入此条。”（《唐律疏议·名例律》）

可见，子孙对祖父母父母，只要有“告”的行为，获“绞”之死刑，“诸告祖父母、父母者，绞”（《唐律疏议·斗讼律》第345条）。如果“詈”骂父母、祖父母的，则要处以绞刑，“诸詈祖父母、父母者，绞”（《唐律疏议·斗讼律》第329条）。

不仅如此，为了保障父祖对子孙行为的控制，唐律规定：

"'若子孙违犯教令，而祖父母、父母殴杀者，徒一年半；以刃杀者，徒二年；故杀者，各加一等。即嫡、继、慈、养杀者，又加一等。过失杀者，各勿论'。［疏］议曰：'若子孙违犯教令'，谓有所教令，不限事之大小，可从而故违者，而祖父母、父母即殴杀之者，徒一年半；以刃杀者，徒二年。'故杀者，各加一等'，谓非违犯教令而故杀者，手足、他物杀，徒二年；用刃杀，徒二年半。'即嫡、继、慈、养杀者'，为情疏易违，故'又加一等'。律文既云'又加'，即以刃故杀者，徒二年半上加一等，徒三年；违犯教令以刃杀者，二年上加一等，徒二年半；殴杀者，一年半上加一等，徒二年。'过失杀者，各勿论'，即有违犯教令，依法决罚，邂逅致死者，亦无罪。"（《唐律疏议·斗讼律》）

可见，祖父母或者父母"过失杀死"或"邂逅致死"违反教令的子孙是无罪的。运用国家法律的承认了重刑管教子孙的行为，以实现对子孙行为的直接强制而并非理论上所说的"刑以弼教"或道德教化，这与韩非子所引的教育子女的事例如出一辙。

"今有不才之子，父母怒之弗为改，乡人谯之弗为动，师长教之弗为变。夫以父母之爱，乡人之行，师长之智，三美加焉而终不动，其胫毛不改。州部之吏，操官兵、推公法而求索好人，然后恐惧，变其节，易其行矣。"（《韩非子·五蠹》）

"父母、师长、乡人再三教育，都不能感动其胫之一毛，但只要枷索相向，便能立竿见影，马上令之改恶为善，所以，韩非子的结论是'夫严家无悍虏，而慈母有败子。吾以此知威势之可以禁暴，而德厚之不足以止乱也。'"（《韩非子·显学》）

唐律中潜行法家重刑之思想由此可见一斑。

（四）同居有罪相为隐

众所周知，“同居相隐不为罪”来源于孔子的“父为子隐，子为父隐，直在其中矣”（《论语·子路》），董仲舒借《春秋》论证相隐的合法性，或者说是合理性，“时有疑狱曰：甲无子，拾道旁弃儿乙养之，以为子。及乙长，有罪杀人，以状语甲，甲藏匿乙，甲当何论？”董仲舒认为：“甲无子，振活养乙，虽非所生，谁与易之。诗云：‘螟蛉有子，蜾蠃负之’。《春秋》之义，父为子隐，甲宜匿乙而不当坐。”① 董仲舒首先确认了双方虽没有血缘关系，但收养的法律拟制关系是可以被认可的，另外就是从《春秋》出发，论证相隐的合法。汉时始入刑，“自今，子首匿父母、妻匿夫、孙匿大父母，皆勿坐。其父母匿子、夫匿妻、大父母匿孙，罪殊死，皆上请廷尉以闻”（《汉书·宣帝纪》）。唐律沿袭隋律的规定，把汉朝确立的“亲亲得相首匿”制度发展为“同居相为隐”制度，在《唐律疏议·名例律》中是这样规定的：“诸同居，若大功以上亲及外祖父母、外孙，若孙之妇、夫之兄弟及兄弟妻，有罪相为隐；部曲、奴婢为主隐；皆勿论，即漏露其事及擿语消息亦不坐。其小功以下相隐，减凡人三等。若犯谋叛以上者，不用此律。”其中“同居”是指“同财共居，不限籍之同异，虽无服者，并是”。另外，不用此律的情形有三，“谋反、谋大逆、谋叛，此等三事，并不得相隐，故不用相隐之律，各从本条科断”。

应该说，唐律扩大了为他人隐匿犯罪的人群范围，从前代要求有亲属关系发展为现在只要同财共居，包括部曲、奴婢等；并且只要属于大功以上亲，无论是否同居共财，都应容隐犯罪；而对于小功以下亲，相互隐匿犯罪，虽不免罪，也可比一般人隐匿犯罪减轻三等处罚。从某种角度上看似乎是放宽刑罚，但事物总是有两面的，正是因为扩大了容隐犯罪的人群范围，在具有隐匿义务的人群范围扩大的同时便必然意味着不隐的处罚范围也随之扩大。唐律除了与隋律一样，规定了诸如“诸詈祖父母、父母者，绞”（《唐律疏议·斗讼律》）等规定外，对于扩大相隐范围者违反相

---

① 程树德：《九朝律考》卷一《汉律考七》，中华书局，2003 年，第 161 页。

隐原则的增加了处罚条款，如：“部曲、奴婢告主，非谋反、逆、叛者，皆绞。”（《唐律疏议·斗讼律》）可见，较前代唐律扩大了承担违反“相隐不为罪”的义务人群范围，体现重刑主义的思想。

第四章　重刑制度的路径依赖及其历史影响

从新制度主义的角度来讲，当人们一旦选择了某种制度安排，博弈平衡关系会逐渐形成，由于规模效益、成本因素等的存在，导致该制度会沿着既定的方向不断自我强化。制度矩阵间的相互依赖型构造方式会产生巨大的报酬递增，而递增的报酬又会加强该制度延着轨迹继续保持下去，从而决定制度的长期运行。在上文中分别讨论了诱导性的路径变迁方式和强制性路径变迁方式，应该说在中国已经形成了对重刑主义的路径依赖问题，在制度变迁过程中，皇权的专制性、权力的独断性、家国同构的价值等种种收益递增的现象出现，从而使得重刑主义具备了自我强化力量，同时促使制度变迁沿着既定方向不断发展，并自我强化。

第一节　王朝更迭中的路径依赖问题

一、重刑有利于巩固专制政权，成为王朝更迭中的依赖路径

君主专制政体中存在三大主体，分别是君主、官吏和民。一般而言，君主雇佣任命官吏，官吏以君主意志为其维持秩序行使职权的依据，而民则服从于君主和官吏，从而获得安全的保证。三者间非常微妙的关系会时常被打破。

首先，三者间最为直接的矛盾存在于君与民之间，因此平衡体制最为常见的打破方式是农民起义，如秦末的“陈胜、吴广起义”，陈胜、吴广

等近千名戍卒被征发前往渔阳戍边，途中在蕲县大泽乡为大雨所阻，无法按期到达目的地，根据秦朝法律，过期要斩首。情急之下，陈胜吴广领导戍卒，杀死押解戍卒的将尉，发动兵变。这种情形，就是由于君主皇权对有限的资源攫取力度过大过猛，过分压榨民众，使得走投无路的民众被迫起来抗争。而如果受压迫民众被动员并组织成强大的反抗力量或者是反抗组织时，必然会对当权的君主政权构成致命打击。

三者间次之的矛盾便是在君与吏之间，君主依靠官吏进行统治，就必须将官吏牢牢管住，灌输忠诚尽职的意识形态自不待言，但毕竟是文化层面的事情，而在制度上则需要例如监视官僚的行为，实施促进对君主忠诚度的赏刑制度等，由此可见，官吏的利益从来就不是与君主完全吻合的。因此，当君主监控出现疏漏，官吏很有可能就会僭越职权攫取财富，甚至某些势力过度膨大的官僚会选择篡夺君主的权位。如著名的“陈桥兵变”，时任后周殿前都点检、归德军节度史的赵匡胤统率大军离开都城，夜宿距开封东北 20 公里的陈桥驿（今河南封丘东南陈桥镇），实施“黄袍加身”兵变计划，继而建立宋朝，成为宋太祖。另外，在某些时候，中央权威的衰弱，一些地方官僚就会实行地方割据，不再服从君主，严重时同样会威胁当权的君主。如东汉末年发生的地方割据而最后导致三足鼎立的局面便是一个很好的例证。

中国历朝历代的更迭，除了上述两个产生于自身内部的矛盾外，还有一个很有趣的现象，便是来自中原地区以外的外部威胁。如元、清两朝的建立便是原来的君主无法抵御骑射军事优势的北方游牧民族的侵扰，而宣告终结的。

可见，君主专制政体总是会出现周期性崩溃，不过，虽然屡次崩溃，在建朝初期也总会有一些宽简的思想或者做法，但很快重刑主义就会几乎原封不动地重新出现，在王朝更迭过程中表现出典型的路径依赖甚至是路径锁定特征。

之所以会出现这样的路径依赖，最为重要的原因就在于，君主专制的王朝必然要保证权力的一元，君权独断，而重刑主义恰恰就是以权力一元为其制度起点的。因此，后继的王朝通常继承前朝绝大部分的制度，只是在某些细节上进行调整，或者是在某些无关痛痒的政策上进行修补，所以明律较唐律才有了“重其所重，轻其所轻”（《唐明律合编》卷九）的说法。可见，重刑主义在更迭中所呈现出“报酬递增”和自我强化的效应。

另外，承接上章的论述便可知道，儒法整合后，特别是通过科举考试的方式，使得以儒术缘饰吏事逐渐为大众所接受，并成为大多数精英的信仰。传统的中国由于地缘的封闭性所带来的文化的封闭性已在前文有论述，并且文化的封闭与内部独尊儒术的双重原因下，古老的中国文明缺少与不同政治制度体系的其他文明展开充分接触、对话和互动的机会，因此也就不可能了解其他政治制度体系的相关知识，更不要说学习和应用了。正是如此，在传统中国也就不可能产生像近代西方资产阶级那样能够有能力推动君主制度向共和民主制度转型的新生社会力量。在封闭环境下所产生的符合自然经济生产方式的个体小农只是周期性地破坏君主政权，或者说在专制制度的修正方面能够发挥助推的作用。

由此推理可以预见，只有当封闭被改变时，制度的路径锁定效应才会被彻底打破。历史也确实证明了这一点。随着清末西方列强的入侵，中国出现了数千年未有之大变局，最为重要的便是被迫地开放与外界接触，而此时，君主专制政体无法在经济、社会结构加速变迁的大背景下实现国家权力的集中统一，无法保障社会秩序的安定，在传统社会表现出来的“报酬递增”和自我强化机制丧失殆尽。也就是为何在清末有了对重刑主义的若干反思。

二、中华法系的特征概述

讨论中华法系特点的论著可以说是汗牛充栋，不仅数量多，而且百家异说。如：

刘海年、杨一凡教授认为中华法系的主要特点有四方面：“（1）在立法上皇帝具有决定性的作用；（2）法的形式是诸法合体，律令格式例并存，以《唐律》为例，主要是一部刑法典，但同时又规定了有关诉讼的各种制度，属于民法方面的所有制关系和家庭婚姻等方面的内容，也有系统的规定；(3) 法的内容上，是寓礼于法，礼法结合；(4) 在司法上，行政与司法混为一体。"① 张晋藩教授则认为中华法系的特点："(1) 以儒家学说为基本指导思想，但也融合了道释的教义；(2) 出礼入刑，礼刑结合；(3) 家族本位的伦理法占有重要地位；(4) 立法与司法始终集权于中央，司法与行政合一；(5) 民刑不分诸法合体与民刑有分诸法并用；(6) 融合了以汉族为主体的各民族法律意识与法律原则。"② 后来他又在此基础上总结了中华法系的八点特征："(1) 农本主义的法律体系；(2) 皇权至上的法制模式；(3) 儒家学说的深刻影响；(4) 引礼入法，法与道德相互支撑；(5) 家族法的重要地位；(6) 法理情三者的统一；(7) 多民族的法律意识与法律成果的融合；(8) 重教化慎刑罚的人文关怀。"③ 乔伟教授认为："中华法系最基本的特点就是礼法结合"④。徐忠明教授认为："中华法系的根本特征，就是礼法文化与天人合一"⑤。郝铁川教授认为："中华法系的特点是法典法家化、法官儒家化、民众法律意识鬼神化"⑥。何勤华教授则认为中华法系的特点包括："(1) 儒法为主，兼容道释；(2) 出礼入刑，礼刑结合；(3) 家族本位，中央集权；(4) 天人合一，世俗主义；(5) 减轻讼累，审断有责。"⑦

虽然各有说法，但综上看来，在某些主要问题上学者们是有共识的。如诸法合体民刑不分，如家族本位，中央集权或称维护皇权，天人合一，礼法融合，等等。虽然学者们在概括中华法系特征时并未将"重刑主义"归纳进去，但是，基于本书对重刑主义的梳理可以确认，中华法系的许多

---

① 刘海年、杨一凡：《中华法系的形成及其特点》，《人民司法》，1983 年第 1 期。

② 张晋藩：《再论中华法系的若干问题》，《政法论坛》，1984 年第 2 期。

③ 张晋藩：《中华法系特点再议》，《江西社会科学》，2005 年第 8 期。

④ 乔伟：《中华法系基本特点》，《文史哲》，1986 年第 2 期。

⑤ 徐忠明：《中华法系研究的再思》，《南京大学法律评论》，1999 年春季号。

⑥ 郝铁川：《中华法系研究》，复旦大学出版社，1999 年。

⑦ 何勤华、孔晶：《新中华法系诞生？——从三大法系到东亚共同体法》，《法学论坛》，2005 年第 4 期。

特征中都蕴含重刑主义的韵味。

第二节 酷刑繁多，以刑期于无刑

一、肉刑渊源

“禹承尧、舜之后，自以德衰而制肉刑，汤、武顺而行之者，以俗薄于唐、虞故也。”（《汉书·刑法志》）“昔者，三王始用肉刑。”（《唐律疏议·名例律》）可见肉刑可上溯至夏、商、周三代。后来逐渐形成五刑体系，即墨、劓、刖、宫、大辟（《尚书·吕刑》），并依据其轻重程度而在数量上有所规制，“墨罚之属千，劓罚之属千，剕罚之属五百，宫罚之属三百，大辟之罚两百”（《尚书·吕刑》）。从广义上讲，肉刑包括死刑，从取其肢体到取其性命。

古代肉刑带有着很强的奴役性质。“墨者使守门，劓者使守关，宫者使守内，刖者使守囿，髡者使守积。其奴，男子入罪隶，女子入舂槁。”（《周礼·秋官·掌戮》）从历史文化渊源的角度看来，最初部落对待俘虏是直接取其性命，后来发现在生产力极不发达的情况下，人力是最为重要的生产要素，保存人命使之干活成为首要选择。这种对敌人肉体的惩罚和奴役就这样保留下来了。

探究肉刑对后世刑罚制度影响时，必然先研究汉文帝时期肉刑废除之举。

> “汉淳于缇萦。齐人。太仓令意之少女也。意有五女、无子。会坐法当刑。诏逮系长安。临行。骂诸女曰。生女不生男，缓急非有益，缇萦闻而悲泣，随父至长安，上书，愿入身为官婢。以赎父罪。俾得自新。文帝悯其孝。诏除肉刑。”（《史记·孝文本纪》）

"盖闻有虞氏之时，画衣冠，异章服以为谬，而民不犯，何则至治也？今法有肉刑三而奸不止，其咎安在？非乃朕德薄而教不明欤？吾甚自愧。故夫训道不纯而愚民陷焉。诗曰：'恺悌君子，民之父母。'今人有过，教未施而刑加焉，或欲改行为善，而道毋由也。朕甚怜之。夫刑至断肢体，刻肌肤，终身不息，何其楚痛而不德也，岂称为民父母之意哉？其除肉刑。"（《史记·文帝本纪》）

关于肉刑废除的原因，后世多有评说，总结前人观点说来，大多从经济角度为保障社会生产的观念出发，认为"既要使犯罪者受到惩罚，又能使其保存劳动能力，是更为有利的"①。此次废除之举人为地阻隔了肉刑的自然发展，不仅使肉刑不再成为我国刑罚体系的主要组成部分，同时也造就了后来封建五刑的形成。

二、肉刑存废之争

汉文帝废除肉刑的方案是这样的："凡当完者，完为城旦舂；当黥者，髡钳为城旦舂；当劓者，笞三百；当斩左趾者，笞五百，当斩右趾者，弃市。"② 汉文帝废肉刑是刑制改革的大事，不过，如果由重刑主义为视角来观察此次废除之举，倒可谓有得有失。

首先，宫刑并没有废除，可见，肉刑实际上仍是存在的。另外，以笞代替了劓和斩左趾，但是三百、五百的打下去，反倒使受刑者"率多死"（《汉书·刑法志》），而且斩右趾改为弃市，反倒是扩大了死刑的范围，故此次废除也被称为"外有轻刑之名，内实杀人"（《汉书·刑法志》）。"文帝虽除肉刑，当劓者笞三百，当斩左趾者笞五百，当斩右趾者弃市。右趾者既殒命，笞挞者往往至死，虽有轻刑之名。其实杀也。当此之时，民皆思复肉刑。"（《后汉书·崔寔传》）。

①② 叶孝信主编：《中国法制史》，北京大学出版社，1996 年，第 87 页。

而后世的许多恢复肉刑的提议则更是重刑主义的一大展示。东汉班固是第一个非议汉文帝除肉刑之举的人，“自此推波助澜，至东晋之末而尤未息，可为法家中之一大争端矣”①。班固认为“自以德衰而制肉刑”（《汉书·刑法志》），但是废除肉刑后是“死刑太重，生刑太轻，生刑纵于上，死刑怨于下，轻重失当，故刑政不中也”（《汉书·刑法志》）。

距汉文帝废肉刑已经三百多年的东汉末期，恢复肉刑之声响彻云霄。为什么一种被废弃三百多年的刑罚，竟然会获得不少学者大才拥护，纷纷倡议恢复呢？

我们不妨先来看看主张恢复肉刑者是怎么说的。“若用古刑，使淫者下蚕室，盗者刖其足，则永无淫放穿窬之奸矣。”（《三国志·魏书·陈群传》）“乃去其为恶之具，使夫奸人无用复肆其志，止奸绝本，理之尽也。”（《晋书·刑法志》）可见，主张肉刑恢复的主要理据是对罪犯施以肉刑，可防范罪犯再度犯罪。主张恢复肉刑的另一理据是可以威吓其他人，以达到预防犯罪的目的。罪犯一旦受刑，不管是墨、劓、刖，在其身上永远留下明显痕迹，这会对其他人有威吓和警惕作用。“刑者犹任坐役，能有所为，又不绝其生类之道，而终身残毁，百姓见之，莫不寒心，亦足使未犯者肃栗，以彰示将来，乃过于杀人。”（葛洪《抱扑子外篇》）“若刑诸市朝，朝夕鉴戒，刑者咏为恶之永痛，恶者睹残刖之长废，故足惧也。”（《晋书·刑法志》）因此对于文帝的废肉刑，认为不过“小仁”，“圣王之制肉刑，远有深理，其事可得而言，非徒惩其畏剥割之痛而不为也，乃去其为恶之具，使夫奸人无用复肆其志，止奸绝本，理之尽也”（《晋书·刑法志》）。

既然是肉刑的存废之争，有主张恢复的言论，必然也有否定恢复的言论。正如上文所说，恢复论者一再强调的理据是肉刑可预防犯罪。对此，汉末的孔融就预防犯罪一点提出尖锐批评，“且被刑之人，虑不念生，志在思死，类多趋恶，莫复归正。”（《后汉书·孔融传》）在恢复肉刑论者

① 沈家本：《历代刑法考》卷一，中华书局，2006 年，第 180 页。

看来，肉刑对罪犯身上留下明显和永久性的伤痕，就某种意义而言，正是一种将罪犯驱逐出正常人社会的处罚。[①] 孔融则认为刑罚的目的既然是让人改过自新，肉刑不仅不能防止犯罪，反而因为将罪犯逐出社会、不得重返社会，而使刑罚的目的无法达到。

抨击文帝废肉刑的一个最有力说法是认为恢复肉刑可以填补“生刑过轻，死刑过重”的刑罚困境，这个论点应该说是极具说服力的，针对这一说法，主张废除肉刑的学者提出这样的观点：

> “夫五刑之属，着在科律，自有减死一等之法，不死即为减。施行已久，不待远假斧凿于彼肉刑，然后有罪次也。前世仁者，不忍肉刑之惨酷，是以废而不用。不用已来，历年数百。今复行之，恐所减之文未彰于万民之目，而肉刑之问已宣于寇雠之耳，非所以来远人也。今可按繇所欲轻之死罪，使减死之髡、刖。嫌其轻者，可倍其居作之岁数。内有以生易死不訾之恩，外无以刖易钛骇耳之声。”（《三国志·魏书·锺繇华歆王朗传》）

恢复论者经常强调肉刑是上古圣王之制，这样的论点在儒家独尊后的中国，不能说没有说服力。孔融虽不反对肉刑是古制，但以为时代不同了，不可一概而论，云：

> “古者敦庬，善否不别，吏端刑清，政无过失。百姓有罪，皆自取之。末世陵迟，风化坏乱，政挠其俗，法害其人。故曰上失其道，民散久矣。而欲绳之以古刑，投之以残弃，非所谓与时消息者也。”（《后汉书·孔融传》）

无论是支持恢复肉刑的还是支持废除肉刑的实际上都是以儒家学说为

① 张建国：《汉文帝除肉刑的再评价》，《帝国时代的中国法》，法律出版社，1999 年，第 228 页。

其出发点的，这也就正好充分说明儒家的哲学并非出世之学说，它是实践的，是以维持社会、政治秩序为最后目的。儒家提倡的“修身、齐家、治国、平天下”虽然立足于“修身”这一个人修养境界，但并不是“独善其身的个人主义，而是社会化的”①。儒家思想极讲权变、变通，“法家固然绝对排斥礼治、德治，儒家却不曾绝对排斥法律”②。儒家修身、治世的标准从来不是单一化的，所以，当孟子被问及“嫂溺，则援之以手乎”时，他断然答道：“嫂溺不援，是豺狼也。男女授受不亲，礼也；嫂溺援之以手者，权也。”（《孟子·离娄上》）而权变思想也运用在了对刑罚的问题上。“鞭扑不可弛于家，刑罚不可废于国，征伐不可偃于天下。”（《汉书·刑法志》）“刑罚轻重，随时而作，时人少罪而易威，则从轻而宽之；时人多罪而难威，则宜化刑而济之。”（《晋书·刑法志》）

三、肉刑成为法外重刑

自汉文帝废除肉刑，黥、劓、刖三肉刑正式从正刑中删除，但却一直若隐若现地存在着，尤其是黥刑直至清末修订《大清律例》时才被彻底废除，“夫肉刑久废，而此法独存”（《清史稿·沈家本传》）。而刖刑在唐朝初年曾短暂恢复“本死刑，武德中改为断趾，贞观六年改为加役流，谓常流徒役一年，比流徒三年故以加役名焉”（《唐六典》卷六注云）。

“及太宗即位，又命长孙无忌、房玄龄与学士法官，更加厘改。戴胄、魏征又言旧律令重，于时议绞刑之属五十条。免死罪，断其右趾，应死者多蒙全活。太宗寻又愍其受刑之苦，谓侍臣曰：‘前代不行肉刑久矣，今忽断人右趾，意甚不忍。’谏议大夫王珪对曰：‘古行肉刑，以为轻罪。今陛下矜死刑之多，设断趾之法，格本合死，今而获生。刑者幸得全命，岂惮去其一足？且人之见

① 瞿同祖：《中国法律与中国社会》，中华书局，2003 年，第 292 页。

② 瞿同祖：《中国法律与中国社会》，中华书局，2003 年，第 333 页。

者，甚足惩诫。’上曰：‘本以为宽，故行之。然每闻恻怆，不能忘怀。’又谓萧瑀、陈叔达等曰：‘朕以死者不可再生，思有矜愍，故简死罪五十条，从断右趾。朕复念其受痛，极所不忍。’叔达等咸曰：‘古之肉刑，乃在死刑之外。陛下于死刑之内，改从断趾，便是以生易死，足为宽法。’上曰：‘朕意以为如此，故欲行之。又有上书言此非便，公可更思之。’其后蜀王法曹参军裴弘献又驳律令不便于时者四十余事，太宗令参掌删改之。弘献于是与玄龄等建议，以为古者五刑，刖居其一。及肉刑废，制为死、流、杖、笞凡五等，以备五刑。今复设刖足，是为六刑。减死在于宽弘，加刑又加烦峻。乃与八座定议奏闻，于是又除断趾法，改为加役流三千里，居作二年。”（《旧唐书·刑法志》）

至此，应该说笞、杖、徒、流、死新的五刑制度已经确定下来了，肉刑在刑罚体系中消失殆尽。但是肉刑始终在传统中国社会处于废而不止的状态，究其原因，“举千数百年相沿之成法，一旦欲变而易之，此非有定议以决之，定力以行之，则据说之淆乱足以惑其聪明，众力之阻扰足以摇其号令，故变之难也”①。

肉刑与传统中国一直以来的耻感文明有着莫大的关系，“无羞恶之心，非人也”（《孟子·公孙丑》）。“羞恶之心，义之端也”（《孟子·公孙丑》），“国之四维，礼义廉耻”（《管子·牧民》）。

“初，成都侯商尝病，欲避暑，从上借明光宫，后又穿长安城，引内澧水注第中大陂以行船，立羽盖，张周帷，辑濯越歌。上幸商第，见穿城引水，意恨，内衔之，未言。后微行出，过曲阳侯第，又见园中土山渐台似类白虎殿。于是上怒，以让车骑将军音。商、根兄弟欲自黥、劓谢太后。”（《汉书·王莽传》）

① 沈家本：《历代刑法考》卷一，中华书局，2006年，第166页。

由此可以看出，肉刑这种耻辱刑可以很好地将“礼”与“法”做了统一。因此它虽不在正刑体系之中，但作为一种私刑在某些特殊的场合使用。例如我们非常熟悉的在武则天身边的上官婉儿便曾遭黥刑，“父庭芝，与仪同被诛，婉儿时在襁褓，随母配入掖庭。及长，有文词，明习吏事，则天时，婉儿忤旨当诛，则天惜其才不杀，但黥其面而已”（《旧唐书·后妃列传》）。可见，黥刑作为一种私刑在宫廷内部仍被广泛使用。

四、死刑残酷

承接上文的观点，作为五刑之一的死刑是属于肉刑的一种，由刺面的黥、割鼻的劓、斩趾的刖、切断生殖器官的宫逐步加重其毁损程度，最终达到致命的伤害即死刑。“大辟，谓死也。”（《白虎通》）

> “舜归而言于帝，请流共工于幽陵，以变北狄；放驩兜于崇山，以变南蛮；迁三苗于三危，以变西戎；殛鲧于羽山，以变东夷；四罪而天下咸服。”（《史记·五帝本纪》）

舜殛鲧的行为获得天下人的认可，可见，从一开始，人们便认可死刑的价值。也因此，千百年来，并没有多少人对死刑有过非议。既然在汉文帝时期已经废除了肉刑，按照刑罚的轻重排列来看，比之更重的死刑为何没有被废除呢？也许从另一个侧面可以看出，废除肉刑也许并不完全是轻刑的表现。

死刑的正当性首先来源于法家对刑罚目的的设置。

> “且夫重刑者，非为罪人也。明主之法，揆也。治贼，非治所揆也。治所揆也者，是治死人也。刑盗，非治所刑也。治所刑也者，是治胥靡也。故曰重一奸之罪而止境内之邪。此所以为治也。”（《韩非子·饬令》）

可见，对犯罪人的处置并不重要，重要的是通过“重一奸之罪而止境内之邪”，使一般民众不敢犯罪。而这一原则在历朝历代的法典中均贯彻始终。

纵观中国古代之刑法，死刑的规定不可谓不残酷。在春秋战国时期，死刑包括有：“（1）斩：斩首；（2）枭首：斩首悬于木上示众；（3）车裂：即五马分尸；（4）弃市：在闹市执行，暴尸街头；（5）腰斩：将罪犯的肢体斩为两截；（6）解：肢解犯人肢体；（7）烹：把人放在镬中煮；（8）磔：把肢体分裂；（9）凿顶：凿穿头部；（10）抽肋：抽去犯人的肋骨等十余之多。”① 据《汉书·刑法志》载：“汉兴之初，虽有约法三章，网漏吞舟之鱼，然其大辟，尚有夷三族之令。令曰：当三族者，皆先黥、劓、斩左右趾，笞杀之，枭其首，菹其骨肉于市。其诽谤诅者，又先断舌。谓之具五刑。”可见，秦汉时法定的死刑有三种，即枭首、弃市、腰斩，另外还有族、焚、烹、磔、醢等法外死刑。

下面试列举一二以说明死刑执行的残酷之处。

其一，炮烙之刑。相传为殷纣王所用的一种酷刑。“纣刳比干，囚箕子，为炮烙刑。”（《荀子·议兵》）“百姓怨望而诸侯有畔者，于是纣乃重刑辟，有炮烙之法。”（《史记·殷本纪》）“纣为肉圃，设炮烙，登糟邱，临酒池。”（《韩非子·喻老》）

其二，醢刑、脯刑。“醢，酱也”（《广雅》），醢刑就是指将人剁成肉酱。“不加姜桂以盐干之者谓之脯”（《周礼·天官·膳夫》），脯刑指的是把人杀死晾成肉干。“九侯女不息淫，纣怒，杀之，而醢九侯。鄂侯争之强，辨之疾，并脯鄂侯。”（《史记·殷本纪》）

其三，磔刑。“磔，辜也，从桀，石声。刳鸡胸、腹而张之，令其干枯不收。故从桀。”（《说文》）磔刑指的就是把人的肢体分裂。“吴子胥不磔，姑苏东门外乎！”（《荀子·宥坐》）

其四，腰斩。指的是将犯人从腰部斩为两截。“令民为什伍，而相牧司连坐，不告奸者腰斩。”（《史记·商君列传》）“季龙志在穷兵，以其国内少马，乃禁蓄私马，匿者腰斩。”（《晋书·石季龙载记上》）“李斯、李

① 沈家本：《历代刑法考》，中国检察出版社，2003年，刑制总考一。

由虽无罪犯，枉受其罪，只得枉招……遂具五刑，论腰斩咸阳市。”（《秦并六国平话》卷下）

其五，枭首。“枭，不孝鸟也。日至捕枭磔之，从枭头在木上。”（《说文》）枭首指的是悬头示众的刑罚。“枭故塞王欣头。”（《汉书·高帝纪》）“枭俊禽敌之臣。”（《汉书·陈汤传》）“幸而破绍，枭其二子。”（曹操《让县自明本志令》）

其六，轘刑（车裂）。“轘轘，车裂人也。”（《说文》）指的是用车子向四方奔驰而将所系人体撕裂的一种刑罚。“誓驭曰车轘。”（《周礼·秋官·条狼氏》）“轘诸栗门。”（《左传·宣公十一年》）“轘高渠弥。”（《左传·桓公十八年》）“昔者苌弘，周室之执数者也，……然而不能自知车裂而死。”（《淮南子·氾论训》）“淫乱不轨者，五车轘杀之。”（《辽史·刑法志》）

其七，凌迟。中国古代各种残酷的刑罚中，最惨无人道的莫过于此刑。凌迟通“陵迟”，原是指山丘的缓延的斜坡，“夫一仞之墙，民不能逾；百仞之山，童子登而游焉，凌迟故也。”（《韩诗外传》卷三）“三迟之岸，而虚车不能登也。百仞之山，任负车登焉。何则？陵迟故也。”（《荀子·宥坐》）后在五代时期，演变成为一种刑罚，取的是爬坡所带有缓慢之意。“五季多故，以常法为不足，于是始于法外特置凌迟一条。肌肉已尽，而气息未绝，肝心联络，而视听犹存。”（陆游《条对状》）“凌迟者先断其支体，乃抉其吭，当时之极法也。”（《宋史·刑法志》）

中国死刑之残酷可说是不胜枚举，碍于篇幅原因，本书在此仅举上述七例极具代表性的死刑进行说明。

不过从上述的论述中可以发现，中国古代法定死刑通常具有二重构造：其一，是直接剥夺生命的刑罚；其二是对致死后的尸体加以伤害的刑罚。中国古代为何要采取对尸体进行侮辱呢？其意义何在？正如本书反复提到的观点，中国古代刑罚的目的不简单地在于报应，而在于“以刑去刑”的一般预防。前者的对象是已然对社会造成危害的人，对其采取断绝性命的方式处罚往往相对短暂，当然，古人在这一方面也是煞费苦心的设计了种种方式以期将这一过程延缓，不过毕竟对其他人的恫吓作用有限。

因此，一直以来刑罚的设计者们更看重后者。通过对罪犯尸体为手段对象的处罚，而威吓一般民众，使他们不敢实施犯罪。通过增加处刑后的罪犯的尸体惨状，以达到抑止犯罪和维持秩序的目的。后者虽然慢慢地从法定正刑中消失（详见表2），但是却以法外刑的方式一直存续，似乎更多地表现为附加刑。而正是这种从属关系，使得其表现具有了可变性或者说是现实性，可以根据时代和具体状况而灵活运用，因此作为皇帝专擅的处刑形式而存续。

表2　自秦汉至清的法定死刑概括列举①

朝代	法定死刑的种类						
秦汉		枭首	磔	腰斩	弃市		
魏晋		枭首			弃市		
北魏		枭首				斩首	绞首
北齐	轘	枭首				斩	绞
北周	裂	枭	磬			斩	绞
隋						斩	绞
唐—清						斩	绞

第三节　族诛连坐，家国一体

一、族诛与连坐的产生渊源

"族者何也？族者凑也，聚也，谓恩爱相流凑也。上凑高祖，下至玄孙，一家有吉，百家聚之，合而为亲，生相亲爱死相哀痛，有会聚之道，故谓之族。"（《白虎通·宗教》）可见，族是以血缘为基础形成的亲属体

① ［日］富谷至著，周东平译：《从终极的肉刑到生命刑——汉至唐死刑考》，《中西法律文化传统》，2009年第1期。

系的简称。因此，族诛指的就是因一人犯罪而灭其族①的刑罚。族诛与连坐相似但不相同。“秦用商鞅，连相坐之法，造参夷之诛。”（《汉书·刑法志》）“令民为什伍，而相收司连坐。”（《史记·商君列传》）可见，连坐较族诛范围更广，除了亲属间的连坐外，还有邻伍间的连坐，以及职务上的连坐，如“诸贡举非其人及应贡举而不贡举者，一人徒一年，二人加一等，罪止徒三年。非其人，谓德行乖僻，不如举状者。若试不及第，减二等。率五分得三分及第者，不坐。”（《永徽律疏·职制律》）另外，族诛为重罪一律处死，而连坐所处刑罚则多样。不过，无论如何，族诛与连坐作为中国古代常见的刑事责任连带方式，因其牵连无辜者，而成为中国古代重刑主义的一个制度化体现。

在产生之初，族诛连坐就带有着强烈的战与农的色彩。在本书讨论重刑主义的历史文化渊源时便可以知道，兵刑不过是暴力之内外异用而已，“内行刀锯，外用甲兵”（《商君书·画策》）。“‘刑罚’之施于天下者，即‘诛伐’也；‘诛伐’之施于家国者，即‘刑罚’也”②。因此，商君在军队中设立连坐制度，“行间之治连以五”（《商君书·画策》），“其战也，五人来簿为伍，一人羽（解‘逃’）而轻（‘刭’）其四人”（《商君书·境年》）。同样，从历史文化渊源角度出发，农为传统中国之生存根本，“治田勤谨则亩益三斗，不勤则损亦如之”（《汉书·食货志》），可见，国家的强大与田地的收成和为此付出的劳动有关系。因此，“凡人主之所以劝民者，官爵也；国之所以兴者，农战也。今民求官爵，皆不以农战，而以巧言虚道，此谓劳民。劳民者，其国必无力；无力者，其国必削”（《商君书·农战》）。可见，国家削弱是因为无力，国有力则需要农战。“吾用天下之用为用，吾制天下之制为制，修吾号令，明吾刑赏，使天下非农无所得食，非战无所得爵，使民扬臂争出农、战，而天下无敌矣。故曰：‘发号出令，信行国内。’”（《尉缭子·制谈》）

① “除了人们耳熟能详的‘九族’之说，还有‘三族’‘五族’‘七族’‘十族’”，参见马作武、马腾：《族刑的法文化诠释》，《广东社会科学》，2009年第5期。

② 钱钟书：《管锥编》，中华书局，1979年，第285页。

法家虽不是族刑连坐的始作俑者，但他们所极力提倡的重刑主义却在理论上及实践中都为族刑连坐提供了丰富的思想源泉和物质基础。

商鞅变法期间制定了连坐之法，“令民为什伍，而相收司连坐。不告奸者腰斩，告奸者与斩首同赏，匿奸者与降敌同罚”（《史记·商君列传》）。

> “强国之民，父遗其子，兄遗其弟，妻遗其夫，皆曰：‘不得，无返！’又曰：‘失法离令，若死，我死！’乡治之。行间无所逃，迁徙无所入。”（《商君书·画策》）

由此可见，在战争场合所适用的连坐制度是何等的骇人听闻。商鞅的连坐之制要求民众互相举报而不能隐瞒，“夫妻交友不能相为弃恶盖非，而不害于亲，民人不能相为隐”（《商君书·禁使》），韩非子不仅认可商鞅的连坐之制，如“连什伍，设告坐”（《韩非子·和氏》），“设告相坐而责其实，连什伍而同其罪”（《韩非子·定法》），而且在理论上予以完善与提高：

> “是故夫至治之国，善以止奸为务。是何也？其法通乎人情，关乎治理也。然则去微奸之奈何？其务令之相窥其情者也。则使相窥奈何？曰盖里相坐而已。禁尚有连于己者，理不得（不）相窥，惟恐不得免。有奸心者不令得忘，窥者多也。如此，则慎己而窥彼，发奸之密。告过者免罪受赏，失奸者必诛连刑。如此，则奸类发矣。奸不容细，私告任坐使然也。”（《韩非子·制分》）

族诛连坐已然成为庞大国家监控民众、管理社会的制度保障方式。

二、族诛与“亲亲相隐”

在西汉的盐铁会议上，贤良文学们反对族诛的动机就在于认可“亲亲相隐”的制度，因此基于法家重刑主义的族诛连坐制度似乎与儒家一直提倡的“亲亲相隐”立场完全相反，但“亲属相隐和族诛本是截然对立的东西，但在熔儒法思想于一炉的封建法律中竟得以并行不悖”①，“族刑与

---

① 武树臣：《中国法律思想史》，法律出版社，2004 年，第 231 页。

‘亲亲相隐’原则看似矛盾，却内在统一而并行不悖”①，原因何在？

在中国历史上确实许多反对族刑连坐的声音大多都来源于儒家：如孟子提出“泽梁无禁，罪人不孥”（《孟子·梁惠王》）。“故刑当罪则威，不当罪则侮；爵当贤则贵，不当贤则贱。古者刑不过罪，爵不踰德。故杀其父而臣其子，杀其兄而臣其弟。”（《荀子·君子》）“春秋之义，善善及子孙，恶恶止其身。”（《后汉书·刘恺传》）“文诛假法，以陷不辜，累无罪，以子及父，以弟及兄，一人有罪，州里惊骇，十家奔亡，若痈疽之相泞，色淫之相连，一节动而百枝摇。《诗》云：‘舍彼有罪，沦胥以铺。’痛伤无罪而累也。”（《盐铁论·申韩》）“自首匿相坐之法立，骨肉之恩废，而刑罪多矣。”（《盐铁论·周秦》）既然反对族诛是为了“亲亲相得首匿”，那么为何要相隐呢？“父子之亲，夫妇之道，天性也。虽有患祸，犹蒙死而存之。诚爱结于心，仁厚之至也，岂能违之哉！自今子首匿父母，妻匿夫，孙匿大父母，皆勿坐。其父母匿子，夫匿妻，大父母匿孙，罪殊死，皆上请廷尉以闻。”（《汉书·宣帝纪》）可见，“孝”文化是隐的根本。

而同样，孝文化亦是族诛之根本。“《孝经》称：‘父子之道天性。’《书》云：‘孝乎，惟孝友于兄弟。’二经之旨，盖明一体而同气，可共而不可离者也。及其有罪，罪不相及者，乃君上之厚恩也。至若有惧，惧应相连者，固自然之恒理也。无情之人，父兄系狱，子弟无惨惕之容；子弟逃刑，父兄无愧恧之色。宴安荣位，游从自若，车马仍华，衣冠犹饰，宁是同体共气、分忧均戚之理也？昔秦伯以楚人围江，素服而示惧；宋仲子以失举桓谭，免冠而谢罪。然则子弟之于父兄，父兄之于子弟，惟其情至，岂与结盟相知者同年语其深浅哉？二圣清简风俗，孝慈是先。臣愚以为父兄有犯，宜令子弟素服肉袒，诣阙请罪；子弟有坐，宜令父兄露板引咎，乞解所司。若职任必要，不宜许者，慰勉留之。如此，足以敦厉凡薄，使人知有所耻矣。”（《魏书·李彪、高道悦列传》）

---

① 马作武、马腾：《族刑的法文化诠释》，《广东社会科学》，2009年第5期。

法家未曾一般地否定宗法伦理规范一样，也从不否定孝文化，如法家精神之典范的秦律中，区分“公室告”与“非公室告”，“‘公室告’殴?‘非公室告’可殴？贼杀伤、盗它人为‘公室’；子盗父母，父母擅杀、刑、髡子及奴妾，不为‘公室告’”。另外，“子告父母，臣妾告主，非公室告，勿听。可谓‘非公室告’？主擅杀、刑、髡其子、臣妾，是谓‘非公室告’，勿听。而行告，告者罪。告罪已行，它人有袭其告之，亦不当听。”（《睡虎地秦墓竹简·法律答问》)。秦律以法律形式维护父家长对卑亲属的支配权便是孝文化的最好体现。况且“孝”为“忠”的基础，“所谓义者：为人臣忠，为人子孝，少长有礼，男女有别。非其义者，饿不苟食，死不苟生。此乃有法之常也。”（《商君书·画策》）“臣之所闻曰：臣事君，子事父，妻事夫，三者顺则天下治，三者逆则天下乱。此天下之常道也，明王贤臣而弗易也。”（《韩非子·忠孝》）也许儒家对族诛的反对更多是象征性，仅仅是为反法家而反族诛的。

三、族诛连坐的制度体现

族诛连坐的历史发展线索并不难寻觅。明确记载族诛始于春秋的秦国，“（秦）文公二十年，法初有三族之罪”（《史记·秦本纪》)，商鞅在秦国实施变法，除了制定族诛外，还制定了与之相关的连坐制度，“守法守职之吏，有不行王法者，罪死不赦，刑及三族”（《商君书·赏刑》)。

“秦用商鞅连相坐之法，造三夷之诛。”（《汉书·刑法志》）“秦法，一人有罪，并坐其家室。”（《史记·孝文本纪》）可见，秦朝时适用商鞅所制定的连坐族诛制度。如在盗窃罪中适用连坐制度，“宵盗，赃值百一十，其妻、子知，与食肉，当同罪。”“宵盗，赃值百五十，告甲，甲与其妻、子知，共食肉。甲妻、子与甲同罪。”“‘盗及诸它罪，同居所当坐。’何谓‘同居’，坐隶，隶不坐户谓也。”（《睡虎地秦墓竹简·法律答问》）

汉初为休养生息，废除了秦朝的苛法，“然其大辟，尚有夷三族之令。令曰：当三族者，皆先黥、劓、斩左右趾、笞杀之，枭其首、菹其骨肉于市”（《汉书·刑法志》)。如“后元年，冬十月，新垣平诈觉，谋反，夷三族”（《汉书·文帝纪》）。

汉以后到唐以前，族诛连坐虽然不废，但范围有所缩小，“复三族刑，惟不及妇人”《晋书·中宗元帝纪》，并以诛杀毌丘俭为导火索而开始走向规范化，“是时魏法，犯大逆者诛及已出之女”（《晋书·刑法志》），毌丘俭的女儿为颍川太守刘子之妻，按照规定要坐死。当时的校尉何曾可怜她，于是请求主簿程咸上议。程咸上书皇帝说：“大魏承秦汉之弊，未及革制，所以追戮已出之女，诚欲殄丑类之族也。然则法贵得中，刑慎过制。”并且从古代女性特殊的社会地位的角度继续论述：“臣以为女人有三从之义，无自专之道，出适他族，还丧父母，降其服纪，所以明外成之节，异在室之恩。而父母有罪，追刑已出之女；夫党见诛，又有随姓之戮。一人之身，内外受辟。今女既嫁，则为异姓之妻；如或产育，则为他族之母，此为元恶之所忽。”最后，程咸建议：“戮无辜之所重，于防则不足惩奸乱之源，于情则伤孝子之心。男不得罪于他族，而女独婴戮于二门，非所以哀矜女弱，蠲明法制之本分也。臣以为在室之女，从父母之诛；既醮之妇，从夫家之罚。宜改旧科，以为永制。”“于是有诏改定律令。”（《晋书·刑法志》）

上述论断虽限制族诛连坐的范围，确有其进步之处，但是，“戮无辜之所重，于防则不足惩奸乱之源，于情则伤孝子之心。男不得罪于他族，而女独婴戮于二门，非所以哀矜女弱，蠲明法制之本分也”可以看出，主张出嫁女不再因父家犯死罪而株连处死的原因更多是身份归属的问题，而非认为族诛残忍。从某种程度上讲，诛连是传统士大夫们所认可的一种文化传统，并且已经积淀成一种制度的惯性。

同样的情况还出现在唐朝。唐朝时对族诛连坐范围进一步地进行限制。唐太宗认为反逆分为两类：“一为兴师动众，一为恶言犯法”。两者虽然“轻重有差”，但是按照《武德律》均应“连坐皆死”，于是召集大臣们商议，房玄龄等人从祖孙兄弟的亲近关系收入，认为“案礼，孙为王父尸。案令，祖有廕孙之义。然则祖孙亲重而兄弟属轻，应重反流，合轻翻死，据礼论情，深为未惬”。于是建议，“今定律，祖孙与兄弟缘坐，俱配没。其以恶言犯法不能为害者，情状稍轻，兄弟免死，配流为允”。唐太宗“从之”。（《旧唐书·刑法志》）由此可见，虽然族诛连坐范围在缩小，但并没有触及其本质，不过是扬汤止沸的做法而已。宋元时期，族诛连坐基本上沿用了唐的律令规定，变化不大，唯有在元代，连坐妻女没为官奴婢改为没给有功者，即“诸写匿名文书，所言重者处死，轻者流，没其妻子，与捕获人充赏”（《元史·刑法志》）。

然而到明、清时，族诛连坐的范围又得以扩大。在唐律中，“谋反”“谋大逆”等罪名的族诛连坐的范围是这样的，“父子年十六以上”（《唐律疏议·贼盗律》）判绞刑，对于“十五以下及母女、妻妾、子妻妾、祖孙、兄弟、姊妹、笃疾、废疾者”（《唐律疏议·贼盗律》）可免死。虽然明太祖在开国之初对于尚书夏恕“尝引汉法，请著律，反者夷三族”非常不认可，他认为“古者父子兄弟罪不相及，汉仍秦旧，法太重”（《明史·刑法志》）。因而没有同意夏恕的建议。但实际上在《大明律》中，贯彻了“重其所重，轻其所轻”的思想，对唐朝所重视的危害皇权的犯罪，诸如“谋反”“大逆”等，加大了其族诛连坐范围，对于犯罪者的“祖父、父子、孙兄弟、及同居之人、不分异姓、及伯叔父兄弟之子、不限籍之同异、年十六以上、不论笃疾废疾”（《大明律·刑律·贼盗》）都判处斩刑。清律在族刑上完全照搬明律，且在具体执行上更呈宽滥的趋势。清朝臭名昭著的文字狱，在处罚上多施用族刑，极尽惨无人道之致，较明律是有过之而无不及。

第四节 十恶重罪，确保君权至上

一、皇权始终贯穿于十恶制度发展过程之中

“去‘泰’，著‘皇’，采上古‘帝’位号，号曰‘皇帝’。朕为始皇帝，后世以计数，二世、三世至万世，传之无穷。”（《史记·秦始皇本

纪》）因此，秦朝是我国历史上第一个正式确立皇帝制度的王朝。为了维护皇帝的权力一元，自秦朝开始，各朝各代都制定了一整套详备的礼仪规范，并同时加强对皇权危害行为的刑事立法和处罚力度。说到底“礼”和“法”不管在形式上如何不同，其目的都是完全一致的，是为了维护封建皇权，可谓殊途同归。在本书第二章中论述重刑主义的逻辑起点时便详细论述了权力一元的皇权专制制度是重刑主义的制度起点。确实，在整个封建时代，立法的中心便是保护皇权，严惩危害皇权的犯罪。对危害皇权的犯罪的严惩不贷，最突出地反映了重刑的本质。因此，从保护皇权的这类罪名入手应能非常好地分析传统法律中所体现出来的重刑主义思维。

维护皇权的制度古已有之。对直接杀害君主的，“放弑其君则残之”（《周礼·夏官·司马》）。对于违反君主命令的，“犯王命必诛，故出令不可不顺也”（《国语·周语》）。对于危害君主统治秩序的，“庶民之乱暴力正者，挢诬犯禁者，作言语而不信者，以告而诛之”（《周礼·秋官·禁暴氏》）。甚至是对于代表王权象征的物件毁损也有处罚，“革制度衣服者为畔（叛），畔者君讨”（《礼记·王制》）。为了维护君主的统治，甚至对于一些不良的行为，如聚众饮酒，会处以极刑，“群饮。汝勿佚，尽执拘以归于周，予其杀”（《尚书·酒诰》）。

秦朝的法律则更是以重惩危害中央集权的犯罪为主要目标，对于皇权而言，谋反是绝不能容忍的大罪，“公子虔之徒告商君欲（谋）反”，“秦发兵攻商君，杀之于郑黾池。秦惠王车裂商君以徇”（《史记·商君列传》）。赵高“责斯与子由谋反状”，“具斯五刑，论腰斩咸阳市”，“夷三族”（《史记·李斯列传》）。另外，秦律通过在思想方面进行刑法化管理来维护皇权。“有偶敢语《诗》《书》者弃市，以古非今者族。吏见知不举者与同罪。”（《史记·秦始皇本纪》）更有甚者，在秦始皇三十六年，有人在陨石上刻“始皇帝死而地分”，秦始皇得知后派御史调查此事，没有找到真正的肇事者，因此“尽取石旁居人诛之，因燔销其石”（《史记·秦始皇本纪》）。

汉代为了维护皇权，在立法上增加了许多危害皇权专制的犯罪行为。

谋反罪是打击的重点，是颠覆社稷的大罪，犯者被处以重刑。汉朝第一个被以谋反罪惩处的人就是淮阴侯韩信，“坐谋反，诛”（《汉书·高惠高后文功臣表》）。“侯偃嗣，三十一年，元狩元年，坐与淮南王谋反，诛。”（《汉书·高惠高后文功臣表》）对于违反礼制的僭越行为，汉律中也有规定，武原靖侯继任者卫不害“坐葬过律，免。”另外，为了增加对皇权独断的维护，进一步树立皇权威严，汉律对皇帝使用的物品等稍有触犯，或是对皇帝有不礼貌的言辞，也处以极刑。例如，延和年间“为詹事侍祠孝文庙，醉歌堂下，曰‘出居，安能郁郁’，大不敬，（令）自杀”（《汉书·景武昭宣元成功臣表》）。“黄霸在颍川以宽恕为治”，皇帝很赞赏他，“下诏称扬其行，加金爵之赏”，严延年很不服气，说：“丞相御史不知为也，当避位去。寿昌安得权此?”于是犯了“怨望诽谤政治，不道”的罪名，“处弃市”。（《汉书·严延年传》）甚至是规定了纯思想性的犯罪，即“腹诽”，汉武时司农颜异对皇帝的做法有疑义，“微反唇”，被张汤以“不入言而腹非”，判处死刑，皇权的独裁所导致的重刑可见一斑。

汉末，以儒家经典注释律文已蔚然成风，儒家经典成为统治者和封建士大夫的行为准则，将儒家经典列为国子学的主要科目进行任官考试，使得入世为官者大多精通儒学，他们直接参与立法，也使得三国两晋法律儒家化趋势日显，而这也同样反映在保护皇权方面。《北齐律》首次在立法上规定“重罪十条”，置于律典的首篇，强调这十种犯罪属于刑罚打击的重点，凸显了保护皇权的立法目的。“一曰谋反，二曰大逆，三曰叛，四曰降，五曰恶逆，六曰不道，七曰不敬，八曰不孝，九曰不义，十曰内乱”（《隋书·刑法志》），而自魏《新律》首次入律并引用至《北齐律》“八议”特权制度，对于违反“重罪十条”者是不适用的。

隋朝《开皇律》确立了“十恶”罪名，“又置十恶之条，多采后齐之制，而颇有损益。一曰谋反，二曰谋大逆，三曰谋叛，四曰恶逆，五曰不道，六曰大不敬，七曰不孝，八曰不睦，九曰不义，十曰内乱。犯十恶及故杀人狱成者，虽会赦犹除名”（《隋书·刑法志》）。不过隋炀帝时期制定《大业律》，据《唐律疏议》十恶条疏议所说，《大业律》对于“十恶”

是“复更刊除，十条之内，唯存其八”（《唐律疏议·名例律》）。由于隋朝时间非常短，且至隋炀帝时删除了十恶罪名的两条，其余八条并入其他律文。因此，一般后世讨论“十恶”时多以唐律为其出发点。

按明律，谋反、谋大逆都是“罪大恶极”之罪，一律采取重罪加重原则。如“凡谋反及大逆但共谋者、不分首从、皆凌迟处死。祖父、父子、孙兄弟、及同居之人、不分异姓、及伯叔父兄弟之子、不限籍之同异、年十六以上、不论笃疾废疾、皆斩。其十五以下、及母女妻妾姊妹、若子之妻妾、给付功臣之家为奴。财产入官。”另外，为防止臣下结党营私、篡位夺权，增设“奸党”罪，严禁内外官吏结交，“若在朝官员，交结朋党，紊乱朝政者皆斩，妻子为奴，财产入官”（《大明律·吏律》）。甚至规定：“凡诸衙门官吏及士庶人等若有上言宰执大臣美政才德者，即是奸党，务要鞫问穷究来历明白，犯人处斩，妻子为奴，财产入官。若宰执大臣知情与同罪。”（《大明律·吏律》）此举反映了皇权的极端发展。

至清朝，“十恶”仍处于各罪之首，而“谋反”仍为十恶之首，另外“谋大逆”及“谋叛”等罪的惩治亦延续了唐律的传统。对于侵犯皇权诸罪行的惩处清律比之前的律法更加严厉，并沿袭明朝专制高压的经验，设奸党罪，禁止内外官吏勾结。

从“十恶”制度的发展过程可以清晰看出一个脉络，“十恶”是皇权专制的衍生品，皇权乃是“十恶”制度的核心和灵魂，是中国古代法律的核心。“十恶”中直接针对皇帝本人或皇权统治的犯罪，或者危害象征皇权器物的犯罪，对皇权的保护是直接性的，而“十恶”中针对伦理秩序的犯罪，从承认“亲亲”而后确认“尊尊”，实际上也是间接地为了保护皇权的统治秩序。中国古代法典的形式几经变化，但维护君权、皇权的法律活动一直都很活跃，而且自“十恶”制度形成后，为历朝历代所强调和重视，均列入名例律，成为刑罚最重要的原则性规范。

“王朝可以更替，政权可能垮台，但‘制度’本身依然存在着。一个王朝跨台了，另一个王朝又以相似的样式建立起来；构成它的‘部件’可能发生更新，但其整体结构却可以保持着基本特征。”① “十恶”可以说就是皇权专制统治制度中最稳固的“部件”。“十恶”制度的萌芽、产生及其发展都是基于皇权的内在要求，及其最后在晚清时期变法修律中被废除的，也是由于皇权的统治已经走到了油尽灯枯的地步。可见在十恶制度的整个发展脉络中皇权是始终贯穿其中的决定因素。

历朝历代为了对付危及皇权统治的行为或不利于专制统治的思想，都在立法中贯彻了重刑主义。皇权统治者们为了维护其专制的统治必然要赋予重刑主义的合法性、合礼性，同时，专制的统治把重刑主义推向极端，走上了不归路。

二、“十恶”结构：核心是维护皇权

《唐律疏议·名例律》中所列举的“十恶”包括有：谋反、谋大逆、谋叛、大不敬、恶逆、不道、不孝、不睦、不义、内乱。大体上看，上述十个罪名就其犯罪对象看可分为两类，第一类是直接危害皇权或皇帝尊严的，属于政治性犯罪；第二类是严重危害社会特别是家族宗法伦理纲常的犯罪，属于社会性或者说是家族性犯罪。不过，中国古代历来是信奉“亲亲、尊尊”的，“亲亲”为“尊尊”的基础，因此，在“十恶”中对宗法伦理秩序的维护完全是为维护皇权服务的。可见，被收入“十恶”的犯罪都直接或间接地危害了至高无上的皇权。“十恶”之条载入五刑之后律典之首，“五刑之中，十恶尤切，亏损名教，毁裂冠冕，特标篇首，以为明诫”（《唐律疏议·名例律》），成为类似于刑法总则的原则性条款被固定下来，并作为优先而普遍使用，应可视为是法律对皇权维护功能的加强。尽管“十恶”中的罪名多出现在以前各朝代，就其过程来看“然汉制九章，虽并湮没，其‘不道’‘不敬’之目见存，原夫厥初，盖起诸汉。案梁陈已往，略有其条。周齐虽具十条之名，而无‘十恶’之目。开皇创

① 阎步克：《从爵本位到官本位——秦汉官僚品位结构研究》，生活·读书·新知三联书店，2009年，第278页。

制，始备此科，酌于旧章，〔八〕数存于十。大业有造，复更刊除，十条之内，唯存其八。自武德以来，仍遵开皇，无所损益”（《唐律疏议·名例律》）。唐律将它们汇总在一起，并以取专名、置于律首，而且为了树立严肃性，该罪不在会赦之限，仍是皇权发展在法律上的重要体现，具有标志性的意义。

沈家本曾以刑罚轻重而对侵犯家庭伦理的犯罪入十恶产生了质疑。他说：“此律始于北齐，原系重罪十条，其款目虽不可详，其无轻罪可知。隋氏改之，轻罪亦列入焉，似非定律之本意也。如前五条，情节并重，罪亦较重。若第六条……罪止流两千五百里，非重罪也。合和御药等项……，第七条之告言诅詈祖父母、父母……第八条……第九条……夫不敬、不孝、不睦、不义，其情事之轻重，岂能一致？论其名则同，论其实则不尽同。今不问名实之如何，而一概归之十恶，先王之法，空不若苛也。此，《唐律》之可议者。”① 实际上，在家国同构的中国，国是家的扩大与层叠，家族伦理是维系中国伦常社会的最重要支柱。“孝行不仅用以维系社会，更是维系政权不坠的重要德行。”② 因此，法律既然要求臣民效忠皇帝，则必须强调子女孝顺尊亲。在中国古代，“孝”不仅是属于道德层面，更是法律层面、甚至是政治层面的问题。打击这些犯罪看似为了社会的稳定，不过既然社会伦理是整个皇权统治赖以存在的社会基础，那么维护社会的稳定才能维护皇权独裁统治。本书将以《唐律疏议》为分析样本，详细论述“十恶”结构的核心是维护皇权。

“十恶”重罪根据所保护的法益对象可分为三类：第一类当然是对皇权秩序的保护，包括“谋反”“谋叛”“谋大逆”“大不敬”；第二类则是对家族秩序的保护，包括“恶逆”“不孝”“不睦”“内乱”以及“不义”中“及闻夫丧匿不举哀，若作乐，释服从吉及改嫁”；第三类则是对社会秩序的保护，包括“不义”“不道”。

---

① 沈家本：《历代刑法考》，中华书局，1985 年，第 1787 页。

② 陈俊强：《皇权的另一面》，北京大学出版社，2007 年，第 211 页。

首先是第一类别。在第一类别的四项犯罪中，按照轻重程度分别为“谋反”“谋大逆”“谋叛”“大不敬”。其中前三项犯罪均有一个特点，即“谋”，所谓“‘谋’者，二人以上。谋状彰明，虽一人同二人之法”（《唐律疏议·名例律》）。可见，谋罪多半是两人以上商量着犯的罪，因为，在一般情况下，只有与他人共议时方可表现行为人的主观意图，但在某些情况下，如果事实证据已经可以充分证明行为人意图实施犯罪，“假有人持刀仗入他家，勘有仇嫌，来欲相杀，虽止一人，亦同谋法”（《唐律疏议·名例律》）。如果是一般性的谋罪，结果是量刑的标准，“诸谋杀人者，徒三年；已伤者，绞；已杀者，斩”（《唐律疏议·贼盗律》）。但是在“十恶”中对该三项谋罪则均无考虑犯罪结果的问题。可见，为了保护皇权，立法者对于一些明知道的原则也会随意地突破。

排在十恶之首的是谋反大罪。何谓“谋反”？“谓谋危社稷”，“乃敢包藏凶慝，将起逆心，规反天常，悖逆人理，故曰‘谋反’”（《唐律疏议·名例律》）。皇权是神的象征，是上天意志的传达者，“王者居宸极之至尊，奉上天之宝命”（《唐律疏议·名例律》），对皇权的侵犯也就是对神的亵渎。“人君者，与天地合德，与日月齐明，上祗宝命，下临率土。而有狡竖凶徒，谋危社稷，始兴狂计，其事未行，将而必诛，即同真反。”“即虽谋反，词理不能动众，威力不足率人者，亦皆斩。”“虽谋反者，谓虽构乱常之词，不足动众人之意；虽骋凶威若力，不能驱率得人；虽有反谋，无能为害者：亦皆斩。”（《唐律疏议·贼盗律》）可见，此类罪名只要有预谋就构成犯罪，并不需要造成实际的伤害，都判处斩刑。另外，为了进一步维护皇权，哪怕是言语危及皇权也同样构成谋反罪。“诸口陈欲反之言，心无真实之计，而无状可寻者，流二千里。”（《唐律疏议·贼盗律》）

谋大逆，“谓谋毁宗庙、山陵及宫阙”，“干纪犯顺，违道悖德，逆莫大焉，故曰‘大逆’”。“‘谋大逆者，绞’，上文‘大逆’即据逆事已行”（《唐律疏议·名例律》）。可见虽然谋反与谋大逆一样，皆判斩刑，不过，“反则止据始谋”，“大逆者谓其行讫”（《唐律疏议·名例律》）。

谋叛，指的是“有人谋背本朝，将投蕃国，或欲翻城从伪，或欲以地外奔，即如莒牟夷以牟娄来奔，公山弗扰以费叛之类”（《唐律疏议·名例律》）。其处罚原则为，“始谋未行事发者，首处绞，从者流。已上道者，不限首从，皆斩”（《唐律疏议·贼盗律》）。首先从量刑上看，对于“始谋未行事发者”处“绞刑”，较之前两罪处“斩刑”轻，另外，“已上道”的不区分主从犯，而对于“谋未行事发”的则区分主从。而前两罪则均不区分主从。

大不敬，因为“礼者，敬之本；敬者，礼之舆。故礼运云：‘礼者君之柄，所以别嫌明微，考制度，别仁义。’”所以“责其所犯既大，皆无肃敬之心，故曰‘大不敬’”（《唐律疏议·名例律》）。大不敬的保护范围很广，包括“盗大祀神御之物、乘舆服御物；盗及伪造御宝；合和御药，误不如本方及封题误；若造御膳，误犯食禁；御幸舟船，误不牢固；指斥乘舆，情理切害及对捍制使，而无人臣之礼”（《唐律疏议·名例律》）。可以说是一个全方位的对皇权威严的保护罪。此罪中很多情况是过失犯罪，如给皇帝配药、做菜不按规矩者，或者是造舟船不牢固者，如果是故意则属于“谋反”。可见，为了维护皇权，如果在处理皇帝衣食住行中稍有差池都可能因为“无肃静之心”而获罪处刑。

第二类罪则是对家族秩序的保护。在古代中国，“不论政治、经济、宗教等功能都可以利用家族来担负”①，因此，家族是国家的基础。所谓“家不可一日无主，国不可一日无君”，可见，对国家的认同来源于对家庭的忠诚。皇权主义最深厚的根基实际上就是家长制家族管理模式。在人们心中，理想的国家政治关系成了家族关系的自然放大，好的官吏应是爱民如子的父母官。

恶逆，“谓殴及谋杀祖父母、父母，杀伯叔父母、姑、兄姊、外祖父母、夫、夫之祖父母、父母”，“父母之恩，昊天罔极。嗣续妣祖，承奉不轻。枭镜其心，爱敬同尽，五服至亲，自相屠戮，穷恶尽逆，绝弃人理，故曰‘恶逆’”（《唐律疏议·名例律》）。恶逆罪保护的是至亲尊长的特

---

① 费孝通：《乡土中国》，北京大学出版社，1998 年，第 41 页。

权，家国一体的环境下，父权至上，是孝，同时亦是忠。五服至亲间关系亲密，与一般意义的残杀比较，更多了一份对封建伦理亲情的打击，出于对封建父权的维护，立法者认为这种犯罪的主观恶性比其他谋杀犯罪的主观恶性要大得多，因此“恶逆”被看作重罪。对恶逆的处罚是“自伯叔以下，即据杀讫”，“若谋而未杀”，属于“不睦”。对于“恶逆”者，“常赦不免，决不待时”；“不睦”者，“会赦合原，惟止除名而已”（《唐律疏议·名例律》）。

不孝，“善事父母曰孝。既有违犯，是名‘不孝’”。包括“告言、诅詈祖父母父母，及祖父母父母在，别籍、异财，若供养有阙；居父母丧，身自嫁娶，若作乐，释服从吉；闻祖父母父母丧，匿不举哀，诈称祖父母父母死”（《唐律疏议·名例律》）。“五刑之属三千，而罪莫大于不孝”（《孝经·五刑》），可见，中国在很早以前就已经对不孝进行刑罚了。一直以来传统中国都有这样一个观点，在家为孝子，在国才能是忠臣，“治国必先齐其家者，其家不可教，而能教人者，无之”（《大学》）。既然孝是忠的基础，忠是孝的延伸，那么，对不孝必然是要严惩的。

不睦，“礼云：‘讲信修睦。’孝经云：‘民用和睦。’睦者，亲也。此条之内，皆是亲族相犯，为九族不相协睦，故曰‘不睦’”。包括“谓谋杀及卖缌麻以上亲，殴告夫及大功以上尊长、小功尊属”（《唐律疏议·名例律》）。此罪是亲族间互相侵犯行为的法律规定，将它列入“十恶”之中，充分体现了亲族关系在维系封建社会稳定方面的重要性。

内乱，“左传云：‘女有家，男有室，无相渎。易此则乱。’若有禽兽其行，朋淫于家，紊乱礼经，故曰‘内乱’”，包括“谓奸小功以上亲、父祖妾及与和者”（《唐律疏议·名例律》）。破坏家族内部伦常关系的犯罪，作为不可饶恕的重罪置于法典之中，可见统治者对封建礼教制度的保护。

不义中的“（妻）闻夫丧匿不举哀，若作乐，释服从吉及改嫁”（《唐律疏议·名例律》）。夫妻关系则本为家庭关系之列，在中国古代，妇女地位完全依赖于男性，所谓“妇人，从人者也：幼从父兄，嫁从夫，夫死从子”（《礼记·郊特牲》）。具体到夫妻之间，“夫者，妻之天也”（《仪礼》），妻子对于丈夫是“直者不能争，曲者不能论”（《女诫》），否则便是违反了“夫为妻纲”的伦常。“地之承天，犹妻之事夫，臣之事君也。其位卑，卑者亲视事，故自同于一行尊于天也。”（《白虎通·五行》）

最后一类则是对社会秩序的保护。先看下具体包括的罪状描述。

不义，“礼之所尊，尊其义也。此条元非血属，本止以义相从，背义乖仁，故曰‘不义’”，包括“谓杀本属府主、刺史、县令、见受业师，吏、卒杀本部五品以上官长”（《唐律疏议·名例律》）。此罪侵犯的是虽不存在血缘关系，但存在特定人身关系的犯罪。如官卒、师生的关系有类于家庭中的父子关系，所谓“一日为师，终身为父”。

不道，“安忍残贼，背违正道，故曰‘不道’”，包括“杀一家非死罪三人，支解人，造畜蛊毒、厌魅”（《唐律疏议·名例律》）。对此罪的处罚是“皆斩；妻、子流二千里”（《唐律疏议·贼盗律》）。在此罪中，如果三人“有一人合死及于数家各杀二人，唯合死刑，不入十恶”，可见，“一家”是一个很重要的判定标准，亦可见对家概念的法益保护。

第五节　为求实效，比、例滥用

一、比、例的起源及形式

“凡律无条，取比类以决之”（《后汉书·桓谭传》），可见，中国古代朝廷和地方各级官吏拥有律文的解释权及适用权，在审理案件时可以比照适用的律文来进行理由的阐述。我国古代关于“比”的最早记载，可追溯至西周。“上下比罪，无乱辞，勿用不行，惟察惟法，其审克之！上刑适轻，下服；下刑适重，上服。轻重诸罚有权。”（《尚书·吕刑》）注云：“事在上刑，而情适轻，则服下刑”，“事在下刑，而情适重，则服上刑”（蔡沉《书集传》）。此时的“上下比罪”主要是在适用法律时，进行上下的认真比较，予以适当的量刑。可见，“比”是司法官在审理案件时比照先前判案的成例，根据案件的实际情况，予以适当的加重或减轻刑罚的一种法律方式，极具灵活性和便利性。

“凡庶民之狱讼，以邦成弊之。”（《周礼·秋官·大司寇》）注曰：“邦成，八成也，以官成待万民之治。”故书“弊”为“憋”，郑司农云：“‘憋’当为‘弊’。邦成，谓若今时决事比也。弊之，断其狱讼也。故《春秋传》曰：‘弊狱邢侯。’”（马端临《文献通考·刑考》）“疑狱，泛与众共之，众疑，赦之。必察小大之比以成之。”（《礼记·王制》）

所谓“百代行秦制”，考察比附依然是从秦律开始。“廷行事”是秦朝的法律形式之一，“廷”指的是廷尉，秦朝时既掌刑狱的官吏，“行事”指的是“言已行之事，旧例成法也”（清·王念孙《读书杂志·行事》）。因此，在秦朝时已把司法机关的判例作为司法实践中除律文之外可资援引的审判依据了。

“求盗追捕罪人，罪人格杀求盗，问杀人者为贼杀人，且斗杀？斗杀人，廷行事为贼。”（《睡虎地秦墓竹简·法律答问》）可见虽应为“斗杀人”，但廷行事可以定为“贼杀人”。秦律将杀区分为贼杀、盗杀、擅杀、斗杀四类，其中“贼杀”是指故意杀人；“擅杀”是指尊杀卑、主杀奴；“盗杀”是指因盗而杀，兼有盗、贼二罪；“斗杀”是指因打架斗殴，在群斗中的杀人。其中对贼杀的治罪比斗杀重。

正式确立“比”为法律渊源是在汉朝，“县道官疑狱者，各谳所属二千石官，二千石官以其罪名当报之。所不能决者，皆移廷尉，廷尉亦当报之。廷尉所不能决，谨具为奏，傅所当比律令以闻”（《汉书·刑法志》）。在汉武帝以后，“比”在司法中大量适用。“奸猾巧法，转相比况，禁网寖密”，“死罪决事比万三千四百七十二事”（《汉书·刑法志》）。

隋唐时期，法律形式包括律、令、格、式四种，其中“格者，百官有司之所常行之事也”（《新唐书·刑法志》），典型的唐格是皇帝对国家机关或个人因时因事颁行的制敕，经过整理的法规汇编，所以也称为“敕格”。“诸制敕断罪，临时处分，不为永格者，不得引为后比。”（《唐律疏议·断狱律》）可见，就“敕”定为“格”后便有了“比”的作用。

至宋朝，将有指导意义的判例编撰成集，这种案例集被称为“编例”。“编例成为南宋的判例法，并有取敕而代之的气象。”① 明清时依旧沿用“例”作为“一时之权宜”（《明太祖宝训》卷三》）。明太祖在祖训中规定后世子孙不得更改《大明律》，但僵化的明律却又无法适应后世的发展，因此，至明孝宗十三年，颁行《问刑条例》，“永为常法”。《问刑条例》颁行后，“律例并举”开始盛行，尤其是万历十三年（1585 年）将条例附于《大明律》之后，开创了律例合编的新体例。这种体例被清律继承。

“大清律以名例居首，其次分隶于六部，合计三十门，凡四百六十条，顺治初厘定，大都沿用明律，律首六脏图、五刑图、狱具图、丧服图及纳赎收赎图，律文及注，律末并附比引律三十条，此其大较也。自是厥后，虽经纂修，然仅续增附律之条例，而律文未之或改。例文自康熙初年仅存三百二十一条，末年增一百一十五条。雍正三年，分别订定，三百二十一条曰原例，康雍间现行例二百九十例为增例，又以上谕及条奏二百有四条曰钦定例，总计八百十有五条。”② 从清初至雍正只不过是近百年，仅在朝廷本级，在律文未之或改的情况下，经厘定后的附比引律已经增加到了八百一十五条，而后随着形势发展和情况日益复杂，“沿道光咸丰以迄同治，而条例乃增至一千八百九十有二。盖清代定例，有例不用律，律既多成虚文，而例遂逾滋繁琐。其间前后抵触，或律外加重，或因例破律，或一事生一例，或一省一地方专一例，甚且因此例而生彼例，不惟与他部则例参差，即一例分载名门者亦不无歧异，辗转纠纷，易滋高下”③。从朝廷到各省、府、县，应对新情况、新问题，从便捷着手，普遍采用弃律用例。在清代，例的适用范围广泛，而且多因时因事而立，是律文的重要补充，以致在法律体系中律高于例，而在司法实用价值上则例大于律。

---

① 叶孝信主编：《中国法制史》，北京大学出版社，1996 年，第 233 页。

②③ 萧一山：《清代通史》卷四，商务印书馆，1962 年，第 1446 页。

二、滥用比、例的原因及其危害

封建统治的皇帝专权，其拥有的绝对权力和对权力的随心所欲的滥用，同样被依附在皇帝和皇权周围的各级各层各地的官吏、各色各样各处的乡土豪绅所效仿，从而使大大小小的“皇帝”“土皇帝”遍布全国，加之封建中国地域辽阔，民族众多，交通极不便利，边疆不靖且多变，各族各域风土人情千差万别，使得朝廷监督管理困难，更使官吏豪绅勾结，横行乡里，草菅人命比比皆是。各级官府治理审判中滥用职权，乱用比附，使得重刑在全国泛滥成灾。由此使得封建法律庞杂繁复，增附律之条例极多且细且密，随意性更大，而且历史悠久。

在《睡虎地秦墓竹简·法律答问》中很多审理是以“廷行事”为依据的，更有甚者，到汉武帝时，仅死罪决事比就有一万三千四百七十二事。可见，“比”作为法律渊源之一，确实充实了断狱的根据，但同时也造成了司法秩序的混乱。造成这个局面的原因是多方面的，而汉朝允许社会对律法的自主解释，“言者益繁，览者益难”（《晋书·刑法志》）是其中一个很重要的原因。汉朝廷对法律未做统一的解释。西汉时解释法律的有杜周、杜延年父子，经他们解释的法律，世称《大杜律》《小杜律》。东汉时私人解释法律更为盛行，如叔孙宣、郭令卿、马融、郑玄等人，以致出现“诸儒章句十有余家，家数十万言”（《晋书·刑法志》）局面。因此形成了经学家释法的传统，立法或司法等机构反而不释法。任由民间（主要是也只能是儒家之礼的道德学说）从各自所认可的道德角度和道德认同切入，随意释法，造成了“时有出入于律之外者”（《盐铁论·刑德》）。这种社会氛围客观上为官吏的各自随意比附提供了环境和土壤。“法令虽具，然吏一切以例从事，法当然而无例，则事皆泥而不行，甚至隐例以坏法，贿赂既行，乃为具例。”（《宋史·刑法志》）可见，比例的存在使得各级官府的许多大小官吏贪赃枉法，欺上瞒下，残害百姓，贪官污吏把“例”隐藏起来不用，又不引用敕律，在收到贿赂之后，才拿出“例”来解决问题。

加之中国地域广阔，交通极为落后，行政设置架构层级较多，使得专制制度中，较为可行的上对下的有效监督，不可能常态化进行。而且各地区民俗风情差异很大，造成律之比附的结果和影响迥然不同。传统道德对审理判案有重大影响力，官吏往往从自身道德判断着眼理案，况且还必须考虑所在地区豪绅大户的看法和态度，这同样也使得判例千奇百怪。所有这些国情、省情、县情、乡情和人情，形成了社会与官府、百姓和官吏、乡亲和乡绅、官府和官吏之间复杂的关系，同时也提供了贪官污吏贪赃枉法、贪污受贿的巨大空间和可能，并使上下层级之间极易沆瀣一气，互相包庇和纵容。所谓“所欲活，则傅生议；所欲陷，则予死比”（《汉书·刑法志》）。

地方各级官府和官吏，遍布乡土中国的大量乡绅是皇帝实施封建专制统治的基本力量和骨干力量。皇权对这些势力是保护多、打压少，放纵多、约束少，即便是不得已而为之的打压，也是在激起了民变之后，朝廷出于稳定局势而平民愤的需要。这是由专制制度的本质和皇帝的专权本性所决定的，也是封建专制制度的内在必然要求。即使是朝廷认识到其弊端并因而对此做出约束，往往也会由皇帝将这些约束推倒，使其成为一纸空文。秦汉两朝作为封建专制统治的奠基鼻祖，秦皇汉武这些封建帝王的“楷模”，在这些领域早已形成传统，做出“榜样”。从出土的秦简中，可以看出秦时法律规范已经相当细密，史书关于秦“皆有法式”（《史记·秦始皇本纪》）的说法是靠得住的。但是，随着皇帝制度的建立，皇帝专擅司法权也开始制度化、法律化。秦始皇“躬操文墨，昼断狱，夜理书”（《史记·秦始皇本纪》）且“专任刑罚”（《汉书·刑法志》），“乐以刑杀为威”以致“劓鼻成车”“所割男子之势高积如山”（《史记·秦始皇本纪》）。从汉武帝起，他以至高无上的权威，肯定了儒家经典《春秋》决狱的可行性和合法性。其结果是造成儒家任意引经释法的弊端，以致“志善而违于法者，免；志恶而合于法者，诛”（《盐铁论·刑德》）。后人对此抨击时尖锐指出：“名曰引经决狱，实则便于酷吏之舞文。缘饰儒术，外宽内深，睚眦必报。掇类似之词，曲相符合，高下在心，便于舞文。吏民益巧，法律以歧，故酷吏由之，易于铸张人罪，以自济其私。”宋朝为了防范模拟的滥用，影响到援法定罪的正确实施，曾规定：“诸司定夺公事，望令明具格敕律令，条例闻奏。事理不明或无条可援者，须件析具事宜从长酌中之道取旨，不得自持两端，逗留行遣。如挟情者，望许人论告，重行朝典，或止是畏避，亦量加责罚。”（《名公书判清明集》）

比、例的出现原是企图援法为治，不过在法自君出、君言即法的专制制度面前，便显得不值一文。明太祖曾下诏曰：“出令制法，重轻予夺在上。比降特旨处分，而三省引用敕令以为妨碍，沮抑不行，是以有司之常守，格人主之威福，夫擅杀生之谓王，能利害之谓王，何格令之有？臣强之渐，不可不戒。自今应有特旨处分，闻有利害，明具论奏，虚心以听，如或以常法沮格不行，以大不恭论。”（《明史·刑法志》）后又下诏：“凡御笔断罪，不许旨？尚书省陈诉，如违并以违御笔论。”可见，只要触犯皇帝专权这个根本利益，皇帝是绝不允许的。

司法官吏审理案件时就如何适用法律做出解释，在没有法律可以援引时，根据自己的判断，比照援引类似或相近的法律作为断案根据，这一过程，完全是司法者个人的创造性活动，兼具立法和司法两种性质。立法权与司法权合而为一的危害，极容易产生司法擅断，官吏根据个人喜恶，主观臆断他人的行为，随意出入人罪。并且由于完全是个人的行为，使得百姓虽有成文法在手，但应如何适用，还是有着强烈的无所适从感。可以推测，其大量的运用会造成法律适用的混乱，并严重危害了正常的社会法制秩序。

第五章　清末社会对重刑主义的反思

制度在通常情况下具有稳定性，表明制度下的行动者彼此形成了博弈均衡的关系，任何一方都没有意愿或者能力改变现有的制度安排。外儒内法下的重刑主义便一直延续了近两千年。然而，制度的稳定性又是相对的，当原有的博弈均衡由于制度环境的变动从而被打破，旧制度下的行动者便会重新寻找和重新设计能够更为有效地实现潜在利益的制度方案，直至新制度再次在行动者之间形成新的博弈均衡。不过，原有制度被打破却不可能是一蹴而就的，社会的演化发展过程中形成的价值观、文化传统、信仰体系等，这一切都是根本性的制约因素。清末对重刑主义进行过清算，但由于清末时新的生产力基础尚未真正发展起来就被迫因为外敌的侵略而进行新的生产关系的建立，因此，清算并未彻底，一直到今天，我们仍然必须考虑已经形成多年的对重刑主义的依赖情绪和文化等制约因素。

第一节　清末修律的背景与动因

一、清末的经济格局的变化情况

清朝立国以来，至鸦片战争以前，清朝的农业占绝对地位且较稳定，但却处于停滞不前的状况："民田从顺治二年的 4, 056, 905 公顷增加到道光十三年的 7, 375, 129 公顷。依据这些数据，推想田地增减一般情况，可以说明，清朝最重要的农业生产并没有超过明朝。"① 此时清将历代相沿的

① 范文澜：《范文澜全集》第八集，河北教育出版社，2002 年，第 504 页。

田赋和丁税归并为地丁一种赋税，使得国家税赋及人口都得到增长，其中“地丁收入从顺治时代的两千万两增长到乾嘉时的约三千万两”，人口从“乾隆六年的143,410,559名增加到道光二十一年的413,457,311口”①。“清朝商税非常轻微，道光时代每年收入不过四、五百万两。比较地丁，约得六分之一，但会馆，公所，行，帮等商人基尔特组织，在社会经济方面，占有很大的势力。”② 由此促进了工商业的发展和提升。当时，国际贸易只占国内贸易的极少部分，“广东是唯一的国际贸易口岸，当时税收止得江苏的半数，而鸦片战争后的道光二十五年，粤海关约占全国关税的半数了”③。工矿业特别是陶瓷业、窑业、铸钱业、印刷业、制盐业、纺织业、制茶业、采矿业等均有一定的发展，但在自给自足的自然经济和封闭的状态下，技术落后，发展缓慢。“嘉道以前，历朝每岁收支总数变动不大。收入数约为4800余万两，支出数中央和地方和计约3500万两。道光以前，历朝收支都有盈余，这说明清朝的统治基础确甚巩固。”④

清朝中晚期，虽仍然是农业和农耕经济为主的社会，但中国资本主义已经有了较快的发展。由于封建中国以权力为社会运行和治理的重心和核心。所以，“中国民族资本主义的产生，主要不是自身发展的结果，而是19世纪60至70年代由一部分官僚、地主和商人，逐步投资新式工业形成的。他们在投资经营手段上，除官办外，主要采取‘官督商办’‘官商合办’的形式，纯粹商办者甚少”⑤。官督商办或合办的企业，官员直接或者间接掌控权力，特别是人事和财权。反而商人、企业家成了傀儡，使得企业腐败不堪，管理混乱，“时报”当时有一报道，详细描述了汉冶萍公司⑥的腐败习气，颇具代表性。“督办到厂一次，全厂必须悬灯结彩，陈设

---

① 范文澜:《范文澜全集》第八集，河北教育出版社，2002年，第608页。

② 范文澜:《范文澜全集》第八集，河北教育出版社，2002年，第610页。

③ 范文澜:《范文澜全集》第八集，河北教育出版社，2002年，第611页。

④ 范文澜:《范文澜全集》第八集，河北教育出版社，2002年，第616页。

⑤ 张宪文等:《中华民国史》，南京大学出版社，2006年，第30页。

⑥ 中国最早的钢铁联合企业。由汉阳铁厂、大冶铁矿和江西萍乡煤矿三部分组成，是中国第一代新式钢铁联合企业。

一新。厂员翎顶衣冠，脚靴手本，站班迎迓。酒席赏耗之费，居然列入公司账内。督办之下，复设总会办，月支薪水一千两，一凡绿呢轿，红伞亲兵、号褂以及公馆内所需一切器具、伙食、烟酒零用，均由公司支给。公司职员，汉、冶、萍三处，统计不下千二百人，大半为督办之厮养，及其妻妾之兄弟，纯以营私舞弊为能。"（《时报》1913年3月4日）

"根据近代人口学家的分析，19世纪晚清时代，人口总数大体在4亿左右波动。"① 这样一个庞大人口规模的国家，市场潜力及资源丰富，商业前景十分诱人。但是在19世纪初，西方列强单凭生产的洋布、皮毛、机器等工业品是难以进入中国市场的。清朝此时对国际贸易严加管制，出台了许多限制洋商的措施。如"西洋人附居广东澳门，大小船只不准超过二十五只，州县官失查西洋人过境，降一级留任。府州官罚俸六个月。一个地方发现西洋人，全省官员受处分。洋船出口，除煮饭锅外，不准载铁锅出洋。外夷商船通市贸易定有界限，如越界在内地起卸货物，该省督抚及该关监督准令起卸并开船回国，查出降两级留任。外夷船只遭风漂至内洋，该省督抚如不奏闻，并不派员前往管束，罚俸九个月。"② 清朝指定广州为唯一的外国通商口岸，广州苛待外商。规定："外国妇人不得居住商馆，不准坐轿，必需步行，每月只许初八、十八、二十八三天入花园游玩，不得直接向官府进禀。凡各种请愿，必需由公行代禀。所有住商馆外人，必需受公行管束，不得随意出入，购买货物，由公行代办。通商期一过，禁止在广州居住，应载货归国或往澳门。"③ 乾隆五十四年（1789）英国对华输入品"二分之一以上是鸦片，四分之一是印度棉花；中国对英输出品，茶叶占五分之三，丝占五分之一，棉织物已输出不少"④。长久以来这种自给自足的经济基础，支持了清政府传统的闭关政策，也养成了清政府顽固昏聩的思想，这种政策和思想反过来又巩固了封建社会的落后停

① 张宪文等：《中华民国史》，南京大学出版社，2006年，第10页。
② 范文澜：《范文澜全集》第八集，河北教育出版社，2002年，第617页。
③ 范文澜：《范文澜全集》第八集，河北教育出版社，2002年，第620页。
④ 范文澜：《范文澜全集》第八集，河北教育出版社，2002年，第621页。

滞性。但是对于习惯于海盗行为的英国政府，为了要打破中国的大门，可耻地进行臭秽的鸦片贸易，再加上凶横无理的武装攻击，中国大门在鸦片战争失败后，终于被迫打开了。

二、治外法权丧失

鸦片战争失败后，英国以中国法律野蛮、残忍以及审判方式落后不文明为借口，要求享有领事裁判权。1842 年中英《五口通商章程》（即《虎门条约》）率先对此做出规定："凡英国禀告华民者，必先赴管事官处投票，候管事官先行查察谁是谁非，勉力劝息，使不成讼。间有华民赴英官处控告英人者，管事官均应听诉，一例劝息，免致小事酿成大案。……倘遇有交涉词讼，管事官不能劝息，又不能将就，即移请华官公同。……其英人如何科罪，由英国议定章程、法律发给管事官照办。华民如何科罪，应治以中国之法，均应照前在江南原定善后条款办理。"（《中外旧约章汇编》）随后在第二次鸦片战争后，清政府与英、法签订的《天津条约》中，进一步将领事裁判权扩大，其中明确规定："英国民人有犯事者，皆由英国惩办。中国人欺凌扰害英民，皆由中国地方官自行惩办。两国交涉事件，彼此均须会同公平审断，以昭允当。凡英国民人控告中国民人事件，应先赴领事官衙门投禀。领事官即当查明根由，先业劝息，使不成讼。中国民人有赴领事官告英国民人者，领事官亦应一体劝息。间有不能劝息者，即由中国地方官与领事官会同审办，公平讯断。"（《中外旧约章汇编》）自此以往，列强与中国缔约，无一列外地攫取了领事裁判权。

1876 年《中英烟台会议条约》第二款规定："凡遇内地各省地方或通商口岸有关系英人命盗案件，议由英国大臣派员前往该处观审；……至中国各口岸审断交涉案件，两国法律既有不同，只能视被告为何国之人，即赴何国官员处控告；原告为何国之人，其本国官员只可赴承审官员处观审；倘观审之员，以为办理未妥，可以逐细辩论，庶保各无向隅，各按本国法律审断，此即（天津）条约第十六款所载'会同'两字本意。"（《中外旧约章汇编》）

不过在刚开始的时候，清政府对于丧失治外法权有着错误的认识。《虎门条约》签订后，认为这一条款的订立，有“杜绝衅端，永远息争相好起见，两无偏枯，亦两无窒碍”① 的好处。由此不难想象当时清朝士大夫们普遍的这种无知心理。治外法权最终被清朝统治者重视并最终成为清末修律的重要原因，是在一次又一次的华洋冲突中产生的。

鸦片战争后，随着一系列不平等条约的签订，中国实际上已经沦为半封建半殖民地的落后国家。西方列强在华已经形成了巨额商业暴利并对华商及其企业构成了巨大的商业竞争压力，而且享有一系列在华特权。面对西方列强的压迫，20 世纪初中国国内各地，纷纷建立和形成了反映工商业者利益和诉求的各种社团及商会，以维护和争取华商的利益。“据统计，自 1902 年—1911 年间，全国已累计建立商务总会 57 个，分会 871 个，全国会员总数 196636 人。其中会员总数超过 1 万人的省份已有：四川（30655 人）广东（28848 人）江苏（22418 人）浙江（16739 人）直隶（12784 人）湖南（12665 人）奉天（12366 人）江西（10325 人）等等”②。从此数量巨大中可见当时华洋间矛盾之巨大。

当时华洋贸易多以丝、茶为重点进行，由于各方的信息、文化理念、商务手段、金融工具以及处理矛盾和问题的方式、方法、手段、手法，甚至语言文字的理解都存在许多偏差，从而导致纠纷冲突不断发生。华商洋商有的直接对簿公堂，有的利用各自的行业协会和组织进行博弈。由于审判费时费力，令许多冲突升级，造成更大损失，有些经济纠纷，由于外国领事和官员介入，更趋复杂，引发社会和民众不满。这期间，引起申报关注并予以跟踪报导的华洋商案多不胜数，如 1873 年 4 月 25 日“湖丝经手交丝与西商银行不付银”为题的谢子南案；1873 年 5 月 12 日“利杭洋行与法国银行事”为题的涉及华商利益的电报往来案；1874 年 2 月 22 日“论上海银票事”为题的顺发庄票案等。

---

① 郭卫东：《鸦片战争后期中英善后交涉》，《社会科学研究》，1996 年第 4 期。

② 张宪文等：《中华民国史》，南京大学出版社，2006 年，第 35 页。

华洋商案的审理，往往还引起中外政府之间、地方官吏与清政府之间及民意、舆情的冲突和博弈。“外人以我审判与彼不同，时存歧视。商民又不谙外国法制，往往疑为偏袒，积不能平。每因寻常争讼细故，酿成外交交涉问题。比年以来更什难数，若不变通诉讼之法，纵令事事规仿，极力追步，真体虽允大用，未妙于法政，仍无济也。”（沈家本《修律大臣奏呈刑事民事诉讼法折》）这无疑是对社会实际情况的深入了解和把握。

华洋商案的诉讼及所引起的纠纷，往往形成对政治的冲击，是清末修律变革的重要动因。深谙中西法律差异的伍廷芳曾深刻地指出：“查各国通例，凡他国人在本国者，皆归地方官管辖，犯案皆归地方官讯办。惟中国商民往他国者，受治于他国之官，而他人来我中国者，则不受治于我。侈然而肆无所顾忌，冠履倒置职是之由。然彼之人民不受约束，犯案不听讯办者，非专持强以凌人也。彼所借口盖有两端：一则谓我限以通商口岸，民人应就近归彼领事管束；二则谓我刑律太重，彼实不忍以重法绳其民。”（伍廷芳《奏请变通成法折》）他在同一奏折中提醒说：“臣愚以为，中西法律固不能强同，然改重为轻亦圣明钦恤之政。况因不一之故，以致华民科罪，则虽重尤以为轻，洋人定案，虽轻尤以为重，无术以杜彼族之口，岂足以示廷尉之手？夫法无不变，制贵因时，应请饬下部臣，采各国通行之律，析中定议。勒为通商律例一书，明降谕旨，布告各国，所有交涉词讼彼此有犯，皆以此为准。此律一定，则教民教士知所警而不敢妄为，治内治外有所遵而轻为画一矣。”（伍廷芳《奏请变通成法折》）

三、清末各阶层人士为收回治外法权宣扬变法改图

领事裁判权是对一国司法主权的严重侵犯，中国各阶层人士无不引为奇耻大辱，虚骄心和自卑感交杂在一起的清朝统治者也视之为心病一块，有口难言。因为洋人的借口并非毫无依据，中国法律的落后野蛮确是一个不争的事实。在这种背景下，清末各阶层人士既是为了谋求收回治外法权，同时又是为了借题发挥以宣扬变法改图的必要性和紧迫性，往往都将修订旧律作为他们倡导变革的具体内容。正是这种原因，导致中国近代法

律思想的变革成为整个变革思潮的先导。

资产阶级改良派最善于以收回治外法权为冠冕堂皇的借口，来兜售其改订旧律的主张。早在19世纪60年代，郑观应就提出："洋人既入我中国营生，当依我中国规矩"。针对领事裁判权，他劝告朝廷"毅然改图"，"定则例以持讼狱之平"（《盛世危言·交涉》）。维新之士唐才常还通过一些具体事例，揭露领事裁判权的危害性和不公正性。他认为，一国之民在他国就应当接受当地的司法管辖，这是"本地球万国之公法"。但中国治外法权的丧失，导致了"华人洋人同犯一罪，而华人受重法，洋人受轻法"（《唐才常集》卷一）这种不合理不公正现象的产生，是对中国司法制度的极大破坏，因此，更改旧律以收回治外法权乃当务之急。维新主将康有为在向光绪进变法之言时，也认为给洋人以领事裁判权，使"外来人者，自治其民，不与我平等之权利，实为非常之国耻"。所以，他主张直接借鉴"罗马及英、美、德、法、日本之律"（《戊戌奏稿·应诏统筹全局折》）来重新制定符合世界发展潮流的法律。

洋务派由于将法律视为"可变"的"体"外之"用"，故从来就不太讳言法律的修订。当然，设法收回治外法权也一直是他们提出修律主张的重要借口。1877年，驻英公使郭嵩焘在奏折上就认为在各通商口岸，"每遇中外人民交涉事件，轻重缓急，无可依循，是以历年办理洋案，各口岸领事与地方官交互抵难，辗转避就，无一能持平处断者。推原其故，由中国律例与各国相距太远，又无能究知西洋律法，遇有辩论事故，无例案之可援，观望周章，动为所持"。所以，他请求朝廷"参核各国所定通简律法，分别条款，纂辑通商则一书"（《清季外交史料》卷十一《使英郭嵩焘奏请纂成通商则例折》）。郭嵩焘主张制定的"通商则例"，是在企图不触及清朝律例的前提下单独制定涉外民、刑专律。这种主张在19世纪七八十年代的洋务派中具有代表性，如李鸿章多次表示领事裁判权"于公法最为不合"，"洋人刑罚从轻，每怪中国拷讯，斩、绞之属太苛"，因此，如果不有所更改，洋人是不会放弃领事裁判权的。他主张仿效日本的做法。日本开户之初也丧失了治外法权，但他们很快知耻后勇，"先将向用刑章改就西洋”，尽量屈从西人，终于换回了领事裁判权的废除。所以，中国如果“不改而强西人归我管辖，虽巴西、秘鲁小邦亦不愿也”。另一方面，李鸿章又很现实地认识到，由于中外刑律迥异，要取消这一令人羞耻的权利，就“须将数千年相外之刑法大变”，“试问中国刑部及内外各衙门能将祖宗圣贤刑制尽改乎?”（《李文忠公全集》卷七《朋僚函稿》）在这种情况下，他知难而退，像郭嵩焘一样，也仅是主张拟定“中外通商律例”，以“办理交涉案件”（《李文忠公全集》卷七《译署电稿》）。

不过，显而易见的是，不全面修改旧律，仅在“通商律例”上做文章，这种想法既天真而又无可行性。这一点，连同洋务派的恭亲王奕䜣也觉察到了。所以，当郭嵩焘提出要制定“通商律例”之后，奕䜣极表反对，他的理由看起来是有一定根据的：①以中国当时任人宰割之局，即使订有涉外法律，也未必真能置洋人于中国司法管辖之下；②在清廷法统尚未发生任何变化的情形之下，于通商口岸另设律例，极可能助长列强向内地渗透其势力之心；③最根本的问题，即如果中国真欲改变被动局面，收回法权，就应着手对律例进行全面修改，一面让“出使各国大臣搜采其国之法律等书”，一面“咨行南北洋大臣遴派通晓律例及素习洋文中外人士，责令详明翻译，一体分类纂辑”（《清季外交史料》卷十一《总署奏拟纂通商则例以资信守折》）。随着时势的发展，奕䜣的意见逐渐成为洋务派的主流。

在改良派和洋务派的共同影响下，戊戌期间，光绪皇帝也有意于改订旧律。因此，当刑部侍郎李端棻奏请删改律例后，光绪即下谕，“著各部院堂官，督饬司员，各将该衙门旧例，细心䌷绎。其有语涉两歧，易滋弊混，或貌似详细，揆之情理，实多窒碍者，概行删去，另定简明则例，奏准施行”（《德宗景皇帝实录》卷四）。光绪的这种态度取向，除了他本身有一定的救败起颓之志外，治外法权之辱也是刺激因素之一。正如后来梁启超在《戊戌政变记》中所追忆的那样：“……又以异邦人在中国者得有治外法权，不受政府之管，损辱国体，莫此为甚。而我邦刑律太苛，不近情理，势难强人就我，故拟采欧洲之制，先更律法，以为他日条约更正张

本。至是李端棻言之，故有删改则例之谕，盖制于西后，未敢开局大修法制，先借是为嚆矢耳。”［《戊戌变法》(二))］

《辛丑条约》之后，西太后慈禧惊魂甫定，知道万难继续死守成法，被迫树起“新政”旗号。“及乎拳祸猝起，两宫蒙尘，既内恐舆情之反侧，又外惧强邻之责言，乃取戊已两年初举之而复废之之政，陆续施行，以表明国家实在维新之意”（《东方杂志》第一期癸卯十二月《中外日报》：《论中国必革政始能维新》)。后来的发展也证明，慈禧“新政”的主要内容，就是准备修订旧律。迨及张之洞、刘坤一联名会奏“整顿中法”与“采用西法”，清政府方开始着手具体实施。

另一方面，西方列强承诺一旦中国旧律得以修订，就可以放弃领事裁判权，这也一直是清政府内部修律之声不绝的思想动因。《辛丑条约》后，列强在与清政府重订的商约中，进一步正式明确了这一承诺，如 1902 年的中英条约就做了如此规定：“中国深欲整顿中国律例，以期与各西国律例改同一律，英国允愿尽力协助以成此举。一俟查明中国律例情形及其审判办法及一切相关事宜皆臻妥善，英人即允弃其治外法权。”（《中外旧约章汇编》）此后 1903 年的中美条约、中日条约，1904 年的中葡条约均有类似条文。无论西方列强的承诺真伪及动机如何，它客观上对推动清政府最终决心进行大规模的修律起了一定的作用。

第二节　清末修订刑律的法律思想

一、批判传统：清末变革的思想酝酿

实际上在明末清初时，已有许多新思想从一问世就足以质疑甚至挑战传统的正统思想、观念、律法，进而皇权等核心内容。如近代中国著名思想家黄宗羲晚年所作《明夷待访录》，影响很大。“其中《原君》《原臣》

两篇，透澈地发挥了民主主义。”① 对君主专制制度提出了深刻的批判，“为天下之大害者，君而已矣”（《明夷待访录·原君》）。“后之为人君者则不然，以为天下利害之权皆出于我，我以天下之利尽归于己，以天下之害尽归于人，亦无不可。使天下之人不敢自私，不敢自利，以我之大私为天下之大公，始而惭焉，久而安焉。视天下为莫大之产业，传之子孙，受享无穷。”（《明夷待访录·原君》）另外，黄宗羲对封建律法的本质也作了入木三分的揭示，“后之人主，既得天下，唯恐其祚命之不长也，子孙之不能保有也，思患于未然以为之法”（《明夷待访录·原法》）。他认为“此乃一家之法，而非天下之法也。后世之法，藏天下于筐夹者也，利不欲其遗于天下，福必欲敛于上。用一人焉则疑其自私，而又用一人以制其私；行一事焉则虑其可欺，而又设一事以防其欺。天下之人共知其筐夹之所在，吾亦思思然曰，唯筐夹之是虞。故其法不得不密，法愈密，而天下之乱即生于法之中，所谓非法之法也”（《明夷待访录·原法》）。这些与传统正统观念相左的言论，反映了社会上一部分知识分子对封建专制统治的不满和对现行体制的怀疑，同时也暴露出封建专制统治已显现危机。黄宗羲还从自身所处的时代和世情出发，结合个人颠沛流离的经历，从社会底层观察和思考整个社会实际，大胆提出了工商皆与农一样是社会之本的真知灼见。他指出：“工固圣王之所欲来，商又使其愿出于途者，盖皆本也。”（《明夷待访录·财计三》）工商亦是社会生存发展之本，相对于传统重农抑商、工是奇巧淫技为末流的传统观念和奉为国策的社会共识而言，具有石破天惊的意义和作用，并给当时社会思想的探索拓开了藩离，影响不能低估。难怪史学家范文澜将黄宗羲誉为“卓越的思想家”②。

另一思想家顾炎武也对传统皇权提出质疑和抨击，他别开生面地将国家与天下进行区分，从而对“朕即国家”的至尊地位提出非议，而给广大庶民社会一个天下的更大空间和视野，可谓振聋发聩。他认为：“人君之

---

① 范文澜：《范文澜全集》第八集，河北教育出版社，2002年，第653页。

② 范文澜：《范文澜全集》第八集，河北教育出版社，2002年，第652页。

于天下，不能以独治也。独治之则刑繁矣；众治之，则刑措矣。”（《日知录·法制》）应该：“以天下之权寄天下之人。”（《日知录·守令》）皇帝独揽大权，必然造成“一兵之籍，一财之源，一地之守，皆人主自为之。欲专其大利，而受其大害，遂废人而用法，废官而用吏。禁防纤细，特与古异，而威柄最为不分”（《日知录·法制》）。由于“秦始皇之治，天下之事无大小皆决于上，至于衡石量书，日夜有呈，不中呈不得休息，而秦遂已亡。太史公曰：‘其天下之纲尝密矣，然奸伪萌起，其极也。上下相循，至于不振。然则法禁之多，乃所以为趣亡之具，而愚暗之君，尤以为未至也。’”（《日知录·法制》）顾氏上述见解，夹叙历史并针对现实发表议论，言锋所向已逼封建专制的皇权核心。顾炎武剖析道：“有亡国，有亡天下，亡国与亡天下奚辩，曰：‘易姓改号谓之亡国，仁义充塞而至于率兽食人，人将相食，谓之亡天下。’自正始以来，而大义之不明遍于天下。”（《日知录·正始》）他举“山涛与嵇绍”① 的典故后鲜明指出：“是故知保天下，然后知保其国。保国者，其君、其臣，肉食者谋之；保天下者，匹夫之贱，与有责焉耳。”（《日知录·正始》）顾氏区分国家与天下的真谛，这一认识不啻是刺向封建专制帝权的一把利刃，从而使绝不可、绝不能怀疑的帝权神圣意识，成为社会知识界讨论的议题，对当时社会思想的新觉醒产生重要影响。后许多思想家都从此处着手，展开对封建专制制度的深刻批判。

正如史学家吕思勉所指出：“明清两代，学术思想的变迁，关系极大。这种变迁，起于明末，而极盛于清朝乾嘉之时，道咸以后，又别开异境，就和最近输入的西洋思想相接触。而西洋思想适于此时输入，两种潮流，奔腾澎拜，互相接触，就显出一种‘江汉朝宗’‘万流齐汇’的奇观。”②

按照这一说法，前文所提的两位思想家是属“极盛于清朝乾嘉之时”，但在西方尤其是鸦片战争后，引入了西法民权的思想，对中国传统法制赖

① “嵇绍不孤”的成语故事。

② 吕思勉：《中国大历史》上册，湖南文艺出版社，2011 年，第 662 页。

以生存的皇权专制体制的冲击力更大。

留日的章太炎亦专论帝制之不合民意民情，他指出："君之能尽南面之术矣，其道简易，不名一器，下不比于瓦缶，上又不足当金卮。又其成事皆待众人，故虽斥地万里，破敌钜亿，分之则一人斩一首级矣；大施钩梯，凿山通道，分之则一人治一坡矣。其事至微浅，而筹策者犹在将吏。故夫处大官载神器者，佻人之功，则剽劫之类也。己无半技，则奄尹之伦也。然不竟废黜者，非谓天命所属与祖宗之功足以垂远矣。老子固曰：'无之以为用。'"他在同一文中进一步强调，如果以国压民、以政压俗，其结局只会是"有见于国，无见于人；有见于群，无见于孑"。从而导致"国难治，政难理，其民不人"。他主张："政之所具，不过经令，法之所禁，不过奸害，能说诸心，能研诸虑，以成天下之亹亹者，非政之所兴也?"（均出自章太炎《国家论》）

自清以来，许多思想家不约而同地把思想的利刃指向封建帝制，他们或联系两千多年帝制的弊端，及给国家和百姓带来的痛苦和不幸；或广为介绍西方列强及日本维新后的文明和发展，以进一步认识封建帝制的落后及野蛮。虽然相当一个时期并未形成风气和主流，但新思想从一开始，就抓住封建专制帝权这一核心要害，而且相当关注中西法律在此领域的对比，并注意从强烈的对比中批判帝制的危害。这就为以后西方近代文明的思想观念、文化、法律、工商管理理念、政治理念等进入中国，影响中国，改变中国做了必要的思想和知识理念的准备。

二、废除重刑——清末修律的重点内容

（一）清末学者对中华法系重刑主义的反思

面对鸦片战争的惨败，中国社会各阶层方如梦初醒。"吾国由天朝大邦之地位，降而与各国平等。乃始知有世界，有列强。"针对西强中弱的事实，士人纷纷主张向西方学习。"欲制外夷者，必先悉夷情始，欲悉夷情者，必先立译馆翻夷书始。"魏源还介绍说：西方各国"议事听讼，选

官举贤，皆自下始，众可可之；众否否之；众恶恶之，三占其二，舍独徇同。即在下预议之人，亦先由公举，亦不谓周乎?”出使各国使节亦纷纷反映西方各国情况，“试观泰西各国，见其骎骎日盛，财用充足，兵力雄强者，类皆君民一心。无论政治大小，悉经议院妥酌，然后举行。中国则不然，民之所欲，上未必知之而与之也；氏之所恶，上未必察之而勿之施也”。

在西情的介绍以及中西对比的背景下，舆情也渐渐地集中于法律领域。“今数十年，诸臣所言变法者，率皆略变其一端，而未尝筹及全体。又所谓变法者，须自制度、法律先为改定，乃所谓变法。今所言变之，是变事耳，非变法也。臣请皇上变法，须向统筹全局而变之，又请先开制度局而变法律，乃有益也。”（《康南海自编年谱·戊戌变法》）“若夫吾国法律与万国异，故治外法权不能收回。且吾旧律民法与刑法不分，商律与海律未备。尤非与万国交通也，臣前所亟亟请开法律局，为此也。”（康有为《戊戌奏稿》）梁启超对此也阐发了许多真知灼见，推动西法精神在古老中国扎根落地。“法行十年或数十年或数百年而必弊，弊而必更，天地之道业。”（梁启超（《饮冰室文集·变法通议》）“要尽取西方的国律、民律，商律、刑律等书而广译之。治旧国必用新法也，其事顺，其义至明，有可为之机，有可取之法，有不得不行之势，有不容少缓之故。”（梁启超《饮冰室文集·变法通议》）他进一步从中西比较的角度介绍说：“立法者，国家之意志也。昔以国家为君主所私有，则君主之意志，即为国家之意志，其立法权专属于君主固宜。今则政学大明，知国家为一国人之公产矣，且内外时势浸逼浸剧，自今以往，彼一人私有之国家，终不可以立于优胜劣败之世界。然则今日而求国家意志之所在，舍国民奚属哉。”（梁启超《论立法权》）随着商人与洋商的往来扩大和士人的积极推动，中西各方面交流日益发展。西方法律文明也日益被广为传播，中西法律之差异、优劣也更多地被商界和士人所了解，被社会所知晓。对清律肉刑乃至传统刑律刑讯、行刑之严酷的认识，在社会上也初步形成谴责的氛围，有些官员亦对酷刑进行鞭挞，呼吁予以改革。

“中国三代以上立法高宽，所设不过五刑。自后一坏于暴秦，在坏于炎汉，有罪动至三族，武建严酷之吏相继而起。西人每论中国用刑残忍，不若外国宽严有制，故不得不舍中而言外，取外而酌中。”（郑观应《刑法》）“今宜除凌迟律，犯此者改为斩决；除绞律，犯此者改用西国击脑、闭气法决之；并除父母、兄弟、妻子连坐律，以仰体列圣仁慈之隐，继其未及改定之志。”其还说：“惟我国尚守成法，有重无轻，故西人谓各国刑罚之惨，无有过于中国者。如不改革与外国一律，则终不得列于教化之邦，为守礼之国，不能载入万国公法，凡寓华西人不允归我国管理。”（郑观应《刑法》）

据载，张之洞向清政府提出的整顿中法的九条意见中，便大量参考借鉴了西法，因此也对中法的落伍掉队、不合时宜提出批判。他认为：“改罚锾赎，建议除盗案命案应按律治罪，窃贼地痞流氓伤人诈骗讼棍等罪犯，宜量予以朴责监禁，不准罚赎外，其他如户婚、田土、家务、钱债等案件由于发生争讼的多系绅衿，故可改刑罚为罚锾赎。”①

朝廷重臣能在酷刑的改革上与民意舆情互动，一是中西比较确实反差大，自惭形秽；二是出使大臣大多上书欧美社会实情，给人耳目一新；三是当时社会舆论、士民言论压力大。朝廷上书改革旧律的重臣，对清末修律起了推进作用。

（二）清末修律大臣对中华法系重刑的批判反思

1. 沈家本：改重为轻

沈家本诠释法律，模仿的是法家的口吻，“法者，天下之程式，万事之仪表也”（《新译法规大全序》）。另一方面，他又吸收儒家的重民思想来补充解释法律，他指出：“律者，民命之所系也，其用甚重而其义至精也”（《重刻唐律疏议序》）。可见，他对法律的解释，只是综合了法、儒两家，并无太多新意。

---

① 张晋藩：《中国法律的传统与近代转型》，法律出版社，2005年，第365页。

至于法律的作用，他归结为两个方面，一是治民，一是治国。他说："为政之道，首在立法以典民"（《旗人遣军流徒各罪照民人实行发配折》）。因为正如管子所说的那样，"法律政令者，吏民规矩绳墨也"，只有对百姓绳之以法，才能"安民知众"。如果废法弛禁，结果必如"积水而决其防"。谈到刑法，他更明确解释为"国家惩戒之具"（《死刑惟一说》）。这是法律治民的一面。至于治国，他认为是绝不能离开法律这一工具的。他说："世未有无法之国而能长安久治者也"（《历代刑法考·刑制总考》），只有"举全国之精神胥贯注于法律之内"，方可"国势日张"。他以中国历史的许多朝代为例，说明国运之兴衰与法度之优劣直接相关，"朝政明，而法度立"；也只有法度立，才可保证国家的长治久安。

沈家本首先提出立法宗旨必须统一。他认为"法乃国家惩戒之具，非私人报复之端"，因此"立法宗旨一定不得两歧"。所谓"两歧"就是既有"国家惩戒之意"，又存"私人报复之心"（《死刑惟一说》）。国家如果"以刑为泄忿之方"，则必然导致刑法"重之有重，更无穷已"（《历代刑法考·刑制总考》）。其次，他认为断罪之律必须统一。针对清末制定新律后，旧律并未废止，新旧参差、轻重各异的情况，沈家本提出："犯罪不论新旧，断罪自当一律，不得再有参差，致法律失信用之效也"（《历代刑法考·明律目笺》）。最后，他认为适用法律必须统一。这其实就是法律的平等适用问题。沈家本以史为鉴，批评了中国古代法律适用上的等级差别原则。如他抨击南北朝时的梁朝士族享有各种法律特权时说："凡人皆同类，……法之及不及，但分善恶而已，乌得有士族匹庶之分？"（《历代刑法考·刑制总考》）针对清朝赋予旗人享有换刑、减罪的法律特权，沈家本提出了汉人旗人"一体同科"的主张，他严肃指出："法不一则民志疑，斯一切索隐行怪之徒，皆得乘瑕而蹈隙，故欲安民和众，必立法之先统于一。法一则民志自靖，举凡一切奇邪之说，自不足以惑人心，……若旧日两歧之法，仍因循不改，何以昭大信而释群疑？"（《旗人遣军流徒各罪照民人实行发配折》）对清朝而言，要讲适用法律的平等，首先要化除满汉畛域，满汉"一体同科"。沈家本清醒地意识到了这一点，因此提出了这种积极的主张。

立法要详审，用法要持平，两者相较，沈家本认为后者更难做到，也更重要。“有国家者非立法之难，而用法之难也”；“一代之法，不徒在立法之善，而在用法之得其平”（《历代刑法考·汉律摭遗自序》）。而欲做到持平用法，关键要有仁恕之心。他借曾子之语来表达自己的观点，即“恕心用则可寄枉直矣。夫贤人君子断狱，其必主于此乎”。他对汉朝郭躬“平刑审断”“推己以议物，拾状以贪情”的行为很赞赏，并说：“恕心用三字，实为平刑审断之木，酷虐残暴之人习焉而不察者，皆由其心之不恕也。恕则仁心自生，酷虐残暴之为，即有不忍为之者矣。”（《历代刑法考·汉律摭遗自序》）。提倡用法平恕，目的在于反对清朝实施法律过程中的“酷虐残暴”，期望中国的法律朝轻刑化的方向迈进，这种愿望虽然良好，但在当时难以实现。

可以肯定的是，沈家本在修律过程中已经了解到“法无明文规定不为罪”这一资产阶级法治原则，并自觉或不自觉地接受了这一原则的影响。所以，他对过去凡“断罪无正条，用比附加减之律”的做法进行了批评，认为“若律无正条而仍有刑，是不信于民也”，“司法之审判官得以己意于律无正条之行为比附类似之条文，致人之罪，非立宪国之所宜有也”（《历代刑法考》）。但比附定罪，是中国的传统，“沿习既久，群以为便，一旦议欲废之，难者蜂起”。鉴于此，沈家本也以托古的手法，来论证“中国本有此法”。如晋朝刘颂在疏文中曾言：“律法断罪皆当以法律令正文，若无正文依附名例断之，其正文名例所不及，皆勿论”。沈家本认为“今东西国之学说正与之同，可见此理在古人早已言之，特法学之论说无人参究，故陈述之者少耳”。又如金世宗时曾颁谕：“近闻法官或各执所见，或观望宰执之意。自今制无正条者皆以律文为准”。沈家本认为这些都是中国自古就有“罪行法定”原则的根据。“晋刘颂议之于前，金世宗行之于后，初不始于今东西各国也。”（《历代刑法考·明律目笺》）虽然沈家本的牵强附会难以让人接受，但其目的却是值得称道的，因为沈家本竭力证明“罪刑法定”的原则在中国古已有之，欲借此减弱阻力，在修律中废除比附定罪的陋制。他的这一努力换来了积极的成果，由他主持修订的《大清新刑律》终于明文规定："法律无正条者，不问何种行为不为。"这是中国历史上第一次确立罪刑法定的原则，其意义不言而喻。

清政府修律是以"务期中外通行"为目标的，在此前提下，沈家本提出了"参考古今，博辑中外"（《历代刑法考·重刻明律序》）的修律原则。在奏请编定现行刑律的奏折中，他又明确表示："专以折冲樽俎，模范列强为宗旨。"他的出发点很明确，即所谓修律，就是要摆脱传统形式的束缚，以西律为蓝本，使中国跟上世界潮流，"与各国无大悬绝"（《奏虚拟死刑改为流徒折》）。另一方面，他知道如果一味照搬西律，自然会遭到来自各方面的反对，"有阻力也"，而且又要顾及"不戾乎我国时代相沿之礼教、民情"。所以，他强调必须"审乎政教风俗之故，而又能通乎法理之原，虚其心，达其聪，损益而会通焉"（《监狱访问录序》）。显然，由于认识上的局限以及种种因素的制约，沈家本的修律指导思想起点并不高，没有也不可能跨越清政府预先设置的思想藩篱。

尽管如此，沈家本还是以其深刻的预见性和大胆的创新精神，提出了一系列改造旧律、引用西法的思想和意见，开创了中国法律有史以来最大变局。其中最为重要的就是"改重为轻、废除酷刑"。

沈家本认为刑法的轻重，直接关系到仁政的实施。他批评清朝刑法太重，是"不仁"，所以，"改重为轻，固今日仁政之要务"。他首先提出的就是删除清律中野蛮、愚昧的凌迟、枭首、戮尸这三种"不仁""不正""不德""亏损仁政"之法，代之以斩决、绞决、监候。

缘坐和刺字也是不人道的酷刑，沈家本本着"罪人不孥"的古训和"刑罚止及一身"的原则，在与伍廷芳会奏的《删除律例内重法折》中，主张一概予以废除，凡不知情者不得缘坐；应予刺字者改令收所习艺。

针对清朝死刑太滥的情况，沈家本主张以《唐律》和各国通例为据，酌减死刑。对清律中将戏杀、误杀、擅杀定为虚拟死罪的做法，他也提出了异议，认为"此数项罪犯，在各国仅处惩役禁锢之刑"，即唐律"亦不概问死罪"，故他主张将戏杀改为徒罪，误杀、擅杀改为流罪，均按照新章勿用发配，人习艺所，罚令作工。“总期由重就轻，与各国无大悬绝”（《虚拟死罪改为流徒折》）。

法律之重虽然以上几项为典型，但仅仅删除改革这有限的几项内容，却不足以从整体上使法律达到由重到轻的变化。

2. 伍廷芳：胜残去杀

中国欲改变听任宰割的局面，就必须“改弦更张”，而首先要将陈腐的法制进行一番改造。至于如何着手实施这种改革，却是一个敏感而棘手的问题，伍廷芳的看法是：

“若夫法律，原以齐民。轻典重典，时当损益，伊古以来，帝王不相沿袭也。臣愚以为中西法律，固不能强同，然改重从轻，亦圣明钦恤之政。况因不一之故，以致华民科罪，则虽重犹以为轻；洋人定案，则极轻犹以为重。无术以杜彼族之口，岂足以示廷尉之平？夫法无不变，制贵因时。应请饬下部臣，采各国通行之律，折中定议，勒为通商律例一书，明降谕旨，布告各国。所有交涉词讼，彼此有犯，皆以此为准。次律一定，则教民教士如所警而不敢妄为；治内治外有所遵而轻为画一矣。”（伍廷芳《奏请变通成法折》）

他以英国的情形为参照：

“刑狱宜矜恤也。英国百年之前，酷刑苛惨，殆无人理，意谓惩奸宜用重点，乃文纲愈密，讼狱愈繁。后扫除更张，民风翕然丕变。观此科悟道德齐礼之旨，并可探胜残去杀之原。中国以军兴改用就地正法章程，事平之后，沿用勿革，每年就戮者，不可胜计。而犯者更多于前，狱成三木，律析二端，欲民无冤，不可得也。孔子曰：‘不教而杀为之虐’；老子曰：‘民不畏死，奈何以死俱之’，盖痛酷吏之风，言治狱之难也。应请旨饬下刑部，参取西法之良，以为录囚之助，如问供不尚刑求，圜扉务期清洁，法良意美，最宜仿行。其罚多刑少，监禁多而死罪少，亦所以慎决狱而重民命，参而取之，比而同之，庶几可复唐虞钦恤之隆，或有当于古先哲五刑期无刑之至意也。”（《戊戌变法档案史料》:《出使美国日国秘国大臣伍廷芳折》）

伍廷芳在奏折中对传统的重典治世论进行了抨击，并对改良刑狱寄予厚望。他从“外”与“古”两个方面为自己寻找依据，“外”有英国刑罚改重从轻而致“民风翕然丕变”之先辙，“古”有先圣至理之名言。而英国之局，正隐合了中国古代“道德齐礼”之要旨，体现了传统的“胜残去杀”理论的精义。这中西合璧的说辞，虽没能跳出复古主义思维定式的窠臼，但在当时仍不失为维新的强音。

伍廷芳具体关于修改重刑思想的构想如下：首先是删除酷刑。他认为中国刑法严酷，是导致治外法权丧失的重要原因，“故中国之重法，西人每訾为不仁。其旅居中国者，皆籍（藉）口于此，不受中国之约束”，所以与其“墨守旧章、授外人以口实，不如酌加甄采”，将刑法改重为轻，这不但是“今日除死刑中凌迟、枭首、戮尸三种惨毒的刑罚及缘坐、刺字，这些最为外人所訾议的陋制，以向天下昭明修律改重从轻的宗旨”，“此外或因改革，端绪繁多，俟臣等随时厘订，陆续奏闻”（《删除律例内重法折》）。

其次是禁刑讯，他主张严格限制刑讯，除“罪犯应死，证据已确而不肯供认者准其刑讯外，凡初次讯供时，及徒流以下罪名，概不准刑讯，以免冤滥”。为改变“中国案以供定”的流弊，除死罪必须有“输服供词”外，其他只要“众证确凿”，本犯既便“狡供不认”，“即按律定拟”，“似此则听讼不用刑讯，无辜免受拖累”（《奏核议恤刑狱各条折》）。中国自古案以供定、供以刑求，已为积久之固习，司法之惯例，遽加改良，必有阻碍。如御史刘彭年就曾上奏，对禁刑讯提出疑问，强调对此要“再加详慎”。他虽然也承认“刑讯为东西各国所窃笑，即中国政治法律家久已心知其非”，但他同时以为当时“人心不古，一切治具又复疏节”，在条件不成熟的时候如果“徒慕外国”，“骤然禁止刑讯”，就会令司法部门“穷于究诘，必致积压案件，经年不结”，所以刘彭年认为“须俟裁判诉讼各法俱备后，方可实见施行”。对这种似是而非的言论，伍廷芳逐一予以了驳斥。他说：既然已知刑讯为各国所窃笑，又心知其非，就应该“奋然禁绝，无待踌躇”。如若俟裁判、诉讼各法俱备后再实施，“是明知非议而不速改，不更为东西各国所窃笑乎?”又“原奏乃谓，有刑讯，则凡人尚有畏刑之心；去刑讯，则问官穷于究诘。徒责小民之无往往畏刑自诬；凶暴者，往往茹刑不吐。徒恃刑求，必不免有枉滥者”。针对刘彭年对禁刑讯后导致积案的担心，伍廷芳反问道：难道一用刑讯就能免除这类弊端吗?那么为何“从前各省积压之案，有数年及十年数不结者，且有拖累无辜毙多死者”（《奏停止刑讯请加详慎折》），这又作何解释呢?伍廷芳还对朝廷明令禁止刑讯后上海公审公廨“阳奉阴违”，“时闻有刑求杖责之事”予以了揭露。他认为上海作为“风气开通”之地，领袖各埠，本应率先作则，切实推行新法，以为将来推及全国之张本，然而“竟至首先梗阻，殊出情理之外”。对这种视新法为具文，“视宪典如牟髦”的行径，他主张“非从严参办，不足以肃纲纪”（《奏流徒禁刑讯、笞杖改罚金折》）。

三、礼法之争——清末修律的理论争论

清朝在内外压力之下，终于在1902年正式任命沈家本、伍廷芳为修订法律大臣，改变中国法律发展历史进程的清末修律活动正式步入实施的阶段。清末修律是清政府陷入穷途末路窘境时的自救之举，“既是为了欺人，同时也难免流于自欺”①。“设立了法律馆，有按照交涉情形，参酌各国法律，务期中外通行有俾治理之旨。盖亦欲修明法律，俾外国就范也。直隶总督袁世凯、两江总督刘坤一、湖广总督张之洞会保刑部左侍郎沈家本、出使美国大使伍廷芳修订法律。沈家本等乃征集馆员，分科纂集，并延聘东西各国之博士律师籍各顾问，复调外国留学生从事翻译。自三十四

① 马作武：《中国法律思想史纲》，中山大学出版社，2007年，第363页。

年初一日开馆以来，各国法律之译成者十余种。新刑律草案即出于日本博士冈田之手，全依日本法，举大清律例而一概废除之矣。”① 因此，以沈家本为首的修律人士面临着巨大的压力和阻力，他们不断地与反对新律的守旧派进行论争，在力所能及的范围内保住修律的成果，这些论争便是清末修律中的礼、法之争。清末修律的影响不应低估，而清末修律过程的错综复杂及曲折给历史的启迪，更应值得重视。

礼派，以张之洞、劳乃宣为代表，他们顽固坚守君主专制以及宗法家族制，拒绝对传统旧律做实质性的修改。而法派则以沈家本为代表，期望模仿西方来认真修改中国旧律。两派论证围绕着众多的法律规范，但刑事法律的修改则是争论最重火药味的领域。争论表面上围绕三个问题展开：“议者一则曰：全弃中律概从外邦；再则曰：专摹外人，置本国风俗于不顾；三则曰：不为本国数万万人计，专为外国流寓数千人计。”②

先来关注一下两派的观点。

在沈家本等修订《大清新刑律》的过程中，张之洞上书朝廷，历数新刑律草案之谬。“中国即制刑以明君臣、父子、夫妇之伦，而新刑律草案于颠覆政府者，虽为首魁或不处死刑，对侵入太庙、宫殿等处射箭、放弹者，或科以罚金；此皆罪重法轻，不合君臣之义。新刑律草案对伤害尊亲属因而致死或笃疾者，或不科死刑，是视父母与路人无异，有违父子之义。又新刑律草案无妻妾殴夫之条，等之于凡人之例，是与夫妇之义相悖。新刑律草案对亲属相奸无加重处分，对强奸者处罚过轻，对犯奸行为竟置之不问，皆足以破坏男女之别而有余也。草案不列尊长殴杀卑幼之条，而等之于凡人，是足以破坏尊卑长幼之序。此外，针对修律大臣原奏所列旧律所宜变通诸端，张之洞也一一提出批评。以为根据律意与国情，笞杖有不能尽废者，罚金有不尽可行者，是以刑名未可全改；而死罪亦未可过减；死刑未可唯一；比附未可尽除；惩治教育尚需酌定年限。”③

---

① 萧一山：《清代通史》卷四，商务印书馆，1962 年，第 1446 页。

② 萧一山：《清代通史》卷四，商务印书馆，1962 年，第 1448 页。

③ 梁治平：《礼法之争：清末修律的敏感论题》，《上海书评》，2011 年第 7 期。

张之洞首先提到的新法不合理处为对皇权的保护不充分。本书第四章中详细论述了重刑主义在中国古代传统法律制度中的表现之一就是“十恶”制度，在该制度中对皇权的保护是充分而全面的，对“大不敬”的行为处罚也是很严厉的。而新法“对侵入太庙、宫殿等处射箭、放弹者”，判处罚金刑，张之洞认为是“不合君臣之义”。

接着，张之洞对子孙卑幼可以向尊长行驶正当防卫权提出了异议。在中国古代传统文化中特有的家国同构的价值观中，对国家的认同源于对家庭的忠诚，皇权主义最深厚的根基就是家长制家族管理模式。因此，树立尊长在家中的权威亦是皇权在社会能享有独断权威的基础。在礼派看来，如果正当防卫权一律不区分对象的话，则违反了以孝治天下的祖训。

接着，张之洞对新法中无专门立法处罚“妻妾殴夫”的行为以及对于“亲属相奸无加重处分”提出异议，认为“与夫妇之义相悖”，“足以破坏男女之别而有余也”。在中国古代，夫妇之义就在于妇依附于夫，“夫者，妻之天也”（《仪礼》）。由于古代认为男女有别、上下有别，因此，妻妾殴打丈夫的行为在礼派看来便与一般意义上的殴打行为不同，恶劣性更甚。而亲属相奸是违反礼教的大事，破坏家族内部伦常关系的犯罪一直被作为不可饶恕的重罪置于法典之中。新法却将这些重要的原则置若罔闻。

张之洞还对草案不列尊长殴杀卑幼之条提出异议，由于古代认为男女有别、上下有别，而且，在讲究以孝治天下的国家，从来都没有不是的父母，家里的尊长为了教育子女难免要实施惩罚，而惩罚如果过当致其伤或死，也是情有可原的。而新法将之视同一般意义的殴杀，足以“破坏尊卑长幼之序”。

从上面的讨论可以看出，张之洞计较的并非罪名间的争论，而是设罪与否背后的价值观问题。将身份的差异抹去，将等级差别删除，而一视同仁，打破了家国同构的价值观念。两派的争论实际上是传统与现代的较量。“天子治官，官治家长，家长治家人。以此求家庭之统一，即以谋社会之安宁。故中国之礼教与法律，皆以家族主义为精神者也。各国则不然。未成年之时，则教育之义务，管理之权利，皆属于家长，特以之为养成国民基础之地耳。成年以后则变家人而为国民矣。以君主立宪国论之，则国君如家长，而全国之民人人皆为其家人，而直接管理之。必不许间接之家长以代行其立法司法之权也。故各国礼教与法律，皆以国家主义为精神者也。国家主义之国，必使国民直接于国家，而不间接于国家。此二主义者，不两立之道，无并行之法者也。此问题者，非区区一刑律之问题，更非区区刑律中一二条文字句之问题，乃中国积弱之根本原因，而此后存亡所关之大问题。而今之新刑律，实以国家主义为其精神，即宪政之精神也。"①

在朝堂之上，关于刑讯就曾进行过面对面的争论②。御史刘彭年奏称："民事不准刑讯，无待游移。至于人命盗贼以及情罪较重之案，似未便遽免刑讯。"他还称："有刑讯则犯人尚有畏刑之心，去刑讯则文官穷于究诘。"修律大臣伍廷芳复奏言："泰西各国无论各法是否具备，无论刑事、民事大小各案，均不用刑讯。此次修订法律，原为收回领事裁判权起见，故齐一法制，取彼之长，补我之短，实为开办第一要义。唯中外法制最不相同者，莫如刑讯一端。"他在朝堂上进一步奏明道："今日中国刑讯之弊，非一端矣。原奏所谓中国民事、刑事不分，至有钱债细故，田产纷争，亦复妄加刑吓。又其甚者，竟至波及案外无辜，横加敲朴。小民遇有讼事，无计避地方之拷责，冤抑莫申。言及此，可谓寒心。徒责小民之无良，而不计问官之残酷，揆诸公理，已觉背驰。"争论的结果是"谕旨下政务处刑部知之，（对伍廷芳奏）不作肯定之批示"。可见专制统治下，治民于重典酷刑的观念根深蒂固，难以撼动。

沈家本对有关条文之法理进行解释，并托古论今进行反驳，力主与西法接轨。"无夫之妇女犯奸，欧洲法律并无治罪之文，近日学说家多主张不编入律内，此最为外人着眼之处。如必欲增入此层，恐此律必多指摘也。此事有关风化，当于教育上别筹办法，不必编入刑律之中。孔子曰：

---

① 梁治平：《礼法之争：清末修律的敏感论题》，《上海书评》，2011 年第 7 期。

② 萧一山：《清代通史》卷四，商务印书馆，1962 年，第 1451 页。

'齐之以刑'，又曰：'齐之以礼'，自是两事。齐礼中有许多设施，非空颁文告遂能收效也，后世教育之不讲，而唯刑是务，岂圣人之意哉。违犯教令出乎家庭，此全是教育上事。应别设感化院之类以宏教育之方，此无关于刑事，不必规定于刑律中也。"（《寄簃文存书·劳提学新刑律草案说帖后》）然而即使就是这样由修律大臣阐发的，托圣人之言，而且持理充分，充满人性关怀的论点及理念，在强大的封建传统礼教和守旧势力面前，依然显得形只影单，苍白乏力。清政府颁发下谕，再一次屈从于顽固保守势力和传统守旧思想的淫威，同时也就给封建专制皇权的最后失败和灭亡再多添加了一条绳索。谕旨曰："唯是刑法之源，本乎礼教，中外各国礼教不同，故刑法亦因之而异。中国素重纲常，故于干犯名义之条，立法特别严重，良以三纲五常，阐自唐虞。圣帝名王兢兢保守，实为数千年，相传之国粹，立国之大本。今环海大通，国际每多交涉，固不宜墨守固常，致失通变宜民之志。但只可采彼所长，益我所短。凡我旧律义关伦常诸条，不可率行变革。庶以维天理民彝于不敝。该大臣务本此意，以为修改宗旨，是为至要。"（《清末筹备立宪史料》）此上谕，除再清楚不过地表明了封建顽固势力的嚣张和强大之外，也将封建专制统治，特别是帝权维护专制统治的本质属性暴露无遗。

伴随着中国法律近现代化的进程，对于这场礼法双方功过得失的评论，从来没有停歇过。在礼派的声讨中，终免去沈家本的职务，而且载有纲常名教条目的《暂行章程》亦附上了新刑律正文其后。如果就此断定"这场大辩论战，胜利仍属旧的礼教一派"① 似乎未免草率。此次礼法之争，法理派虽有所妥协和退让，但被广泛视为违背礼教伦常的新刑律草案仅增附五条《暂行章程》便获通过。由此看来，恐怕很难说是孰赢孰输，乐观派可以说是双赢的局面，悲观派说是双输也未尝不是事实。

如果从阶级阶层分析的角度辨析这场礼法之争，多数人会认为礼派

---

① 苏亦工：《重评清末法律改革与沈家本之关系》，《法律史论集》第一卷，法律出版社，1998 年。

"表达的是封建法律思想，以维护宗法家族制度，进而达到维护整个封建制度的目的"，而法派"是属于资产阶级民主主义的范畴"①。"表达的是资产阶级法律思想，以维护'人权'为号召，进而达到维护资本主义制度的目的。"② 少数人会认为两者无阶级阶层的差别，这场论争"体现了在皇权专制之下清末统治集团内部保守派和革新派之间的认识差异"③。"在清廷和沈氏之间不存在什么两种对立的指导思想。"④

将清末的礼法之争以阶级分析方法为出发点进行归纳未免失之片面、狭隘和简单。从更为广阔的角度上讲，将法律视作整个社会文化的有机构成，"有文字记载的历史初期，法律如同一个民族所特有的语言、生活方式和素质一样，就具有一种固定的性质。这些现象不是分离地存在着，而是一个民族特有的机能和习性，在本质上不可分割地联系在一起，具有我们看得到的明显属性。这些属性之所以能融为一体是由于民族的共同信念，一种民族内部所必须的同族意识所至，任何偶然或任意原因的说法都是错误的"⑤。清末的礼法之争可以用文化的方法进行分析。多数人认为此次的礼法之争是"是外来法文化与传统法文化之争"⑥，"表面上，这是关于法律歧见的争执，而实际上，是如何对待纲常名教的对立"⑦。继而认为，法派"接受西法采狭义的法律观，分别礼教、伦理与国家制定法的职掌"，而礼派"则采广义的法律观，认为习惯礼俗与国法不可分割，法律如只指涉国法，将是窒碍难行"⑧。

"西洋文化之所以是优越的，并不是因为他是西洋的，而是因为他是

① 江必新：《中国法文化的渊源与流变》，法律出版社，2005 年，第 227 页。

② 张国华：《中国法律思想史新编》，北京大学出版社，2005 年，第 372 页。

③ 叶孝信主编：《中国法制史》，北京大学出版社，1996 年，第 374 页。

④ 苏亦工：《明清律典与条例》，中国政法大学出版社，2000 年，第 336 页。

⑤ ［德］萨维尼：《论当供立法和法理学的使命》，《西方法律思想史资料选编》，北京大学出版社，1983 年，第 526 页。

⑥ 李贵连：《沈家本传》，法律出版社，2000 年，第 297 页。

⑦ 黄源盛：《中国传统法制与思想》，台湾五南图书出版公司，1998 年，第 337 页。

⑧ 林端：《儒家伦理与法律文化》，中国政法大学出版社，2002 年，第 75 页。

近代或现代的。我们近百年来之所以到处吃亏，并不是因为我们的文化是中国的，而是因为我们的文化是中古的。”① 可见，将先进的西法观念引入中国，是法律进化观的必然，而礼法争论的核心是如何处理好移植西方法律和中国特殊法律传统二者之间的相互关系问题。

“无论是礼教派还是法理派，都没有探索到真正的解决问题的道路，就修律而言，制度变革的速度与观念上出现的混乱形成巨大的反差，正是由于观念的问题，有法不依成为近代法律的痼疾。”② 从清末修律过程的礼法之争来看，国人在法律现代化的理论问题思考之时交织着的是特殊主义与普世主义的立场，尤其决定了对传统中华法系的态度：中国是应走本土化渐进改良的漫漫之途，还是采用移植西律促成“法律革命”的捷径。当然，普世主义的立场毕竟为国人看待中华法系提供了比较视野，即西方现代化的法律体系与趋于文明的刑罚制度使得国人彻底批判并废除重刑成为可能。

第三节　清末重刑改革的历程

一、清末刑法修订的概况

从1902年清政府颁布修律开始，以“务期中外通行”（《清德宗实录》）为宗旨，清末刑法的修订，大致经历了两个发展阶段③。

第一阶段：修订《大清律例》，颁行《大清现行刑律》。虽然只是在对《大清律例》进行局部修改的基础上完成的《大清现行刑律》，该律“仅删繁就简，除删除六曹旧目而外，与《大清律》根本主义无甚出入”④。

---

① 冯友兰：《三松堂全集》，河南人民出版社，2000年，第580页。

② 马小红：《礼与法：法的历史连接》，北京大学出版社，2005年，第182页。

③ 参见叶孝信主编：《中国法制史》，北京大学出版社，1996年，第371页。

④ 谢振民：《中华民国立法史》，中国政法大学出版社，2000年，第882页。

但其意义不可忽视。首先，就是使用“刑律”二字，虽然仍带有诸法合体的传统法典特色，除律文外仍有附例一千三百余条。但对于一些关于继承、分产、婚姻、田宅、钱债等纯属民事性质的条款不再科刑，与原律例明显不同。虽然仍保留“十恶”重罪并置于律首，但还是废除了一些残酷的刑罚方法：例如删除了凌迟、枭首、戮尸、刺字等刑罚，删除了缘坐制度。将笞杖刑改为罚金、苦役，重新确立了五刑体系为：罚金、徒刑、流刑、遣刑及死刑。并停止使用刑讯。

当然，《大清现行刑律》只是对《大清律例》进行局部的修改，大部分条文也仍沿用了旧的条款。至关重要的是，对于《大清律例》的基本精神和主要原则，无丝毫触碰，无根本性的改变。

第二阶段：起草和颁布《大清新刑律》及《暂行章程》。由于在修律中贯彻的是“以西为主、以中为辅、中西结合”的基本指导思想，《大清新刑律》可说是中国历史上第一部具有近代意义的专门性的刑法典。新刑律在体例、概念、罪名、内容等方面均与旧律有着明显的区别。它规定了一套新的刑罚体系，将刑罚改为主刑、从刑两类，主刑包括死刑、无期徒刑、有期徒刑、拘役、罚金；从刑包括褫夺公权和没收。这是中国历史上第一次废除了封建五刑制度。大量采用了西方资产阶级的刑法原则。如采用了罪行法定主义原则，规定“法律无正条者，不问何种行为，不为罪”，采用法律面前人人平等及同罪同罚的近代西方刑法原则等，从而改变了自古以来的以身份定罪量刑、同罪异罚的封建刑法原则，体现出近代西方法律中崇尚平等的法制精神。《大清新刑律》中大量使用了西方的法律概念，如既遂与未遂、惯犯与偶犯等，对故意、过失、正当防卫、紧急避险也做出了具体规定，并增设缓刑、假释、时效等专章，为法典增加了一定的系统性、严谨性和科学性。

不过由于新刑律大量运用了西方国家通行的法理，对传统的封建法制制度冲击过大，引来了以张之洞、劳乃宣为代表的“礼教派”的猛烈攻击，从而引发了著名的“礼法之争”。最终在新刑律后增加了五条附则，称为《暂行章程》。五条附则对四个方面做了特别的规定：第一，对部分罪名判处死刑的仍可适用“斩刑”。如危害皇帝乘舆车驾者、内乱罪、外患罪，以及杀伤尊亲属者，仍用“斩”。(《暂行章程》第1条）第二，增加死刑。对于损坏、遗弃、盗取尸体者，以及强盗罪，可因其情节处死刑。(《暂行章程》第2、3条）第三，针对新刑律中对“无夫奸”未定罪，特补充规定。(《暂行章程》第4条）第四，针对正当防卫。对尊亲属有犯，不得适用正当防卫之例。(《暂行章程》第5条)

《暂行章程》的五项补充，已然是抛弃了《大清新刑律》中所蕴含的西方的刑法原则，实际上又走上了封建法律的重刑主义以及法律与礼教相结合的老路。《暂行章程》通过，“礼法之争”最终以礼派的胜利和法派的失败而告终，这也反映了清末刑法改革、重刑主义改革是异常艰难的。

二、清末刑罚趋轻缓

《大清新刑律》虽然并没有彻底改变封建法律体系，但从刑罚轻重比例来看，该法典较以前的法典明显趋轻。具体表现在下面几个方面：

1. 删除比附

《大清新刑律》第10条规定：“凡律例无正条者，不问何种行为，不得为罪”。由本书第四章中所谈论的比、例渊源等情况便可知道，在封建刑法的适用中，“律无正条，比附援引”是其一大原则。修律者认为“欧美及日本各国无不以比附援引为禁例者”，于是引进西方先进的罪刑法定原则，在一定程度上有利于防止执法者出入人罪和以“比附援引”无端加重处罚，有助于防止滥用刑罚权的情况。

2. 取消缘坐

在《删除律例内重法折》中，修律者认为“一案株连，动辄数十人，夫以一人之故而波及全家，以无罪之人而科以重罪，汉文帝以为不正之法，反害于民，其言皆笃论也”。族诛连坐制度亦是中国古代由来已久的一项制度，此次修律者引入西方“刑罚止及一身”的先进刑法原则，废除了因血缘、地缘而无辜受牵连的连带责任原则。

3. 刑名改进

在《大清现行刑律》对刑罚体系初步修订的基础上，《大清新刑律》完全废除了封建法典一直以来的笞、杖、徒、流、死的五刑体例，引进了西方以自由刑为主的死刑、无期徒刑、有期徒刑、拘役和罚金的刑罚体系，建立了一个以自由刑为中心的刑罚体系。虽然《暂行条例》中保留了斩刑，但是，从基本上讲，《大清新刑律》中抛弃了摧残肉体的笞、杖刑，将身体排斥于刑罚对象范围外，体现了西方法律中的人道主义精神。

4. 增加了排除社会危害性行为的规定

中国旧律中从未出现的正当防卫和紧急避险等先进法律概念，就将部分原本作为犯罪来处理的行为非犯罪化了，从而有力地限制了刑罚权的适用范围。但是《暂行条例》中规定对尊亲是不能适用的。

5. 增加了缓刑、假释及时效制度

规定了提起公诉权之时效与行刑权之时效。对于超过追诉时效的案件便不得提起公诉，对于在行刑时效中没有行刑的犯罪人不得再行刑，这无疑限制了刑罚权的运用。

6. 部分行为非罪化、轻刑化

依据《大清律例》，官吏及应袭荫的官吏子孙嫖娼者，杖六十；官吏、僧道官、僧人、道士、监生、生员等邀妓女陪酒，均构罪处刑；失火烧毁自己的房屋，构成“失火”罪，处笞四十之刑。在《大清新刑律》均排除这些行为的犯罪性。另外，在旧律中原本以刑事手段调整的继承、分产、婚姻、典卖、田宅、钱债等民事行为，也本着民刑分开的思想而不再定罪处刑。如依据旧律规定，亲属相奸之罪斩立决。沈家本认为此刑太重，也正是由于刑重，对于此类案件“从无人举发”，“法太重则势难行，定律转同虚设；法稍轻则人可受，遇事尚可示惩”。如旧律中普通人之间相骂，处笞刑；骂官吏、上司、尊长等，加重处罚；骂祖父母、父母，处绞刑。而《大清新刑律》中，一般的骂人行为已非犯罪化了；公然侮辱他人，处五等有期徒刑；公然侮辱尊亲属，处四等有期徒刑。

7. 死刑配置大为减少，并且作为法定刑的死刑多数以相对法定刑的形式做出规定

除对危害乘舆车驾罪、叛通外国罪、杀尊亲属罪规定了绝对死刑以外，对于其余的若干犯罪虽是可适用死刑，但均同时规定可选择科以无期徒刑和有期徒刑，这较旧律对这些罪均规定处以绝对的死刑而言有所减轻。

三、修正重刑，其路漫漫

重刑主义是孕育于具有兵刑合一、尚力传统的古代中国，由先秦法家商鞅系统提出，韩非子集其大成，为历朝历代统治者所推崇并成为贯穿中华法系思想与实践的一套理论，即治理国家以刑为主、法典刑法化，重罪较多且刑罚畸重，酷刑众多且执行不人道的一种法律思想，它以刑期无刑为理论旨归，以轻罪重刑为核心内容，并在从立法到司法的法律实践中以肉刑、十恶重罪、族刑连坐、法外用刑、比附论罪、刑于将过等现象体现出来。可以说，重刑主义表现在制度中，但更内化在文化里。

就修律观念而言，如前文所述，作为士大夫精英的修律大臣沈家本、伍廷芳，都意识到重刑思想的袪除对现代西方法律文明的人道化意义重大，在修律过程中也不断地渗透并宣扬这些理念。就修律内容而言，且来看看清末修订的《大清新刑律》对重刑主义的修正的表现。正如上文所提及的，在形式上，它是专门的刑法典，摆脱了中国传统法典“诸法合体”的模式，在篇章结构上也是采用西方近代刑法典的体例。在内容上，将若干民事、细事剔除出刑事处罚的范围，并规定了许多西方近代先进的刑法原则，如罪刑法定、法律面前人人平等，并且取消了缘坐制度，对犯罪故意、犯罪过失和正当防卫做了明确规定，确立了假释和缓刑制度。并从人道主义立场出发，对刑罚体系进行整理，删除了许多酷刑。这些改变无疑是进步的，大刀阔斧的法律变革确使以重刑主义为重要特征的中华法系走向消亡。

诚然，重刑主义发展到清末时遇到了“二千年未有之大变局”，清末

修律标志着以重刑主义为特征的中华法系的崩盘，亦成为法制现代化的开端。然而在迈出现代化的第一步时，在种种原因的综合作用下，修律便带有了“原罪”，它以“中学为体，西学为用”为宗旨，修律是为了维护清王朝的专制统治，修订法律只是维护统治的方法而已，将法律变成了“用”具，这种工具论的看法使得开始修律时西方法律所带有的公平、正义、民主、人权的思想内核并没有受到重视。所以礼派主张“夫不可变者，伦纪也，非法制也；圣道也，非器械也；心术也，非工艺也”（张之洞《劝学篇·变法》）。法派亦同样主张“折中各国大同之良规，兼采近世最新之学说，而仍不戾乎我国历世相沿之礼教民情”（《大清光绪新法令修订法律大臣沈家本等奏进呈刑律分则草案折》）。

从清末修律的背景来看，变迁的经济基础虽然初步具备，变革的思想也初现端倪，但是中国长期的封闭锁国，社会结构超稳定的状态，何时才会真正产生资本主义还是未知之数。然而此时，外敌的入侵却成为社会巨变的关键性因素。内忧外患之下的自强救亡成为一切社会变革的重要原因，成为所有思想和行动的出发点。凡有利于救亡图存的都得到了肯定，认可西方成为很多人的共同意识，这必然使修订法律时带有浓重的实用性色彩。这种逻辑思维类似于建构的理性主义思维，将社会的发展简单化地处理，以为进行全盘的法律移植便可以解决所有的问题。因此，在法律移植时偏重于条文的复制，而非价值的转变。西方近代先进的法律价值，如自由、民主、人权等，并没有被修律人士所重视。

在法律变迁中包括法律的移植与继承两个方面，这两方面是缺一不可的，它们的共同作用才会真正带来法律的变迁。在移植时，“如果一种新制度来源于异质文化，如果这种异质文化与本土文化存在着价值取向上的根本差异，则思想的变革将会变得异常的艰难。但无论如何艰难，这个过程是必须完成的，即首先必须培育接纳新制度的思想土壤、社会土壤，然后再循序渐进地对制度本身进行引进和移植”①。这恰恰并不是说近现代的

① 马作武：《沈家本的局限与法律现代化的误区》，《法学家》，1999年第4期。

法律变革在每一个环节上都应显现“保守”与“进步”的辩证，而是揭示制度变革与思想变革之间可能存在的脱节。由此，我们也应注意到在清末修律中存在两方面的症结：一方面，清末修律仍在其思想深层存在走向现代化的思维误区，维护王权政统的初衷，使其实质仍然是“并非西方法治主义理念的体现”，而是“利用一种新形式，再一次维护了中国传统刑法的根本精神”①。即便在刑制变革方面，形貌上显著的改变仍难以釜底抽薪、一蹴而就地涤除中国传统的重刑观念。另一方面，晚清法律改革一直以国家自强、民族自强为改革目的。这种对国家和民族安危的担心中更多强调的是社会和集体利益，较少从个人价值出发考虑法律改革、刑法改革。由于清末的立法活动缺乏独立的立法政策，是以国家改革配套环节的角色出现，并不是为了保障个人的独立利益，因而导致清末对重刑主义修正并不彻底。出于政治危机而推行的清末修律，尚未能推进一场对传统刑法观念乃至法律文化的彻底反思，故而在对重刑主义理论与观念体系的修正方面仍存在局限性。

当然，自西方近代法律思想的传入到清末修律的完成，只是十几年间的事情，庞杂的法学理论只能是囫囵吞枣，生死存亡迫在眉睫，因此必然是有着很多难言的苦衷与不完善之处。从清末修律对重刑主义并不彻底的修正看来，制度的先进如果没有观念的配合也只是枉然。

① 马作武：《沈家本的局限与法律现代化的误区》，《法学家》，1999 年第 4 期。

余论

本书从历史、社会等多个角度阐述了中国古代重刑法律思想的产生、发展及其制度表现，且以清末修律为背景对其进行的现代性反思，论证了抛弃重刑是中国法律从传统到现代的必由之路。关于什么是现代性，学者从不同角度对其做了各种定义①。无论是哪种定义应该说都是从不同侧面触及“现代性”的实质，都是在“现代”与“古代”或者说是“传统”之间寻找意义，法律层面的刑法思想与制度的现代性变革视角尤甚。

费孝通先生在他的博士论文《江村经济》中论述了这么一个情景，“在制定1929年生效的新民法的时候，立法者是按照中国国民党的基本政策给男女以同等的继承权，以便促进男女平等的。……但就这个村子（江村）而论，虽然新法律已颁布七年，我尚未发现有向这一方向发生任何实际变化的迹象”②。可见，男女平等自然是先进的思想观念，但国家法与民间传统间如果存在着不融合之处，则法律也是形同虚设而已。法律不仅仅是一个工具性的技术，更需要从文化中寻找它的土壤。

---

① 如约翰·汤姆林森在《全球化与文化》中主张“现代性”是一个范畴，同时既是指社会形成的一个特殊类型，又指文化想象的一种形式，也指某个明确的历史阶段，还指新颖性、同时代性、现在等观念。如安东尼·吉登斯在《现代的后果》中指出，“现代性”是社会生活或组织模式。如大卫·里昂在《后现代性》中定义“现代性”是涉及启蒙运动之后而产生的哪种社会秩序的概念。如包亚明主编的《现代性与空间的生产》一书中认为“现代性”是一种广泛的观念形态，是开启于蒙昧时代的文化合法性的工程，现代性是一个与时间相联系的历时性概念，在与“古代”相区分的过程中获得意义，象征着一个新生的历史时期的到来。

② 费孝通：《江村经济》，上海人民出版社，2007年，第68页。

一、重刑主义的历史局限性

正如本书论述的，中国古代的法律，从起源时便已经带有显著的暴力性，可以说重刑主义是中国古代传统法律与生俱来的特性。古代中国重刑主义的核心思想和社会基础之一就是极力标榜以封建国家为价值本位，主张推行强权政治和实力至上原则。重刑思想被历代封建统治者奉为至宝，须臾不离政治思想之内核，并且在儒法合流中发展完备。历朝历代的思想虽有所损益，不断变换形式，但万变不离重刑之宗，故重刑主义对中华法系影响极为深远。“自春秋逮于战国，法家之说独为世重，而法家所亟论者，抑贵族而尊君权，于是春秋以来之贵族废，布衣卿相，盛于一时，而君权极矣。夫由世族政治以入君权扩张，此历史之一大进步，惟法家能认识之，此法家所以能独盛者也。”① 从法家“尊君崇上”的国家主义价值本位的核心利害出发，法家所强调之“法”，只能是上治下之刑，官治民之刑，而绝不会是指近现代意义上的法律。而法家所论的“法”因秦朝的显赫而深入人们头脑，成为人们对法律的直观感受。

儒法合流后为专制皇权制度下的国家、官僚制度与社会架构提供一套系统化、合法化的解释，其中不乏许多思想的闪光，例如慎刑、刑罚得中，它们在限制重刑主义方面起着积极的作用，而且也的确发挥了实效。但在儒法所构想的国家中，皇权至上是不容置疑的原则，“三纲”制度也是不能有任何含糊的，因此，个人权利无从谈及，个人总是依附于家族之中，据此，个人缺乏独立的法律人格，而在刑罚观中则体现为仅仅凭借“刑罚”为诱饵来引导人们趋利避害，在这样的制度设计下，重刑主义必将存在。

重刑主义的逻辑起点共五点，一是从哲学上分析的民性恶且愚昧，二是从制度上分析的权力一元与君主政体，三是从目的上分析的轻罪重罚为

---

① 蒙文通：《法家流变考》，载刘梦溪主编《中国现代学术经典》（廖平·蒙文通卷），河北教育出版社，1996 年，第 615 – 616 页。

以刑去刑，四是从方法论上分析的实用主义，最后是从伦理角度分析的家国同构。由这些逻辑起点出发，反观整个中国传统法律的典型制度可以发现，由人性恶的哲学起点出发，逐利是犯罪的根源，由此“利”的概念被引入了法律领域，特别是刑罚领域，“轻刑固然是不等价交换，切不可取。刑罚当罪在理论上已经是等价交换，利害相同，但没有禁奸止过的功效，也万万不可用。只有重刑的利害悬殊的不等价，才能禁奸止过”①。为维护皇权制度不遗余力的“十恶”、基于家国一体中产生的“族诛连坐”、为达“刑期于无刑”而创设的种种酷刑以及实用性极强的“比、例”，都是“外儒内法”下重刑主义的深刻写照。重刑在中国古代被推向极端，甚至把重刑的作用夸大到决定一切的高度，这显然是失之偏颇的。

古代统治者们用简单而粗暴的方式治理社会，认为只要动用刑法、施以重刑、严加控制，人们就会安守本分，社会秩序就会安定。实际上社会的复杂性及社会生活的多方面性，决定了导致社会失范原因的多样化。对社会上出现的各种弊病不加区别地盲目同一对待，只停留在静态的逻辑上，显然把问题过于简单化了。

古代统治者们为了巩固权力地位，迷信刑罚的威力。从短期效果上看，刑罚也许有立竿见影的一时之效，但从长远看来，刑罚的效力会呈边际效应递减而越来越差。预防犯罪的手段是多样的，刑罚只是众多手段中的一种，如果将刑罚作为唯一抑制犯罪的手段，必然导致犯罪状况愈严重、刑罚强度愈严厉的局面，从而破坏了罪刑内在的比例关系。这是一种恶性循环关系，最终其结果只能是导致刑罚效果穷尽，国家在抗制犯罪方面无能为力。“严峻的刑罚造成了这样一种局面：罪犯所面临的恶果越大，也就越敢于规避刑罚。为了摆脱对一次罪行的刑罚，人们会犯下更大的罪行。刑罚最残酷的国家和年代，往往就是行为最血腥、最不人道的国家和年代。”②

① 霍存福：《法家重刑思想的逻辑分析》，《法制与社会发展》，2005年，第6期。

② ［意］贝卡利亚：《论犯罪与刑罚》，中国大百科全书出版社，1993年，第43－44页。

二、现代刑法观与重刑主义的审思

审思的第一步是找寻重刑主义的反面，刑法的谦抑性。学界普遍认为刑法谦抑性这一提法最早是由日本学者平野龙一所提出来的，他认为刑法的谦抑表现在它的补充功能之上，“即使行为侵害或威胁了他人的生活利益，也不是必须直接动用刑法，可能的话，采取其他社会统治的手段才是理想的。可以说，只有其他社会统治手段不充分时，或者其他社会统治手段过于强烈，有代之以刑罚的必要时，才可以动用刑法”①。刑法谦抑性虽然是一个舶来物，但是我国刑法学家对此研究颇深。其中张明楷教授延续刑法补充功能的说法，认为刑法谦抑性是指“刑法应依据一定的规则控制处罚范围与处罚程度，即凡是适用其他法律足以抑制某种违法行为、足以保护合法权益时，就不要将其规定为犯罪；凡是适用较轻的制裁方法足以抑制某种犯罪行为、足以保护合法权益时，就不要规定较重的制裁方法”。陈兴良教授除了认可其补充性外，还将刑法谦抑性与经济成本效益原则相结合，“刑法的谦抑性，是指立法者应当力求以最小的支出——少用甚至不用刑罚，获取最大的社会效益——有效地预防和控制犯罪”②。他认为刑罚过重或者过多都是不经济的，是司法资源的浪费。

由上述观点出发，可以知道，刑法谦抑性包括三个方面：第一，紧缩刑法的实施范围；第二，限制刑罚的处罚程度；第三，减少死刑。反观重刑主义，正如全文一直探讨的，它倚重刑法，轻罪重罚，酷刑繁多等，因此可以清晰辨认出重刑主义的反面便是刑法的谦抑性。

刑法谦抑性的法理基础在于承认刑法的恶。“每一个社会都有其应有的犯罪，这些犯罪的产生是由于其自然及社会条件引起的，其质和量是与每一个社会集体的发展相适应的”③，犯罪是必然会产生，而伴之而生的便

---

① ［日］平野龙一：《刑法总论Ⅱ》，有斐阁1972年版，第47页。

② 陈兴良：《刑法的价值构造》，中国人民大学出版社，2006年，第292页。

③ 马克昌主编：《近代西方刑法学说史略》，中国检察出版社，1996年，第170页。

是刑法。可见自其产生时起，刑法就是必然的“恶”。刑法作为“最为严厉的调整社会关系的手段，它是一种以剥夺生命、自由、财产、资格等权益为内容的重大恶害”①。《汉谟拉比法典》早已规定“倘自由民损毁任何自由民之子之眼，则应毁其眼”②，这种同态复仇的刑罚观点，现在看来自是落后不已，但血腥之间，刑法之恶显而易见。贝卡利亚在很早时就提出，“刑罚的目的既不是要摧残折磨一个感知者，也不是要消除业已犯下的罪行”③。按照我国刑法学界通说的观点，刑罚的目的在于预防犯罪，包括一般预防与特殊预防。前者是指“通过对犯罪人适用一定的刑罚而对社会上的其他人，主要是那些不稳定分子产生阻止其犯罪的作用”。后者是指“通过对犯罪人使用一定的刑罚使之永久或在一定时间内丧失再犯能力”④。可见，为了保证自身的安全，人们让渡了自己的金钱、自由甚至是生命，与其他人一道，以国家的名义制定了刑法规则，这个规则是禁止性的规则，适用于所有人，除非违反这些禁止性的规则，否则不受刑罚制裁。而如果刑法的“恶”不受控制，误用甚至是滥用刑法，其后果是非常可怕的。“如果人们都知道为了适应保卫社会的需要，无罪者很可能受到逮捕或遭受惩罚的痛苦，社会上就可能出现普遍警惕和恐怖的状态，相对于通过这些方法而导致的安全和社会利益来说，是一件更为不幸的事情。”⑤ 正因为如此，刑法、刑罚无论是在范围上还是程度上都不应超越必要的限制。在这一层面上我们可以说，刑法必须是谦抑的。

审思的第二步是找寻刑法的现代化。既然找到了重刑主义的对立面——刑法的谦抑性，那么如何实现这个秩序建构呢？秩序建构包括两个方面，一是制度，二是观念。制度易建，观念却难求，而建立观念才是根

---

① ［法］卡斯东·斯特法尼著，罗结珍译：《法国刑法总论精义》，中国政法大学出版社，1998 年，第 17 页。

② ［英］H. C. A 哈特著，王勇等译：《惩罚与责任》，华夏出版社，1989 年，第 72 页。

③ ［意］贝卡利亚：《论犯罪与刑罚》，中国大百科全书出版社，1993 年，第 42 页。

④ 高铭暄主编：《刑法学原理》第三卷，中国人民大学出版社，1994 年，第 61 – 62 页。

⑤ 莫洪宪、王树茂：《刑法谦抑主义论纲》，《中国刑事法杂志》2004 年第 1 期，第 5 页。

本。从清末至今，中国传统法律文化的现代化已经走过了近百年。“在当代中国法律文化整体结构中，存在着两种不相协调、相互冲突的文化现象和构成。即，以适应现代化社会潮流的较为先进的制度性法律文化和以传统社会为主的较为落后的观念性法律文化，这两种相互冲突的法律文化共融于当代中国法律文化的整体结构之中，使得当代中国法律文化呈现出一种二重性特征。这种二重性特征就是法律文化的二元结构。”① 由此可见，不要以为制定了先进的法律，或者引进了先进的法律制度，就等于有了法治的观念。清末修律带有“原罪”，主要原因是其修律的推动力是自上而下的，是借助国家力量进行的。其优势是明显的，可以快速地实现先进性的转变，但其弱点也是明显的，会使得法律的价值合理性与形式合理性脱离。因此，避免两性的分离是进行政府推进型法治时需要特别注意的。本书详细分析了重刑主义的形成及其影响，为中国现代法治建设抛弃重刑主义探寻一个思路。主要有以下三方面途径。

第一，彻底改变自然经济基础。自清末中国法律文化的现代化之所以仍停留在制度性法律文化的表层，根本的原因在于没有触动传统文化赖以生存和发展的自然经济基础。在清末、北洋军阀统治时期，甚至是在国民党统治时期，固然不可能撼动自然经济基础，在新中国成立初期，实施计划经济实际上也并没有改变自然经济的根基。直至改革开放，市场经济的建立及逐步完善，自然经济的改造才真正地提上了日程。但日益尖锐的城乡二元矛盾也使我们意识到，中国要真正彻底改变自然经济还需要很长的时间。

造成城乡二元矛盾的原因首先是由于农民在占有稀缺性资源时处于劣势地位，最典型的表现是集体土地所有权难以对抗国有土地所有权。在我国城市扩张的进程中，“国家为了公共利益的需要，可以依法对集体所有的土地实行征用”（《中华人民共和国土地管理法》）。但征收的合法性在哪里？公共利益的价值为何一定要高于集体利益的价值？另外落后的农村社会保障制度，致使绝大部分农民仍然处于无助的状态，只能依赖传统的家庭保障方

① 刘作翔：《法律文化理论》，商务印书馆，1999 年，第 264 页。

式，致使土地依然是农民唯一的生活及生存保障。当然，我们相信随着市场经济的发展，促进农业现代化，通过工业化、城市化、市场化来解决问题，中国法律文化的现代化进程步伐必然会越走越快、越走越好。

第二，重视个人权利。法律的核心价值包括公民的权利与公民的自由，因此，保护公民的权利与自由不受侵害成为法律的终极关怀。在传统中国，个人权利意识淡薄，“君子喻于义，小人喻于利”（《论语·里仁》），将“义”与“利”作为划分君子与小人的标准，可以清晰地看出，“利”在中国古代传统价值中是被人们所不屑一顾的。在传统中国，个人不是独立的个体，而是依附在家族之中，因此强调个人利益服从集体利益，个人权利在中国传统社会从来都是一个可有可无的概念。并且在政府推动的法律改革中，以政府力量为主，往往容易忽略个人的权利。保障个人权利必然意味着约束公共权力，以法来平衡政府权力和公民权利。历史经验表明，法治建设发展良好的地方，权力都会受到很好地规范和约束，个人权利都会受到充分的保障和长足的发展。因此，法治现代化的关键环节是规范权力。政府在社会发展的进程中能够发挥积极的作用，这一点是毋庸置疑的，但是政府的权力过大其所带来的负面效果往往会大于正面效果。政府推进型的法律现代化极容易造成政府权力过大，因此，应注意树立“有限政府”的观念，规范政府权力行使的范围和效力，并建立超越范围行使权力所应受到的处罚规则。

第三，与世界文化交流，建立开放的社会环境。中国法律的现代化转型不仅仅是制度上的改变，更重要的是观念上的改变，包括法律的思维方式、法律的价值观等等，不论是从广度上讲还是从深度上讲，没有巨大的推动力是难以进行的。中国一直以来的封闭性文化导致其纵向历史传承非常充分，但横向交流较少，与西方近代产生的崇尚“民主”“法治”精神的外来法律文化相去甚远。西方法律文化有其独特的政治、经济、宗教、文化和历史的传统，而这些都是中国一直以来所缺乏的，因此建立开放的社会环境，与世界文化保持交流，才能真正建立现代意义上的法治观念、精神和原则。

参考文献

古籍、论著：

1. 许嘉璐、安平秋：《二十四史全译》，汉语大辞典出版社，2009 年。

《后汉书·郡国一》《晋书·刑法志》《汉书·艺文志》《史记·秦始皇本纪》《史记·李斯列传》《史记·孔子世家》《史记·太史公自序》《汉书·刑法志》《汉书·诸侯王表》《史记·淮南衡山列传》《汉书·文帝纪》《汉书·武帝纪》《史记·平津侯列传》《史记·儒林列传》《汉书·循吏传》《史记·汲黯传》《汉书·元帝本纪》《史记·张汤传》《史记·刘敬叔孙通列传》《隋书·刑法志》《史记·五帝本纪》《旧唐书·刑法志》《旧唐书·文苑传》《史记·孝文本纪》《史记·文帝本纪》《三国志·魏书·锺繇华歆王朗传》《后汉书·孔融传》《史记·殷本纪》《史记·商君列传》《汉书·食货志》《史记·秦本纪》《汉书·文帝纪》《明史·刑法志》《史记·秦始皇本纪》《隋书·刑法志》《新唐书·刑法志》《后汉书·桓谭传》《宋史·刑法志》。

2. 《诸子集成》，中华书局，2006 年。

《商君书》《管子校正》《论语正义》《孟子正义》《荀子集解》《盐铁论·申韩》《盐铁论·刑德》《盐铁论·周秦》《慎子·君人》《慎子·佚文》《慎子·威德》《淮南子·汜论训》《新书·过秦中》。

3. （汉）刘向：《战国策·序》，上海古籍出版社，1998 年。

4. 《左传选》，中华书局，2009 年。

《左传·昭公六年》《左传·昭公二十五年》《左传·昭公二十年》《左传·昭公十四年》《左传·哀公二年》《左传·桓公二年》《左传·成公二年》《左传·昭公十四年》。

5. （唐）长孙无忌等：《唐律疏议》，中华书局，1983 年。

6. （汉）孔安国，[唐] 孔颖达、正义：《尚书正义》，上海古籍出版社，2007 年。

7. （宋）朱熹：《四书章句集注》，中华书局，2001 年。

8. （汉）董仲舒：《春秋繁露》，中华书局，1975 年。

《繁露深察名号篇》《春秋繁露·为人者天》《春秋繁露·阴阳义》《春秋繁露·顺命》《春秋繁露·深察名号》《春秋繁露·奉本》《春秋繁露·郊祭》《春秋繁露·基义》《春秋繁露·天道无二》《春秋繁露·天地之行》《春秋繁露·二端》《春秋繁露·必仁且智》《春秋繁露·天辨在人》《春秋繁露·四时之副》《春秋繁露·保位权》。

9. 陈晓芬、徐儒宗注译：《论语、大学、中庸》，中华书局，2011 年。

10. （清）阮元：《唐宋注疏十三经》，中华书局，1998 年。

《孟子注疏》《礼记》《周礼·秋官》《孝经》。

11. （清）薛允升：《唐明律合编》卷九，中国书店，2009 年。

12. 薛梅卿点校：《大明律·刑律》，法律出版社，1999 年。

13. （唐）吴兢：《贞观政要》，上海古籍出版社，1978 年。

《贞观政要·刑法》《贞观政要·君臣借鉴》。

14. （汉）班固：《白虎通德论》，上海古籍出版社，1990 年。

15. 《睡虎地秦墓竹简·法律答问》，文物出版社，1978 年。

16. （清）沈家本：《历代刑法考（附寄簃文存）》，中华书局，1985 年。

17. （清）伍廷芳：《伍廷芳集》，中华书局，1993 年。

《删除律例内重法折》《奏停止刑讯请加详慎折》《奏流徒禁刑讯、笞杖改罚金折》《奏请变通成法折》《虚拟死罪改为流徒折》。

18. （清）李鸿章：《李文忠公全集》卷七，台北文海出版社，1974 年。

19. 王彦威、王亮编：《清季外交史料》卷十一，书目文献出版社，1987 年。

20. （明）黄宗羲：《明夷待访录》，中华书局，1981 年。

《明夷待访录·原君》《明夷待访录·原法》。

21. （明）顾炎武：《日知录》，上海古籍出版社，1985 年。

《日知录·法制》《日知录·守令》。

22. 薛梅卿点校:《大清律例·刑律》,法律出版社,1999年。

23. 王铁崖编:《中外旧约章汇编》第1、2册,三联书店,1957年。

24. 蔡枢衡:《中国刑法史》,广西人民出版社,1983年。

25. 杨洪烈:《中国法律发达史》,商务印书馆,1930年。

26. [法] E. 迪尔凯姆(Emile Durkheim),狄玉明译:《社会学方法的准则》,商务印书馆,1995年。

27. 陈寅恪:《冯友兰中国哲学史上册审查报告》,《金明馆丛稿二编》,上海古籍出版社,1980年。

28. [美] 史华兹著,程刚译:《古代中国的思想世界》,江苏人民出版社,2008年,导论。

29. [美] 诺思:《制度、制度变迁与经济绩效》,三联书店,1994年。

30. [美] 理查德·波斯纳:《法律理论的前沿》,中国政法大学出版社,2003年。

31. 韩毅:《历史的制度分析——西方制度经济史学的新进展》,辽宁大学出版社,2002年。

32. 蒙文通:《法家流变考》,载刘梦溪主编《中国现代学术经典》(廖平·蒙文通卷),河北教育出版社,1996年。

33. 武树臣:《中国传统法律文化》,北京大学出版社,1994年。

34. 范忠信选编:《梁启超法学文集》,中国政法大学出版社,2000年。

35. 顾准:《顾准文集》,贵州人民出版社,1994年。

36. 范文澜:《中国通史简编》,人民出版社,1965年。

37. 吕思勉:《中国文化史》,北京大学出版社,2010年。

38. [美] 黄仁宇:《中国大历史》,北京三联出版社,1997年。

39. 任继愈:《天人之际——任继愈学术思想精粹》,人民日报出版社,2010年。

40. 何星亮:《图腾与中国文化》,江苏人民出版社,2008年。

41. 吕思勉:《中国大历史》上册,湖南文艺出版社,2011年。

42. 马小红:《中国古代社会的法律观》,大象出版社,2009年。

43. 刘刚、李冬君：《重读中国史》，《文化的江山》上册，山西人民出版社，2009 年。

44. 张晋藩：《中华法制文明的演进》，中国政法大学出版社，1999 年。

45. 葛兆光：《中国思想史》第一卷，复旦大学出版社，2007 年。

46. 叶孝信主编：《中国法制史》，北京大学出版社，1996 年。

47. 吕思勉：《中国文化史——中国政治思想史讲义》，天津古籍出版社，2007 年。

48. 张中秋：《中西法律文化比较研究》，南京大学出版社，1991 年。

49. 张晋藩主编：《中国法制史》，群众出版社，1991 年。

50. 梁启超：《先秦政治思想史》，天津古籍出版社，2003 年。

51. 胡适：《中国哲学史大纲》卷上，岳麓书社，2010 年。

52. 萧公权：《中国政治思想史》（一），辽宁教育出版社，2001 年。

53. 梁治平：《法辨——中国法的过去、现在与未来》，贵州人民出版社，1992 年。

54. 李泽厚：《论语今读》，安徽文艺出版社，1998 年。

55. 张国华：《中国法律思想史》，北京大学出版社，1991 年。

56. 蔡元培：《中国伦理学史》，商务印书馆，1999 年。

57. 梁启超：《先秦政治思想史》，天津古籍出版社，2003 年。

58. 熊十力：《韩非子评论·与友人论张江陵》，上海书店出版社，2007 年。

59. 章太炎：《国故论衡》，上海古籍出版社，2003 年。

60. 郭沫若：《十批判书》，东方出版社，1996 年。

61. 刘泽华：《中国政治思想史》（先秦卷），浙江人民出版社，1996 年。

62. 张国华：《中国法律思想史新编》，北京大学出版社，1991 年。

63. 马作武：《中国法律思想史纲》，中山大学出版社，2007 年。

64. 梁启超：《论中国学术思想变迁之大势》，上海古籍出版社，2001 年。

65. 余英时：《士与中国文化》，上海人民出版社，2003 年。

66. 郑显文：《唐代律令制研究》，北京大学出版社，2004 年。

67. 瞿同祖：《中国法律与中国社会》，中华书局，2003 年。

68. 武树臣：《中国法律思想史》，法律出版社，2004年。

69. 陈俊强：《皇权的另一面》，北京大学出版社，2007年。

70. 费孝通：《乡土中国》，北京大学出版社，1998年。

71. 萧一山：《清代通史》卷四，商务印书馆，1962年。

72. 范文澜：《范文澜全集》第八集，河北教育出版社，2002年。

73. 张宪文等：《中华民国史》，南京大学出版社，第30页。

74. 张晋藩：《中国法律的传统与近代转型》，法律出版社，2005年。

75. ［德］萨维尼：《论当代立法和法理学的使命》，《西方法律思想史资料选编》，北京大学出版社，1983年。

76. 李贵连：《沈家本传》，法律出版社，2000年。

77. 黄源盛：《中国传统法制与思想》，台湾五南图书出版公司，1998年。

78. 林端：《儒家伦理与法律文化》，中国政法大学出版社，2002年。

79. 马小红：《礼与法：法的历史连接》，北京大学出版社，2005年。

80. 林毅夫：《关于制度变迁的经济学理论：诱导性变迁与强制性变迁》，收录于科斯：《财产权利与制度变迁》，上海人民出版社，1994年。

81. 郝铁川：《中华法系研究》，复旦大学出版社，1999年。

论文：

1. ［日］滋贺秀三：《中国法文化的考察》，《比较法研究》，1988年第3期。

2. 高绍先：《重刑考》，《现代法学》，2003年第4期。

3. 庞凌、缪岚：《法家重刑思想浅析》，《江南社会学院学报》，2001年第2期。

4. 艾永明：《法家的重刑思想值得借鉴》，《法学》，1996年第11期。

5. 史广全、李景瞳：《法家“以刑去刑”理论及实践的诸分析》，《学术交流》，2003年第7期。

6. 霍存福：《法家重刑思想的逻辑分析》，《法制与社会发展》，2005年第6期。

7. 陈劲阳：《法家重刑思想的现代省察》，《Theory Journal》，2006 年第 9 期。

8. 韩晓峰：《论重刑化思想的生成基础》，《刑法论丛》，2007 年第 2 期。

9. 陈杰中：《论法家重刑思想及其对当代中国刑罚轻重的借鉴意义》，《湖北经济学院学报》（人文社会科学版），2009 年第 7 期。

10. 徐进、范进学：《商鞅重刑理论述评》，《法学论坛》，1990 年第 3 期。

11. 韩千：《论韩非对商鞅重刑思想的发展》，《社科纵横》，2005 年第 4 期。

12. 王小丹：《韩非的重刑论——从法律文化学的视角分析》，《台声新视角》，2006 年第 1 期。

13. 王小丹：《韩非的重刑思想研究》，中南民族大学 2007 年硕士学位论文。

14. 王旭艳：《浅析韩非重刑主义下的刑罚思想》，《商丘师范学院学报》，2008 年第 10 期。

15. 王小丹：《韩非重刑思想的渊源》，《郑州航空工业管理学院学报》（社会科学版），2009 年第 1 期。

16. 罗妍静：《浅论韩非的性恶论及其重刑思想的内在逻辑》，《法制与社会》，2011 年第 9 期。

17. 蒋潇锋：《论重刑主义》，四川大学 2007 年硕士学位论文。

18. 马作武：《孔子杀少正卯考》，《中外法学》，2005 年第 1 期。

19. 马作武：《孔子法思想辨正》，《法学评论》，1998 年第 1 期。

20. 马作武：《“录囚”“虑囚”考异》，《法学评论》，1995 年第 4 期。

21. 刘海年、杨一凡：《中华法系的形成及其特点》，《人民司法》，1983 年第 1 期。

22. 张晋藩：《再论中华法系的若干问题》，《政法论坛》，1984 年第 2 期。

23. 张晋藩：《中华法系特点再议》，《江西社会科学》，2005 年第 8 期。

24. 乔伟：《中华法系基本特点》，《文史哲》，1986 年第 2 期。

25. 徐忠明：《中华法系研究的再思》，《南京大学法律评论》，1999 年春季号。

26. 何勤华、孔晶：《新中华法系诞生？——从三大法系到东亚共同体法》，《法学论坛》，2005 年第 4 期。

27. ［日］富谷至著，周东平译：《从终极的肉刑到生命刑——汉至唐死刑考》，《中西法律文化传统》，2009 年第 1 期。

28. 马作武、马腾：《族刑的法文化诠释》，《广东社会科学》，2009 年第 5 期。

29. 郭卫东：《鸦片战争后期中英善后交涉》，《社会科学研究》，1996 年第 4 期。

30. 马作武：《沈家本的局限与法律现代化的误区》，《法学家》，1999 年第 4 期。

后　记

掩卷于此，十余载康乐情缘跃然眼前，恩师传道授业不遗余力，同门鼎力相助自不待言，家人起居饮食照顾周全，奈何资质有限，忝列师门，勤虽能补亦不足矣。初触法学主攻于刑，后入法史之门，与古人隔空对话，书语间方知年少轻狂，始明学术殿堂之高不可攀。

此书乃以愚作论文为雏形，聚焦重刑，既论古亦论今，既讲史又讲刑。重刑之述多如牛毛，涉足其中，吾未尝敢掉以轻心，倾注心力找寻文献资料。刑重之流弊虽讨论已久，唯系统论述阙如，散见于各式论文、教材、书籍之中，畅游书海寻寻觅觅，如海边寻珠，今日得见一个，明日未必能复见。资料虽难寻，花尽心思、博极群书必亦可寻，观点与论证则非穷尽心力就能有得。文稿草成之时，正值龙年新春，蒙恩师佳节期间仍记挂文稿，指导修订，章节、段落、角度均一一调整，数次易稿，今日方得现此文。

艰难困苦，玉汝于成。本书虽未必是玉，但绝然乃吾心血之作，亦仰仗恩师指导、同门相助、家人照顾之功。诚然尽心，却未能完全尽意，或因篇幅之长短，或因考虑之不周，更因悟性之有限，万望能谅。古人常云以史为鉴，本书论古亦为针砭现今之时弊。清末修律至今百余年，传统到现代之跨越仍不如意，尤以重刑为甚。改革流弊如箭在弦，不得不发，然发至何处，靶在何方，仍需深思。望本书得一角度，为树靶发箭尽一绵薄之力。

作者

2016 年 6 月